新版

第三号研修（特定の者対象）のための
喀痰吸引等研修テキスト

介護職員による喀痰吸引等のテキスト等の作成に係る調査研究編纂委員会＝編集

中央法規

はじめに

　社会福祉士及び介護福祉士法の改正により、介護職員等による喀痰吸引等制度が法制化されたのは、8年前の平成24年でした。私は当時、厚生労働省社会・援護局障害保健福祉部に所属し、老健局とともに本制度の法制化に向けて、関係機関や関係団体等と打ち合わせを行いながら検討を進めておりました。この制度改正は、医療的ケアが必要な障害児・者や高齢者が地域生活を継続する上で重要なものであったと考えています。平成29年4月1日現在、登録特定行為事業者数は老人福祉法・介護保険法関係及び障害者の日常生活及び社会生活を総合的に支援するための法律（障害者総合支援法）・児童福祉法関係の施設を合わせ、約2万1000事業所が登録し、認定特定行為業務従事者認定証件数は約12万人（うち、第三号研修は約7万7000人）となっており、徐々にではありますが、喀痰吸引等が可能な介護職員等が増加し、医療職種のバックアップを得ながら地域や福祉施設の重度障害者等や高齢者の生活を支えておられます。特に喀痰吸引等研修のうち第三号研修修了者は、個別性が非常に高い重度障害児・者の地域生活支援や特別支援学校での教育実践を支えるために、重要な役割を担ってきました。

　しかしながら、本制度開始以降、障害児・者を取り巻く環境は大きく変わってきており、障害保健福祉制度の解説等について最新の内容にアップデートを図る必要があったこと、医療機器は日進月歩であり実態に即した内容にする必要があったこと、職種間・事業所間の連携ツールである医師の指示書や喀痰吸引等業務実施状況報告書等の文書の流れに混乱がみられていたことなど、多方面から「平成24年度喀痰吸引等指導者講習事業喀痰吸引等研修テキスト　第三号研修（特定の者対象）」の見直しを望む声が寄せられていました。

　見直しにあたっては、厚生労働省 平成30年度 障害者総合福祉推進事業「介護職員による喀痰吸引等のテキスト等の作成に係る調査研究」（三菱UFJリサーチ＆コンサルティング株式会社）でとりまとめられた内容をベースに、同調査研究委員に見直しを依頼しました。この調査研究では、実態に即したテキストとなるよう、全国の喀痰吸引研修機関等へのアンケートや関係団体へヒアリングを実施し、これらを踏まえてテキストの編纂を行いました。本書はそのテキストを再構成して書籍化したものになります。

　今回、7年ぶりに、第三号研修テキストの見直しが行われました。今後ますます増加が見込まれる医療的ケアが必要な障害児・者等に対応できる介護職員等の学習の一助になることを期待するとともに、研修機関や登録事業所の運営に役立つものとなるよう編集・執筆者一同願っております。

　令和2年1月

委員を代表して

髙木憲司

和洋女子大学 家政学部 家政福祉学科 准教授

CONTENTS

第 **II** 章 喀痰吸引等を必要とする重度障害児・者等の障害及び支援に関する講義／緊急時の対応及び危険防止に関する講義

第 Ⅲ 章 喀痰吸引等に関する演習

第 **I** 章

重度障害児・者等の 地域生活等に関する講義

学習のポイント

0 喀痰吸引等研修の概要

1 障害保健福祉制度の概要

- 障害保健福祉施策の変遷及び基本理念から、自立支援の基本的な考えを学ぶ

2 喀痰吸引等制度の成り立ち

- 喀痰吸引等制度ができるまでの経緯から、介護職員等が喀痰吸引等を行う上での基本的な考えを学ぶとともに、第三号研修の特徴や第一・二号研修との違いを理解する

3 重度障害児・者についての理解

- 喀痰吸引等を行う対象者の障害・疾病、心理について理解し、喀痰吸引等を実施するにあたっての留意点を学ぶ

4 喀痰吸引等制度の運用

- 喀痰吸引等を実際に行う際、事業者に求められる体制づくりや多職種連携の在り方について学ぶ

0-1 介護職員等による喀痰吸引等（特定の者対象）の研修カリキュラム概要

介護職員等による喀痰吸引等（特定の者対象）の研修カリキュラム概要 スライド1

　まずは、介護職員等による喀痰吸引等研修の第三号研修カリキュラムの概要を見ておきましょう。研修には、基本研修と実地研修があります。

スライド1 介護職員等による喀痰吸引等（特定の者対象）の研修のカリキュラム概要

介護職員等による喀痰吸引等（特定の者対象）の研修カリキュラム概要

基本研修

【講義】
・「特定の者」に特化したテキストを使用し、基本的内容に絞った講義（8時間）を実施。

【演習】
・シミュレーターを使用した演習（1時間）及び「特定の者」に合わせた現場演習を通じて一連の流れが問題なくできるようになるまで繰り返し実施。
※重度訪問介護従事者養成研修と併せて行った場合、シミュレーター演習込みで20.5時間。たんの吸引等のみの研修では9時間。

【評価】
・講義部分の評価については、「特定の者」に特化した試験（基本的内容に絞ったもの）を実施。
・演習の評価については、「特定の者」に特化した評価指標を使用。

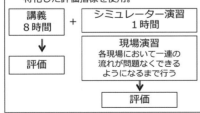

実地研修

【実地研修】
・実地研修については、看護師が指導（必要に応じ医師・看護師と連携した経験のある介護職員及び本人・家族が指導の補助）を行い、看護師による評価により、問題ないと判断されるまで実施。（連続2回全項目が「ア」となること）
・看護師の指導は、初回及び状態変化時以外については「定期的」に実施。

【評価】
・評価については、「特定の者」に特化した評価票を使用。
・評価を行う際には、利用者（家族）の意見を聴取することが可能な場合は、指導看護師等が利用者（家族）の意見も踏まえた上で評価を実施。

出典）厚生労働省 平成24年度喀痰吸引等指導者講習事業「喀痰吸引等研修テキスト 第三号研修（特定の者対象）」、2頁、2012年

0-2 【特定の者】基本研修カリキュラム

【特定の者】基本研修カリキュラム

スライド2

基本研修のカリキュラムです。

基本研修では、8時間の講義と1時間の演習（シミュレーター演習）を行います。

講義部分の知識習得の確認のため、筆記試験を行います。四肢択一式問題を20問、30分で回答していただき、90点以上を合格としますので、皆さんしっかり講義を受けてください。出題の範囲は、喀痰吸引と経管栄養に関する基礎的な部分です。

基本研修のいわゆる集合的に行う演習（シミュレーター演習）については、当該行為のイメージをつかむこと（手順の確認等）を目的とし、評価は行いません。

実地研修の序盤に、実際に対象者のいる現場において、指導看護師や経験のある介護職員が行う喀痰吸引等を見ながら対象者ごとの手順に従って演習（現場演習）を実施し、プロセスの評価を行います。位置づけとしてはここまでが「基本研修」となります。

スライド2 【特定の者】基本研修カリキュラム

【特定の者】基本研修カリキュラム

科　　目	中項目	時間数
重度障害児・者等の地域生活等に関する講義	・障害者自立支援法と関係法規 ・利用可能な制度 ・重度障害児・者等の地域生活　等	2
喀痰吸引等を必要とする重度障害児・者等の障害及び支援に関する講義 緊急時の対応及び危険防止に関する講義	・呼吸について ・呼吸異常時の症状、緊急時対応 ・人工呼吸器について ・人工呼吸器に係る緊急時対応 ・喀痰吸引概説 ・口腔内・鼻腔内・気管カニューレ内部の吸引 ・喀痰吸引のリスク、中止要件、緊急時対応 ・喀痰吸引の手順、留意点　等	3
	・健康状態の把握 ・食と排泄（消化）について ・経管栄養概説 ・胃ろう（腸ろう）と経鼻経管栄養 ・経管栄養のリスク、中止要件、緊急時対応 ・経管栄養の手順、留意点　等	3
喀痰吸引等に関する演習	・喀痰吸引（口腔内） ・喀痰吸引（鼻腔内） ・喀痰吸引（気管カニューレ内部） ・経管栄養（胃ろう・腸ろう） ・経管栄養（経鼻）	1

○　基本研修（講義及び演習）
※　演習（シミュレーター演習）については、当該行為のイメージをつかむこと（手順の確認等）を目的とし、評価は行わない。実地研修の序盤に、実際に利用者のいる現場において、指導看護師や経験のある介護職員が行う喀痰吸引等を見ながら利用者ごとの手順に従って演習（現場演習）を実施し、プロセスの評価を行う。

出典）厚生労働省 平成24年度喀痰吸引等指導者講習事業「喀痰吸引等研修テキスト 第三号研修（特定の者対象）」、2頁、2012年

0-3 【特定の者】 実地研修

【特定の者】実地研修 スライド3

実地研修の内容です。

ケアの対象者は特定の方で、その方が必要とする行為の実地研修のみを行います。

実地研修では、医師や看護師等が指導しますが、特に在宅においては、必要に応じ医師・看護師と連携した経験のある介護職員及び本人・家族が指導の補助を行います。医師や看護師等による評価により、連続2回、全項目が問題ないと判断されるまで実施します。

医師や看護師等への評価のお願いは、先輩ヘルパーやご本人、家族から事前に十分な手技に関する指導を受けてから、お願いするようにしましょう。

評価を行う際は、対象者の意見をお聞きすることができる場合は、対象者の意見も踏まえた上で評価を実施してください。対象者の意思が十分に確認できない場合は、家族の方の意見も十分にお聞きする必要があります。

医師や看護師等の指導は、初回及び状態変化時以外については「定期的」に実施します。

「特定の者」の実地研修については、特定の者の特定の行為ごとに行う必要がありますが、基本研修をその都度再受講する必要はありません。

スライド3 【特定の者】実地研修

【特定の者】 実地研修

口腔内の喀痰吸引	指導看護師等による評価（所定の判断基準）により、問題ないと判断されるまで実施。
鼻腔内の喀痰吸引	
気管カニューレ内部の喀痰吸引	※ 評価を行う際には、利用者の意見を聴取することが可能な場合は、利用者の意見も踏まえた上で評価を実施。
胃ろう又は腸ろうによる経管栄養	
経鼻経管栄養	

○指導看護師等による指導、確認を初回及び状態変化時に行い、初回及び状態変化時以外の時は、定期的に指導看護師等による指導、確認を行うこととし、医師・看護師等と連携した本人・家族又は経験のある介護職員等が実地研修の指導の補助をすることも可能とする。また、指導看護師等は、実地研修の評価を行うものとする。

○実地研修を受けた介護職員等に対し、所定の評価票（介護職員等による喀痰吸引等の研修テキストに添付）を用いて評価を行う。（特定の者ごとの実施方法を考慮した評価基準とすることができる。）

○評価票の全ての項目についての医師又は指導看護師等の評価結果が、連続2回「手順どおりに実施できる」となった場合に、実地研修の修了を認める。

○ 「特定の者」の実地研修については、特定の者の特定の行為ごとに行う必要がある。なお、その際、基本研修を再受講する必要は無い。

先輩ヘルパーやご本人、家族から事前に十分な手技に関する指導を受けてから評価をお願いしてください

出典）厚生労働省 平成24年度喀痰吸引等指導者講習事業「喀痰吸引等研修テキスト 第三号研修（特定の者対象）」、3頁、2012年を一部改変

1 障害保健福祉制度の概要

1-1 障害保健福祉施策の歴史

障害保健福祉施策の歴史 スライド4

　まずは、これまでの障害保健福祉施策の歴史を振り返ってみましょう。

　障害者基本法は、障害児・者に関する最も重要な法律であり、基本的な考えとして、地域社会における共生や差別の禁止等を示しています。

　平成15年度には、「支援費制度」が施行され、それまで行政の「措置」として行われてきた障害者支援が、利用者本位のサービス体系による「契約」に転換されました。

　平成18年度には、「障害者自立支援法」が施行され、それまで身体障害者・知的障害者・精神障害者で、別々に行われてきた施策が、1つの制度に一元化されました。

　平成24年度には、「障害者虐待の防止、障害者の養護者に対する支援等に関する法律」、いわゆる障害者虐待防止法が施行されました。

　平成25年度には、障害者支援の現行制度である「障害者の日常生活及び社会生活を総合的に支援するための法律」、いわゆる「障害者総合支援法」が施行されました。ここでは、「地域社会における共生の実現」が基本理念として打ち出され、障害があっても地域の中で他の人々と共生しながら

スライド4 障害保健福祉施策の歴史

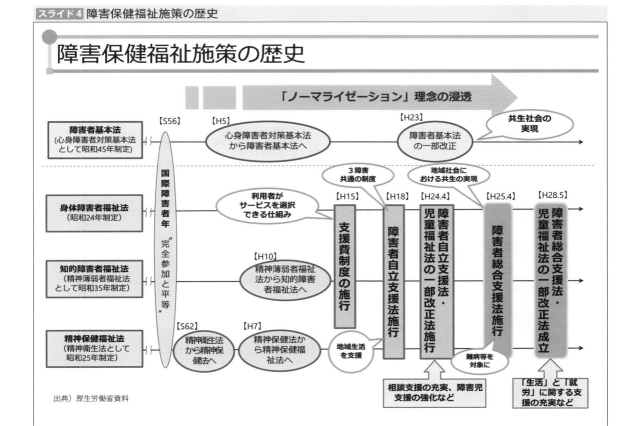

出典）厚生労働省資料

暮らしていけるよう支援していくことが示されました。また、支援の対象に難病等が加わったことで、重度訪問介護などのサービスを難病の人も利用できるようになりました。

平成27年1月には、「難病の患者に対する医療等に関する法律」、いわゆる難病法が施行され、医療費助成の対象となる病気が増え、支援体制の整備が進められています。

直近では、平成28年度に障害者総合支援法、児童福祉法が一部改正され、「生活」と「就労」に関する支援の充実などが図られています。

1-2 障害者総合支援法

障害者の日常生活及び社会生活を総合的に支援するための法律（概要）スライド5

これは現行の障害者支援の制度である「障害者総合支援法」の概要です。

第1条の2「基本理念」では、重要な理念の1つとして、「どこで誰と生活するかについての選択の機会が確保され、地域社会において他の人々と共生することを妨げられないこと、並びに障害者及び障害児にとって日常生活又は社会生活を営む上で障壁となるような社会における事物、制度、慣行、観念その他一切のものの除去に資することを旨とし」と示されています。

介護職員や教員など、医療職以外の人が喀痰吸引や経管栄養を行うことで、重度の障害がある人の生活の幅が広がっている、すなわち、「どこで誰と生活するか」について選択する機会を広げているといえます。この研修にはそうした意義があることを理解しておきましょう。

なお、障害者総合支援法のサービスの種類は、全国一律の「障害福祉サービス」と、都道府県や市町村が創意工夫により利用者の状況に応じて柔軟に実施する「地域生活支援事業」の2つがあり

スライド5 障害者の日常生活及び社会生活を総合的に支援するための法律（概要）

障害者の日常生活及び社会生活を総合的に支援するための法律（概要）

第1　目的と基本理念
○目的・・・この法律に基づく支援を総合的に行うことにより、障害の有無にかかわらず、誰もが安心して暮らせる社会の実現を目指す。
○基本理念・・・障害者基本法のH23改正で盛り込まれた考え方（「地域社会での共生」や「社会的障壁の除去」等）を規定

第2　給付体系
○障害者自立支援法の給付体系を維持（施設（箱もの）単位ではなく、障害の種類を超えた「事業」の単位に事業再編）
○自立支援給付（介護給付費、訓練等給付費、計画相談支援給付費等、自立支援医療費、補装具費）と地域生活支援事業に大別

第3　サービス体系
○障害福祉サービス・・・「日中活動」と「住まいの場」の分離。介護給付費は障害者に対し入浴や食事等の介助を行うサービス、訓練等給付は障害者に対し訓練を実施するサービスとし、支援の必要性やニーズに応じたサービス提供が可能
○地域生活支援事業・・・都道府県や市町村が創意工夫によって利用者の状況に応じて柔軟に実施するもの。基本的な相談支援、移動支援、手話通訳等の派遣等のコミュニケーション支援等。

第4　支給決定
○障害の多様な特性その他の心身の状態に応じて必要とされる標準的な支援の度合いを総合的に示すものとして「障害支援区分」を創設。（障害者自立支援法下では「障害程度区分」）
○日常生活面に関する項目、行動障害に関する項目、精神面に関する項目等の調査結果をもとに行われ、コンピュータによる一次判定と、専門家の合議体による二次判定で判定

第5　利用者負担
○定率一割負担と所得に応じた負担上限月額を設定。
○低所得者の利用者負担については、軽減措置が図られるとともに、法律上も応能負担となっている。

第6　障害福祉計画
○国が定めた基本指針に基づき、自治体が必要なサービス量とそれを確保するための方策を記載した障害福祉計画の策定を義務化。

第7　実施主体
○制度は共通に、支援は個別に
○市町村・・・障害種別を問わず障害福祉サービスの実施主体。
○都道府県・・・市町村に対して広域的・専門的支援
○国・・・障害福祉計画策定の拠り所となる基本指針を作成

出典）厚生労働省資料

ます。

また、必要な支援の度合いを示すものとして「障害支援区分」が創設されており、それに基づき支給が決定されるようになっています。利用者負担は、定率一割負担と所得に応じた負担上限月額が設定されています。

1-3 障害者の権利に関する条約

障害者権利条約と障害者差別解消法
スライド6

障害保健福祉施策の歴史を学ぶ上で、もう1つおさえておきたいのが、国際的な潮流です。

昭和56年の「国際障害者年」以降、「ノーマライゼーション」、すなわち、障害のある人も障害のない人も同等に生活し共生する社会を目指す理念が徐々に浸透してきました。

また、平成18年には、国連において「障害者の権利に関する条約」が採択されました。この条約に日本も批准するため、国内法の整備や制度の改革が行われてきました。

「障害者権利条約」では、「平等及び無差別」の考えが打ち出されています。これを具体化したものとして、日本では「障害者差別解消法」が制定され、平成28年度から施行されています。この法律により、国・地方公共団体等、民間事業者において、「差別的取扱いの禁止」が法的義務となりました。また、障害者が他の人と平等に人権や自由を享受するための対応である「合理的配慮」は、国・地方公共団体等では法的義務、民間事業者においては努力義務とされました。

スライド6 障害者権利条約と障害者差別解消法

障害者権利条約と障害者差別解消法

障害者の権利に関する条約（障害者権利条約）

平成18年12月 　　　国連総会で条約が採択

この間、国内法の整備や制度の改革を推進

平成26年2月 　　　障害者権利条約が日本で効力を発生

障害を理由とする差別の解消の推進に関する法律
（障害者差別解消法）平成28年4月施行

	差別的取扱いの禁止	合理的配慮の不提供の禁止
国・地方公共団体等	法的義務	法的義務
民間事業者	法的義務	努力義務

「障害者権利条約」の第19条では、自立した生活及び地域社会への包容として、

「障害者が、他の者との平等を基礎として、居住地を選択し、及びどこで誰と生活するかを選択する機会を有すること並びに特定の生活施設で生活する義務を負わないこと。」が規定されています。

つまり、医療的ケアが必要な方であっても、入院生活ではなく、地域での生活を送る権利があることが示されています。

こうした理念も、日本における障害者自立支援法から障害者総合支援法への改正に影響を与えています。

スライド7 障害者権利条約ー第19条

障害者権利条約ー第19条

第19条　自立した生活及び地域社会への包容

この条約の締約国は、全ての障害者が他の者と平等の選択の機会をもって地域社会で生活する平等の権利を有することを認めるものとし、障害者が、この権利を完全に享受し、並びに地域社会に完全に包容され、及び参加することを容易にするための効果的かつ適当な措置をとる。この措置には、次のことを確保することによるものを含む。

(a) **障害者が、他の者との平等を基礎として、居住地を選択し、及びどこで誰と生活するかを選択する機会を有すること並びに特定の生活施設で生活する義務を負わないこと。**

(b) 地域社会における生活及び地域社会への包容を支援し、並びに地域社会からの孤立及び隔離を防止するために必要な在宅サービス、居住サービスその他の地域社会支援サービス（個別の支援を含む。）を障害者が利用する機会を有すること。

(c) 一般住民向けの地域社会サービス及び施設が、障害者にとって他の者との平等を基礎として利用可能であり、かつ、障害者のニーズに対応していること。

1-4 障害児・者を支える制度

年齢に応じた主な関係施策等のイメージ
スライド 8

障害がある人に対する支援については、年齢に応じて様々な制度で施策が行われています。

18歳未満では児童福祉法、65歳未満では障害者総合支援法、65歳以上では介護保険法が主な施策を担っています。ただし、40歳以上65歳未満の場合、特定の疾病が原因となって介護が必要になった場合は、介護保険法のサービスも利用す

ることができます。

また、障害者総合支援法と介護保険法のサービス、両方を利用できる人の場合、2つの制度で共通するサービスについては、介護保険からの給付が優先されることになっています。しかし、訓練等給付など介護保険にはないサービスは障害者総合支援法からの給付を可能としています。

そのほか、全身性障害者等の場合には、介護保険のサービスでは支給限度額を超えてしまう場合がありますので、その場合の超過分についても、障害者総合支援法から給付することが認められています。

（参考資料 P37）

スライド 8 年齢に応じた主な関係施策等のイメージ

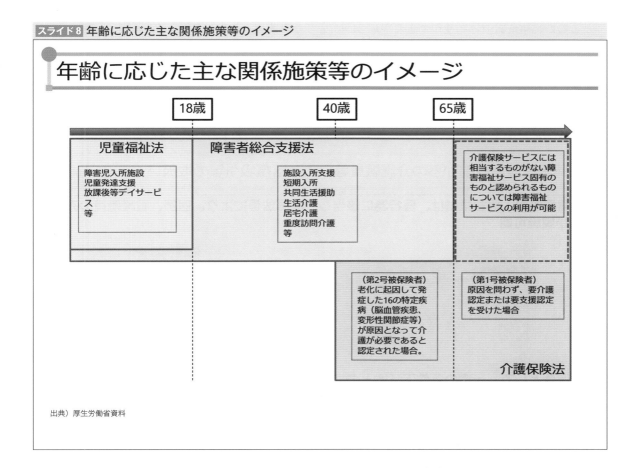

出典）厚生労働省資料

2-1 実質的違法性阻却

喀痰吸引等制度前からの介護職員等による喀痰吸引等の取扱い（実質的違法性阻却）スライド9

基本的には、喀痰吸引・経管栄養は、医行為に該当し、医師法等により、医師、看護職員のみが実施可能とされています。

ところが、喀痰吸引等制度ができる平成24年度以前においても、「実質的違法性阻却」つまり、違法な行為なのだけれど、運用上の取扱いで介護職員等にも当面のやむを得ない措置として容認してきていたのです。

行為の種類は、喀痰吸引の口腔内、鼻腔内、気管カニューレ内部と経管栄養の胃ろう、腸ろう、経鼻経管栄養ですが、在宅、特別支援学校、特別養護老人ホームのそれぞれの通知で取扱いが異なっていました。

在宅では、ALSの患者などに対し、医師の指導を受けたヘルパー等の介護者が喀痰吸引を行ってきました。こうした重度の障害がある人は、個別性が高く、喀痰吸引の回数も日によって頻回になります。こうした状況で、毎回、医師や看護師が自宅を訪問することは難しく、他方で、家族だけでこれを支えるのには限界がありました。こうした中でも、「住み慣れた家で暮らしたい」と言

スライド9 喀痰吸引等制度前からの介護職員等による喀痰吸引等の取扱い（実質的違法性阻却）

喀痰吸引等制度前からの介護職員等による喀痰吸引等の取扱い（実質的違法性阻却）

○喀痰吸引・経管栄養は、医行為に該当し、医師法等により、医師、看護職員のみが実施可能

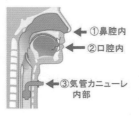
←①鼻腔内
←②口腔内
←③気管カニューレ内部

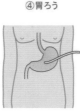
④胃ろう

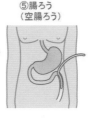
⑤腸ろう（空腸ろう）

⑥経鼻経管栄養

○例外として、一定の条件下（本人の文書による同意、適切な医学的管理等）でヘルパー等による実施を容認 （実質的違法性阻却論）

- ◆在宅の患者・障害者・・・①②③
- ◆特別支援学校の児童生徒・・・①②＋④⑤⑥
- ◆特別養護老人ホームの利用者・・・②＋④

※①～⑥のそれぞれの行為の中に、部分的にヘルパー等が行えない行為がある。
（例：特養での胃ろうにおけるチューブ等の接続と注入開始は実施行為に位置づけられていない）

出典）厚生労働省 平成24年度喀痰吸引等指導者講習事業「喀痰吸引等研修テキスト 第三号研修（特定の者対象）」、10頁、2012年を一部改変

う本人の思いを尊重していくためには、ヘルパー等の介護者が喀痰吸引を担っていく必要がありました。

また、特別支援学校においても、喀痰吸引や経管栄養を必要とする子どもが教育を受けられるよう、一部の学校で、教員がこれらの行為を行ってきました。

さらに、特別養護老人ホームでも、医療依存度の高い高齢者が入所するケースが出てくる中で、介護職員が喀痰吸引や経管栄養を行わざるを得ない状況がありました。

このように、在宅、特別支援学校、特別養護老人ホームにおいて、非医療職が行う喀痰吸引と経管栄養に対し、厚生労働省通知が発出され、運用上の取扱いとして、容認していました。**(参考資料P38 上)**

2-2 介護職員等によるたんの吸引等の実施のための制度の在り方に関する検討会

介護職員等によるたんの吸引等の実施のための制度の在り方に関する検討会
スライド10

しかし、こうした「実質的違法性阻却」に基づく運用による対応については、そもそも法律において位置づけるべきではないか、グループホーム・有料老人ホームや障害者施設等においては対応できていないのではないか、在宅でもホームヘルパーの業務として位置づけるべきではないか、などの課題が指摘されてきました。

こうしたことから、喀痰吸引等が必要な者に対して、必要なケアをより安全に提供するため、介護職員等による喀痰吸引等の実施のための法制度

スライド10 介護職員等によるたんの吸引等の実施のための制度の在り方に関する検討会

介護職員等によるたんの吸引等の実施のための制度の在り方に関する検討会

1．趣旨
　これまで、当面のやむを得ず必要な措置（実質的違法性阻却）として、在宅・特別養護老人ホーム・特別支援学校において、介護職員等がたんの吸引・経管栄養のうちの一定の行為を実施することを運用によって認めてきた。
　しかしながら、こうした運用による対応については、そもそも法律において位置づけるべきではないか、グループホーム・有料老人ホームや障害者施設等においては対応できていないのではないか、在宅でもホームヘルパーの業務として位置づけるべきではないか等の課題が指摘されている。
　こうしたことから、たんの吸引等が必要な者に対して、必要なケアをより安全に提供するため、介護職員等によるたんの吸引等の実施のための法制度の在り方等について、検討を行う。

2．検討課題
①介護職員等によるたんの吸引等の実施のための法制度の在り方
②たんの吸引等の適切な実施のために必要な研修の在り方
③試行的に行う場合の事業の在り方

出典）厚生労働省 平成24年度喀痰吸引等指導者講習事業「喀痰吸引等研修テキスト 第三号研修（特定の者対象）」、10頁、2012年

の在り方などについて、検討を行うこととなり、「介護職員等によるたんの吸引等の実施のための制度の在り方に関する検討会」が、平成23年度までに開催されました。

2-3 喀痰吸引等制度の概要

喀痰吸引等制度一実施可能な行為
スライド11

この検討会における議論を受け、中間とりまとめを経て、「介護サービスの基盤強化のための介護保険法等の一部を改正する法律」が成立し、平成24年4月1日から施行されました。こうして、「介護職員等によるたんの吸引等の実施のための制度」、喀痰吸引等制度が創設されました。

実質的違法性阻却論により、介護職員等が行う

ことを容認してきた喀痰吸引や経管栄養の6つの行為について、介護福祉士及び一定の研修を受けた介護職員等が、一定の条件の下に実施できるようになりました。

他の医療関係職と同様に、保健師助産師看護師法の規定にかかわらず、診療の補助として、喀痰吸引等を行うことを業とすることができるとされました。

実施可能な行為は、「たんの吸引その他の日常生活を営むのに必要な行為であって、医師の指示の下に行われるもの」とし、具体的には省令で、口腔内、鼻腔内、気管カニューレ内部の喀痰吸引と、胃ろう、腸ろう、経鼻経管栄養と規定されています。

本テキストでは、この6つの行為のことを、「喀痰吸引等」と呼んでいます。

スライド11 喀痰吸引等制度一実施可能な行為

喀痰吸引等制度一実施可能な行為

「介護サービスの基盤強化のための介護保険法等の一部を改正する法律」、「社会福祉士及び介護福祉士法」の一部改正案の成立により、**「介護職員等によるたんの吸引等の実施のための制度」（喀痰吸引等制度）**創設。

介護職員等によるたんの吸引等の実施のための制度（喀痰吸引等制度）

趣旨	介護福祉士及び一定の研修を受けた介護職員等は、一定の条件の下にたんの吸引等の行為を認めるもの。 ※従来から一定の条件の下にたんの吸引等を実施していた者については、本制度の下でも実施できるために必要な経過措置が設けられている。
実施可能な行為	たんの吸引その他の日常生活を営むのに必要な行為であって、医師の指示の下に行われるもの。 ※保健師助産師看護師法の規定にかかわらず、診療の補助として、たんの吸引等を行うことを業とすることができる。

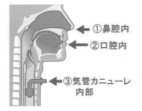   

←①鼻腔内
←②口腔内
←③気管カニューレ内部
④胃ろう
⑤腸ろう（空腸ろう）
⑥経鼻経管栄養

※①②は、咽頭の手前までを限度とする

出典）厚生労働省 平成24年度喀痰吸引等指導者講習事業「喀痰吸引等研修テキスト 第三号研修（特定の者対象）」、10頁、2012年を一部改変

喀痰吸引等制度―登録事業者、登録研修機関 スライド12

　介護職員等の範囲は、「介護福祉士」と「介護福祉士以外の介護職員等」とされ、一定の研修を修了した者を都道府県知事が認定することになっています。

　しかし、介護職員等が個人として認定を受けただけでは喀痰吸引等はできず、「医師、看護職員等の医療関係者との連携の確保」など、一定の要件を備えた「登録事業者」に所属することで実施が可能となります。これまでの、個人契約的な不安定性が解消され、事業者がしっかりと責任を持つこととなりました。

　対象となる施設・事業所等の例ですが

- ・介護関係施設（特別養護老人ホーム、老人保健施設、グループホーム、有料老人ホーム、通所介護、短期入所生活介護等）
- ・障害者支援施設等（通所事業所及びグルー

プホーム等）
- ・訪問介護、重度訪問介護（移動中や外出先を含む）等
- ・特別支援学校

などが想定されますが、医療機関については、医療職種の配置があり、喀痰吸引等については看護師等が本来業務として行うべきであることから対象外とされています。

喀痰吸引等制度の全体像（概要） スライド13

　対象者に対し、喀痰吸引・経管栄養を行う介護職員等は、研修機関で喀痰吸引等研修を受講する必要があります。今皆さんが受講しているこの研修のことです。

　研修を修了すると、「認定特定行為業務従事者」の認定証が都道府県から交付されます。しかし、これだけでは、喀痰吸引等を実施することはでき

スライド12 喀痰吸引等制度―登録事業者、登録研修機関

喀痰吸引等制度―登録事業者、登録研修機関

介護職員等の範囲	○**介護福祉士** 介護福祉士の養成カリキュラムの中で、医療的ケアの講義及び演習を実施し、実地研修を修了した行為を介護福祉士登録証に記載 ○**介護福祉士以外の介護職員等** 一定の研修を修了した者を都道府県知事が認定、認定証の交付事務は都道府県が登録研修機関に委託可能
登録事業者	○自らの事業の一環として、たんの吸引等の業務を行う者は、事業所ごとに都道府県知事に登録 ○登録の要件（全ての要件に適合している場合は登録） 　☆医師、看護職員等の医療関係者との連携の確保 　☆記録の整備その他安全かつ適正に実施するための措置 ○登録事業者の指導監督に必要な届出、報告徴収等を規定 <対象となる施設・事業所等の例> ・介護関係施設（特別養護老人ホーム、老人保健施設、グループホーム、有料老人ホーム、通所介護、短期入所生活介護等） ・障害者支援施設等（通所事業所及びグループホーム等） ・在宅（訪問介護、重度訪問介護（移動中や外出先を含む）等） ・特別支援学校 ※医療機関は対象外
登録研修機関	○たんの吸引等の研修を行う機関を都道府県知事に登録 ○登録の要件（全ての要件に適合している場合は登録） 　☆基本研修、実地研修を行うこと 　☆医師・看護師その他の者を講師として研修業務に従事 　☆研修業務を適正・確実に実施するための基準に適合 ○登録研修機関の指導監督に必要な登録の更新制、届出、改善命令等を規定

出典）厚生労働省 平成24年度喀痰吸引等指導者講習事業「喀痰吸引等研修テキスト 第三号研修（特定の者対象）」、12頁、2012年を一部改変

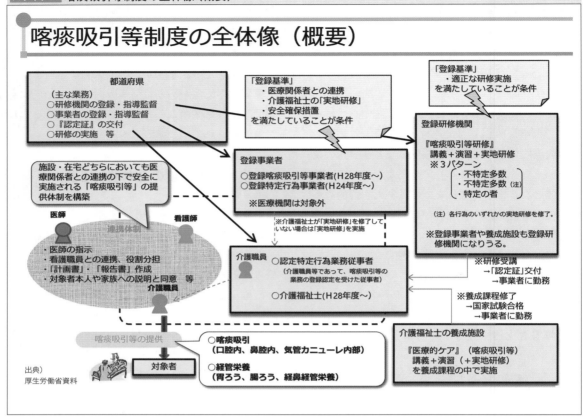

ません。介護職員等が所属する事業者も喀痰吸引等を行う事業者として都道府県に登録する必要があります。

　登録にあたっては、喀痰吸引等の実施にあたって、医療関係者との連携を確保していること、安全確保措置を講じていることなどの要件を満たす必要があります。喀痰吸引等の実施には、職員だけでなく、事業者の登録も必要であることに注意してください。

　なお、「認定特定行為業務従事者」の認定証の交付、事業者の登録、研修機関の登録などは、都道府県が行うこととなっています。

2-4 特定の者を対象とした喀痰吸引等の基本的な考え

特定の者を対象とした喀痰吸引等の基本的な考え スライド14

　ここまで、喀痰吸引等制度の成り立ちや概要について説明してきましたが、これを踏まえて、皆さんが今後、喀痰吸引等を実施する時に心得ておいていただきたいことを説明します。

　まず、皆さんが喀痰吸引等を実施することは、障害者支援の基本理念である、「どこで誰と生活するか」の選択の機会確保につながっている、ということです。例えば、ヘルパーが喀痰吸引等をできるようになれば、障害がある人が住み慣れた家で暮らせる可能性が高くなります。また、学校において喀痰吸引等を行うことで、教育機会の確保や充実につながります。皆さんが行う喀痰吸引

スライド14 特定の者を対象とした喀痰吸引等の基本的な考え

特定の者を対象とした喀痰吸引等の基本的な考え

「どこで誰と生活するか」の選択の機会確保に資する

ヘルパーが喀痰吸引等を行うことで在宅生活の可能性が高まり、学校で喀痰吸引等が行われることで、教育機会の確保・充実につながり、重度の障害があっても地域で生活できる社会づくりにつながる。

喀痰吸引等は、「暮らしの場で行われる医療的ケア」

介護職員等は喀痰吸引等を、本人の「生活や教育の場を支える」ために行う。したがって、手順通りに手技を行うとともに、対象者になるべく負担をかけないよう、喀痰吸引等を行う技術の修得が重要。

「個人」単位の合意ではなく、「事業者」単位の合意

喀痰吸引等制度前は、本人、介護職員等の「個人」単位の合意のもとに実施してきたが、法制化されたことで、「事業者」単位の合意へ移行。これにより、組織としての決定や取組が必要となった。

第3号研修は、対象者の「個別性重視」

喀痰吸引は必要時に行う医療的ケアであり、手技のあり方や想定されるリスク、その対応方法も個別性が高い。そのため、第3号ではOJTが基本であり、実地研修や業務の中での医療職との連携が重要。

等は、重度の障害があっても地域で生活できる社会づくりにつながっているのです。

そういう意味では、喀痰吸引等は医行為ではあるものの、「暮らしの場で行われる」ことに特徴があります。皆さんは「看護師などの代わり」に行うのではなく、生活や教育の場に寄り添い、対象者の日常生活を支えるために行うのです。そのため、喀痰吸引等の手技を手順通りに実施することに加え、対象者になるべく負担をかけないよう、少ない回数かつ短時間で効果的に喀痰吸引を実施できるように、技術を磨いていくことが大切です。

喀痰吸引等制度が施行されたことで、これまでの「個人」単位での合意から、「事業者」単位の合意に大きく変わりました。実質的違法性阻却の時代は、公的な制度ではありませんでしたので、本人と介護職員等の個人の合意をもとに喀痰吸引等を実施してきましたが、法制化されたことで、介護職員等だけでなく事業者も登録を行わなければ、喀痰吸引等を実施することができなくなりました。これが意味するのは、喀痰吸引等を安全に実施するために、職員個人だけでなく事業者の組織としての取組も求められるようになったということです。このことは、事業者に所属する職員、ひいては対象者を守ることにもつながります。

第三号研修では、個別性を重視しています。喀痰吸引は必要時に行うべき医療的ケアであり、そのタイミングや回数などは対象者によって様々です。想定されるリスクやその対応方法も個別性が

高いといえます。だからこそ、障害児・者に対する喀痰吸引等は、その方との関係性が十分ある者が望ましいとされています。そのため、特定の者への喀痰吸引等の実施を対象とする第三号研修では、OJTを重視しており、個々の対象者にあった喀痰吸引等を実施できるよう、実地研修やその後の業務において、医療職から助言や指導を受けることが、極めて重要となっています。

「不特定多数の者対象」と「特定の者対象」における研修プロセスの違い

スライド15

第一・二号研修と第三号研修の大きな違いは、第一・二号研修は不特定多数の対象者に喀痰吸引等を実施する介護職員等を対象としているのに対し、第三号研修は、特定の対象者にのみ喀痰吸引等を実施する介護職員等を対象にしています。

そのため、第一・二号研修は、一般的な知識や技術を習得できるよう、基本研修が手厚くなっており、実地研修も特定の行為に限定しない内容となっています。

これに対し、第三号研修では、特定の者を対象としていることから、基本研修は基礎的な知識や手順の学習が中心となっており、実地研修で、個別の対象者に応じた知識や技術を徹底して体得することを重視しています。

第三号研修は、特定の者に対し喀痰吸引等を実施するための研修ですので、研修修了後はその対象者にしか実施することができません。他の対象者に喀痰吸引等を実施する場合は、実地研修を再度受講する必要があります。なお、この際、基本研修を再度受講する必要はありません。

「不特定多数の者対象」と「特定の者対象」における研修プロセスの違い

「不特定多数の者対象」の場合

※基本研修を手厚くしており、一般的な知識技術の習得がなされているため、研修終了後から、不特定多数の者にたん吸引等の実施が可能。

基本研修
（講義50時間
＋演習各5回以上）

※適切にできるまで繰り返し実施

※ 一定の水準までの技術等を習得

＋

実地研修

看護師
評価指導
介護職等

不特定を対象
口腔内吸引10回以上
鼻腔内吸引20回以上
気管カニューレ内吸引20回以上
経管栄養（胃ろう・腸ろう）
20回以上（経鼻）20回以上

※適切にできるまで繰り返し実施

→ 適切なたん吸引等実施

→ 適切なたん吸引等実施

→ 適切なたん吸引等実施

不特定多数の者

「特定の者対象」の場合

※基本研修では基礎的なレベルの知識、手順等を中心に学習し、実地研修の中で特定の者に応じた知識・技術を体得。当該特定の者のみに対するたん吸引等を実施。

基本研修
（講義＋演習9時間
＋現場演習）

※ 基礎的なレベルの
知識、手順等を習得

＋

実地研修

医師・看護師
評価・指導
介護職員等
適切にできるまで繰り返し実施
本人からの評価を勘案
本人（家族）

※実地研修を重視
※本人に応じたたんの吸引等や介護、コミュニケーション方法なので実地でしか習得できない。

→ 適切なたん吸引等実施

特定の者のみ

出典）厚生労働省資料

16

3 重度障害児・者についての理解

障害・疾病についての理解

障害・疾病についての理解 スライド16

　ここでは、喀痰吸引等の対象になる特定の者、すなわち重度障害児・者の障害・疾病について簡単に説明します。

　喀痰吸引等を必要とする主な対象者としては、「先天性障害者で、元々、喀痰吸引等が必要な人」、「先天性障害者で、障害が悪化したり疾患が進行して喀痰吸引等が必要になった人」、「中途障害者」、そして最後に「高齢者」が挙げられます。

　また、喀痰吸引等を必要とする障害・疾病の例としては、筋萎縮性側索硬化症、重症心身障害、筋ジストロフィー、遷延性意識障害、脊髄損傷（高位頸髄損傷）などが挙げられます。

　喀痰吸引等を行う対象者が、どういう方で、どういう障害・疾病があるのかによって、喀痰吸引等を実施する際の留意点が異なりますので、対象者を想定しながら学習していきましょう。

　ただし、担当する対象者は、一人一人異なる個別性がありますので、前もって医療職やご家族から、障害や病態、注意すべき点について、十分に

指導を受けるようにしてください。

筋萎縮性側索硬化症（ALS）：概念
スライド17

　まず、筋萎縮性側索硬化症、ALS とは、主に中年以降に発症し、随意運動（自分の意志によって行う各種の運動）をつかさどる一次と二次（あるいは上位と下位とも呼ぶ）運動ニューロン（運動神経細胞のこと）が選択的、かつ進行性に変性・消失していく原因不明の神経難病のことをいいます。約 10% は遺伝性といわれています。

　症状は、筋萎縮と筋力低下が主体で、進行すると手の動作障害、歩行障害、ことばの障害、食事等の飲み込み障害、呼吸障害、コミュニケーション障害などが生じます。

　一般に感覚障害や排尿障害、眼球運動障害はみられませんが、人工呼吸器による長期生存例などでは、認められることもあります。病勢の進展は比較的速く、人工呼吸器を用いなければ通常は2〜4年で死亡することが多い病気です。

スライド16　障害・疾病についての理解

障害・疾病についての理解

喀痰吸引等を必要とする主な対象者
①先天性障害者で、元々、喀痰吸引等が必要な人
②先天性障害者で、障害が悪化したり疾患が進行して喀痰吸引等が必要になった人
③中途障害者
④高齢者

喀痰吸引等を必要とする障害・疾病（例）
・筋萎縮性側索硬化症
・重症心身障害
・筋ジストロフィー
・遷延性意識障害
・脊髄損傷（高位頸髄損傷）など

スライド17　筋萎縮性側索硬化症（ALS）：概念

筋萎縮性側索硬化症（ALS）

概念
○主に中年以降に発症し、随意運動（自分の意志によって行う各種の運動）をつかさどる一次と二次（あるいは上位と下位とも呼ぶ）運動ニューロン（運動神経細胞のこと）が選択的、かつ進行性に変性・消失していく原因不明の神経難病。約10%は遺伝性。

○症状は、筋萎縮と筋力低下が主体で、進行すると手の動作障害、歩行障害、ことばの障害、食事等の飲み込み障害、呼吸障害、コミュニケーション障害などが生ずる。

○一般に感覚障害や排尿障害、眼球運動障害はみられないが、人工呼吸器による長期生存例などでは、認められることもある。病勢の進展は比較的速く、人工呼吸器を用いなければ通常は2〜4年で死亡することが多い。

出典）厚生労働省 平成24年度喀痰吸引等指導者講習事業「喀痰吸引等研修テキスト第三号研修（特定の者対象）」、17頁、2012年

筋萎縮性側索硬化症（ALS）：栄養管理や人工呼吸療法の発達による長期生存例の増加 スライド18

いまだに根治療法はありませんが、近年、胃ろうからの経管栄養による栄養管理の発達や、鼻マスクによる非侵襲的陽圧呼吸（NPPV）や気管切開による陽圧人工呼吸（TPPV）等の人工呼吸療法の発達により、施設のみでなく在宅でも、10年以上、中には20年以上の長期にわたって療養を行っている患者さんが、増加しています。

したがって、この病気では、食事の飲み込み障害や呼吸筋の麻痺で喀痰の排出障害が出現した時期に、経管栄養や喀痰吸引等の処置が日常的に必要となります。

重症心身障害：概念 スライド19

次に、重症心身障害について説明します。重度の肢体不自由と重度の知的障害とが重複した状態を重症心身障害といい、その状態の子どもを重症心身障害児といいます。さらに成人した重症心身障害児を含めて重症心身障害児・者と定めています。

これは医学的診断名ではなく児童福祉での行政上の措置を行うための定義（呼び方）です。

重症心身障害児・者の数は、運動機能を坐位までに限れば、日本ではおよそ3万8000人いると

推定されています。重症心身障害の発生原因は様々です。

重症心身障害：障害の状態 スライド20

障害としては、知的障害とともに、姿勢の異常、移動障害、排泄障害、食事摂取の障害、手足の変形や拘縮、側わんや胸郭の変形、筋肉の緊張、コミュニケーション障害、呼吸器感染症の起こしやすさ、てんかんの合併など、さまざまな障害を呈します。

多くの重症心身障害児・者は、食事の飲み込み障害や喀痰の排出障害をもち、経管栄養や喀痰吸引等を日常的に必要としています。

飲み込みや呼吸の障害がとくに重くて一定の基準を満たす場合を超重症児・者といい、その中に

スライド19 **重症心身障害：概念**

重症心身障害

概念：

○重度の肢体不自由と重度の知的障害とが重複した状態を重症心身障害といい、その状態の子どもを重症心身障害児という。さらに成人した重症心身障害児を含めて重症心身障害児・者と定めている。

○これは医学的診断名ではなく児童福祉での行政上の措置を行うための定義（呼び方）である。

○重症心身障害児・者の数は、日本では、運動機能を坐位までに限れば、およそ38,000人いると推定されており、対象児・者を介助歩行や伝い歩き可能までに広げればもっと多数である。

○重症心身障害の発生原因は様々であり、生理的要因、病理的要因、心理・社会的要因の三つの分別する考え方と、出生前の原因（先天性風疹症候群・脳奇形・染色体異常等）、出生時・新生児期の原因（分娩異常・低出生体重児等）、周生児期以後の原因（脳炎などの外因性障害・てんかんなどの症候性障害）に分類することがある。

出典）厚生労働省 平成24年度喀痰吸引等指導者講習事業「喀痰吸引等研修テキスト第三号研修（特定の者対象）」、17頁、2012年を一部改変

スライド18 **筋萎縮性側索硬化症（ALS）：栄養管理や人工呼吸療法の発達による長期生存例の増加**

筋萎縮性側索硬化症（ALS）

栄養管理や人工呼吸療法の発達による長期生存例の増加：

○近年、胃ろうからの経管栄養による栄養管理の発達や、鼻マスクによる非侵襲的陽圧呼吸（NPPV）や気管切開による陽圧人工呼吸（TPPV）等の人工呼吸療法の発達により、施設のみでなく在宅でも、10年以上、中には20年以上の長期にわたって療養を行っている患者さんが、増加している。

○したがって、食事の飲み込み障害や呼吸筋の麻痺で喀痰の排出障害が出現した時期に、経管栄養や喀痰吸引等の処置が日常的に必要となる。

出典）厚生労働省 平成24年度喀痰吸引等指導者講習事業「喀痰吸引等研修テキスト第三号研修（特定の者対象）」、17頁、2012年

スライド20 **重症心身障害：障害の状態**

重症心身障害

障害の状態：

○知的障害とともに、姿勢の異常、移動障害、排泄障害、食事摂取の障害、手足の変形や拘縮、側わんや胸郭の変形、筋肉の緊張、コミュニケーション障害、呼吸器感染症の起こしやすさ、てんかんの合併など、さまざまな障害を呈する。

○多くの重症心身障害児・者は、食事の飲み込み障害や喀痰の排出障害をもち、経管栄養や喀痰吸引等を日常的に必要としている。

○飲み込みや呼吸の障害がとくに重くて一定の基準を満たす場合を超重症児（者）と言い、その中には、気管切開や人工呼吸器を使用している人も多数で、在宅や施設で生活を送っています。

出典）厚生労働省 平成24年度喀痰吸引等指導者講習事業「喀痰吸引等研修テキスト第三号研修（特定の者対象）」、18頁、2012年を一部改変

は、気管切開や人工呼吸器を使用している人も多数で、在宅や施設で生活を送っています。

筋ジストロフィー　スライド21

筋ジストロフィーとは、筋肉自体に遺伝性の異常が存在し、進行性に筋肉の破壊が生じる様々な疾患を総称しています。様々な筋ジストロフィーがありますが、発症年齢、遺伝形式、進行速度、筋力低下の生じる部位などは各疾患によって異なっています。

代表的なデュシェンヌ型は、筋ジストロフィーの大部分を占め、男性のみに発症する重症な病気です。通常2～4歳頃で、転びやすいなどの異常で発症し、おおよそ10歳代で車いす生活となります。

昔は20歳前後で心不全・呼吸不全のため死亡するといわれていましたが、様々な人工呼吸療法や栄養管理の進歩により、生命予後が延びています。

したがって、経過中に発生する食事の飲み込み障害や喀痰の排出障害に対して、経管栄養や喀痰吸引等の処置が日常的に必要となります。

遷延性意識障害　スライド22

遷延性意識障害とは、1972年の日本脳神経外科学会の定義では、自力移動が出来ない、自力摂食が出来ないなど、6項目の障害が治療にもかかわらず3ヶ月以上続いた状態と定義されています。しかし、時間とともに、ある程度の反応を示す例も多く存在するといわれています。

原因としては、不慮の事故による脳の外傷や脳血管、循環器、呼吸器疾患など様々な原因で意識不明になり、救急救命医療で一命をとりとめたにもかかわらず、意識障害が遷延して起こります。嚥下や喀痰排出に障害が生じるため、施設や在宅介護の場で、経管栄養や喀痰吸引等が日常的に必要となります。

脊髄損傷（高位頸髄損傷）　スライド23

脊髄損傷とは、主として脊柱に強い外力が加え

スライド22　遷延性意識障害

遷延性（せんえんせい）意識障害

概念：
○1972年の日本脳神経外科学会による定義では、

1）移動が不可能である。
2）自力摂食が不可能である。
3）糞・尿失禁がある。
4）声を出しても意味のある発語が全く不可能である。
5）簡単な命令には辛うじて応じることも出来るが、ほとんど意思疎通は不可能である。
6）眼球は自力で動いていても認識することは出来ない。

○以上6項目が、治療にもかかわらず3ヶ月以上続いた場合をいう。ただし、時間とともに、ある程度の反応を示す例も多く存在する。
○原因として、交通事故、スポーツ事故など不慮の事故による脳外傷や脳血管、循環器、呼吸器疾患など様々な原因により、救急救命医療で一命をとりとめたにも関わらず、高度の意識障害が持続して起こる。
○嚥下や喀痰排出に障害が生じるため、施設や在宅介護の場で、経管栄養や喀痰吸引等が日常的に必要となる。

出典）厚生労働省　平成24年度喀痰吸引等指導者講習事業「喀痰吸引等研修テキスト第三号研修（特定の者対象）」、18頁、2012年を一部改変

スライド21　筋ジストロフィー

筋ジストロフィー

概念：
○筋ジストロフィーとは、筋肉自体に遺伝性の異常が存在し進行性に筋肉の破壊が生じる様々な疾患を総称している。デュシェンヌ（Duchenne）型筋ジストロフィー、ベッカー（Becker）型筋ジストロフィー、顔面肩甲上腕（けんこうじょうわん）型筋ジストロフィー、筋強直性（緊張型）筋ジストロフィーなどに分類される。発症年齢、遺伝形式、進行速度、筋力低下の生じる部位などは各疾患によって異なる。
○代表的なデュシェンヌ型は、筋ジストロフィーの大部分を占め、男性のみに発症する重症な型である。通常2～4歳頃で、転びやすいなどの異常で発症し、おおよそ10歳代で車いす生活となる人が多い。
○昔は20歳前後で心不全・呼吸不全のため死亡するといわれていたが、気管切開による陽圧人工呼吸（TPPV）や最近では「非侵襲的人工呼吸法（NPPV）」など医療技術の進歩により、生命予後が延びている。
○経過中に発生する食事の飲み込み障害や喀痰の排出障害に対して、経管栄養や喀痰吸引等の処置が日常的に必要となる。

出典）厚生労働省　平成24年度喀痰吸引等指導者講習事業「喀痰吸引等研修テキスト第三号研修（特定の者対象）」、18頁、2012年

スライド23　脊髄損傷（高位頸髄損傷）

脊髄損傷（高位頸髄損傷）

概念：
○主として脊柱に強い外力が加えられることにより骨である脊椎（せきつい）を損壊し、その中を通る中枢神経である脊髄（せきずい）に損傷をうける病態。略して脊損（せきそん）とも呼ばれる。
○受傷原因としては、交通事故、高所からの転落、転倒、スポーツなど。スポーツでは水泳の飛び込み、スキー、ラグビー、グライダーなどで、若年者に目立つ。

高位頸髄損傷：
○症状は、脊髄障害の損傷の程度、完全麻痺か不全麻痺か、あるいは脊髄の障害のレベルによって異なるが、首の上の部位で、重度の高位頸髄損傷をきたすと、手足の麻痺、障害部位以下の身体の感覚障害、排尿・排便障害、座位保持困難、呼吸筋麻痺等を示す。したがって、喀痰吸引等の処置が必要になる。

出典）厚生労働省　平成24年度喀痰吸引等指導者講習事業「喀痰吸引等研修テキスト第三号研修（特定の者対象）」、19頁、2012年

られることにより、骨である脊椎（せきつい）を損壊し、その中を通る中枢神経である脊髄（せきずい）に損傷をうける病態をいいます。略して脊損とも呼ばれています。原因としては、交通事故、高所からの転落、転倒、スポーツなどがあり、スポーツでは水泳の飛び込み、スキー、ラグビー、グライダーなどで、若年者に目立ちます。

高位頸髄損傷とは、脊髄のうち高い位置になる首のところで脊髄に損傷をきたした場合をいい、重度の場合、手足の麻痺、障害部位以下の身体の感覚障害、排尿・排便障害、座位保持困難、呼吸筋麻痺等を示します。したがって、喀痰吸引等の処置が必要になります。

医療的ケア児 スライド 24

平成28年に「児童福祉法」の一部が改正され、第56条の6第2項が新たに加わりました。

医療的ケア児とは、喀痰吸引や経管栄養などの医療的ケアを日常的に要する児童のことを指します。気管切開や胃ろうのある児童、酸素療法や人工呼吸器の使用が必要な児童なども含まれ、状態は様々です。

「医療的ケア」という用語は、経管栄養・痰吸引等の日常生活に必要な医療的な生活援助行為のことで、治療行為としての医行為とは区別して使用しています。

医療的ケア児の状態像は知的障害と肢体不自由を重複した寝たきりの重症心身障害児から知的障

害のみを有している児童、知的・肢体には全く障害はないが、医療的ケアが必要な児童まで、幅広くなっています。そのため、それら対象児に支援を広げるために使用されている言葉であり、医学的診断名ではありません。**(参考資料 P38 下)**

3-2 障害の概念（ICF）

国際生活機能分類（ICF）の構成要素間の相互作用 スライド 25

次に、国際生活機能分類（ICF）の構成要素間の相互作用について、説明します。

障害のある方であっても、人間らしく生き生きと「活動」したり、社会に「参加」し、社会的役割を担っていくことが重要です。

従来の「障害の概念」では、機能の障害が能力障害を引き起こし、社会的不利を生じさせるといった、一方通行の概念でした。

2001年にWHOが採択した「国際生活機能分類（ICF）」では、人間にとって最も重要な「活動」や「参加」は、心身機能の低下や病気などからもちろん影響を受けますが、逆に、例えば「活動」を行うことで心身機能を高めることもある、という相互の作用が強調されています。

また、障害者自身の心身機能だけでなく、物理的、社会的、制度的、周囲の人々の態度などの「環

スライド 24 医療的ケア児

医療的ケア児

概念：
○痰吸引（口、鼻や気管切開から）、経管栄養（鼻からのチューブや胃ろう）、酸素療法、人工呼吸器使用などの、医療的ケアを日常的に要する児童を医療的ケア児と言う。
○医療的ケアという用語は経管栄養・痰吸引等の日常生活に必要な医療的な生活援助行為を治療行為としての医行為とは区別して使用している。
○医療的ケア児の状態像は知的障害と肢体不自由を重複した寝たきりの重症心身障害児から知的障害のみを有している児童、知的・肢体には全く障害はないが、医療的ケアが必要な児童まで、幅が広い。そのため、それら対象児に支援を広げるために使用されている言葉であり、医学的診断名ではない。

「障害者の日常生活及び社会生活を総合的に支援するための法律及び児童福祉法の一部を改正する法律」（平成28年5月25日成立・同年6月3日公布）児童福祉法56条の6第2項
「地方公共団体は、人工呼吸器を装着している障害児その他の日常生活を営むために医療を要する状態にある障害児が、その心身の状況に応じた適切な保健、医療、福祉その他の各関連分野の支援を受けられるよう、保健、医療、福祉その他の各関連分野の支援を行う機関との連絡調整を行うための体制の整備に関し、必要な措置を講ずるように努めなければならない。」と体制整備に関する努力義務を規定している。（本規定は公布日施行）

出典）厚生労働省資料

スライド 25 国際生活機能分類（ICF）の構成要素間の相互作用

国際生活機能分類（ICF）の構成要素間の相互作用

Health condition 健康状態
(disorder or disease) （変調/病気）

Body Functions And Structures 心身機能・身体構造

Activities 活動

Participation 参加

Environmental Factors 環境因子

Personal Factors 個人因子

出典）WHO, ICF : International Classification of Functioning, Disability and Health, Geneva, 2001.
厚生労働省訳は、障害者福祉研究会編『ICF 国際生活機能分類－国際障害分類改定版－』中央法規出版, 2002.

境因子」によっても、「活動」や「参加」の制限を生じるという概念を明確化しました。これらのことは、障害をより軽くするためには、建物や交通機関のバリアフリー化をはじめ制度的な支援の充実、障害理解に関する普及・啓発も重要であるという概念にもつながるものです。

家族や看護師だけでなく介護職員や教員といった多くの人が喀痰吸引や経管栄養等が行えるようになることは、これらを必要とする障害のある人や子どもの、「活動」や「参加」の1つである通所や通学を支えていくことにもつながります。

3-3 心理についての理解

心理についての理解 スライド26

次に、重度障害児・者の心理について考えてみましょう。大きく分けて、中途障害者の心理、先天性障害者の心理、家族の心理の3つの視点から、考えていきましょう。

中途障害者の心理 スライド27

まず、中途障害者の心理について、考えてみましょう。

人生の途中で、大きな病気やけがをして、障害

者となってしまった。私たちの身にもいつ起こるかわかりません。あなた自身のこととして少し想像してみてください。多くの方は、これからの自分の人生設計が根底から崩れていく想いを持つのではないでしょうか。

中途障害者の心理を理解する上で、よく用いられる考え方に「障害受容」のプロセスがあります。

最初は「ショック」で何も考えられない時期から、これは嘘だ現実ではないといった「否認」の時期、現実を徐々に受け入れながらも「混乱」する時期を経て、「適応への努力」の時期、それから「適応」へと進んでいきます。しかし、実際にはこれらは一方通行の単純なプロセスではなく、各段階をいったりきたりしながら徐々に適応へと進んでいくと考えられています。しかし、障害の受容は簡単なものではありません。

そこで、介護等の制度の利用を勧め、社会的な環境を整えていくことにより、障害をもっても自分らしく生きていける確信を持ってもらうように、働きかけをしていきます。また、社会の障害者に対する態度も、障害の受容のプロセスに影響を与えます。障害者に対する否定的な態度をなくすような日々の働きかけも重要です。

そうして、障害のある身体や暮らしへの適応へのきっかけをうまく見つけることができれば、案外早く切り替えができ、前を向いて生きていくことができるケースも多いようです。仲間の支えや、将来の具体的なビジョンを持っていただくことが重要です。しかし、これまでの人生の積み重ねもあり、「適応」の道のりは簡単ではない場合もあるようです。一見、障害受容しているようにみえても、実際には複雑な気持ちを抱えているものです。本人の誇りを傷つけるような言動は慎み、敬意の念を持って接することが重要です。

障害の受容を押しつけることがないように注意するとともに、障害者本人にしかわからない辛さや苦しみがあることを、常に洞察する気持ちで接しましょう。

スライド26 心理についての理解

心理についての理解

○中途障害者の心理
○先天性障害者の心理
○家族の心理

出典）厚生労働省 平成24年度喀痰吸引等指導者講習事業「喀痰吸引等研修テキスト 第三号研修（特定の者対象）」、19頁、2012年

中途障害者の心理

障害受容のプロセス

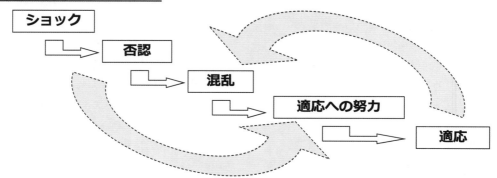

ショック → 否認 → 混乱 → 適応への努力 → 適応

> 障害受容のプロセスについては、対象者を理解するための一つの手がかりとして知っておくことは有用です。
> しかし、実際には、様々な要因の影響を受けることから、決して一定の明確な道筋をたどるわけではない（いったりきたりがあり得る）ので、一律にあてはめて理解しようとしないことが重要です。

出典）厚生労働省 平成24年度喀痰吸引等指導者講習事業「喀痰吸引等研修テキスト 第三号研修（特定の者対象）」、20頁、2012年

先天性障害者の心理 スライド28

次は、先天性障害者の心理について、考えてみましょう。生まれつき障害がある人生というのは、どのようなものでしょう。

障害があってもなくても、一人の人間として、学校生活や地域社会での生活など、平等に機会が与えられ公平な世の中を目指した「インクルーシブ社会」が理想ですが、実際にはどうでしょう。障害児は親から身の回りの世話を受ける機会が多く、そのことが自己決定の機会を狭められることにつながりやすいとも考えられます。また、障害があるために様々な行動の制限があり、失敗を恐れず試行錯誤を繰り返しながら学ぶという経験も少ない場合があるのではないでしょうか。

先天性障害児が、「大人」となっていくにあたって、まず「自立」ということを考えなければなりません。自立には、身体面、精神面、経済面、社会面の側面があります。身体的な自立、これは食事、移動、排泄などの動作の自立であり、障害の程度によっては必ずしもすべてが可能になるとはいえないかもしれません。精神的な自立、これは例えば親元から離れ、介護者に支えてもらいなが

スライド28 先天性障害者の心理

先天性障害者の心理

子どもから大人へ・・・「自立」を促す
- 身体面：食事、移動、排泄等の動作の自立
- 精神面：精神的な自立
- 経済面：所得を得て経済的な自立
- 社会面：社会的な自分の位置をみつける

家族の心理
- いつまでも面倒をみることはできない
  ・・・「自立」を促す

出典）厚生労働省 平成24年度喀痰吸引等指導者講習事業「喀痰吸引等研修テキスト 第三号研修（特定の者対象）」、21頁、2012年

ら自分らしく生きていくことにつながるもので、最も重要です。経済的な自立は、所得を得て自活するということですが、就労とも密接に関係します。これも障害の程度によっては、必ずしもすべてが可能になるとはいえないかもしれません。

社会的な自立は、社会的な位置というものを持つこと、つまり社会的な存在としての自分の役割を自分なりに意識するということです。精神的な自立ができれば、何らかの社会的な自分の位置というものが見えてくることが多いのではないでしょうか。

これらのことから、「自立」を考えるときに、最も重要な側面は「精神的自立」といえるでしょう。成長の過程で「精神的自立」を促していく必要があります。そのためには、成長段階に応じて、障害も含めた自己理解を促していく支援が重要となります。

しかし、障害児が「精神的自立」をすることは、やはりかなりの困難を伴いますし、親のほうのいわゆる「子離れ」も容易ではない場合も多いでしょう。同様の経験を経て自立した人たちの体験談を聞いたり、介護者に支えてもらいながらの地域生活を実際に体験したりといった中で、徐々にイメージを持つことも重要です。

家族の心理としては、障害のある子どもを生んだ親、一家の大黒柱であった夫が障害者になった妻など、様々な立場があり一概に論じることはできませんが、障害のある家族の身の回りの世話をすることが生き甲斐となり、本人の選択権や自己決定の機会を奪ってしまっている場合もあります。家族とはいえ、ずっと介護をすることはできないのですから、どこかで割り切り、お互いの「自立」を促す必要があります。

3-4 福祉業務従事者としての職業倫理と利用者の人権

福祉業務従事者としての職業倫理と利用者の人権 スライド29

次に、福祉業務従事者としての職業倫理と利用

者の人権について説明します。

福祉業務に従事する者には、適切な職業倫理を持つことが望まれます。

まず、障害者本人の自己決定の原則を守ることが最も重要です。福祉業務従事者が、本人の選択権を奪い、決定を押しつけたり、本人の意向に沿わないサービスを提供することがあってはなりません。福祉業務従事者は、本人の自己決定を尊重し、できるかぎり本人の意向に沿ったサービスを提供することを心がけるべきです。もちろん、その決定が反社会的なものであれば、福祉業務従事者は拒否することもできます。様々な社会的な制約の中でどのような決定をするかも、社会生活を送る上で重要な能力です。生活の中で障害者自身が適切にこれらの判断や決定をしていくことが重要ですし、支援者はそれを適切に支援していくことが重要です。そして、そのことが、対象者の人権を守ることにもつながります。

なお、当然のことながら、自己決定の原則は、本人の意思の確認が難しい場合も適用されます。厚生労働省では、意思決定支援の定義や意義、標準的なプロセスや留意点をとりまとめたガイドラインとして、「障害福祉サービス等の提供に係る意思決定支援ガイドライン」を作成していますので、こちらも参考にしてください。ガイドラインは、参考資料P39-40に掲載しています。

スライド29 福祉業務従事者としての職業倫理と利用者の人権

福祉業務従事者としての職業倫理と利用者の人権

○自己決定の原則
○介護においてとるべき基本態度
○心得 (参考：日本介護福祉士会倫理綱領)

出典）厚生労働省 平成24年度喀痰吸引等指導者講習事業「喀痰吸引等研修テキスト 第三号研修（特定の者対象）」、26頁、2012年

日本介護福祉士会倫理綱領 スライド30

　介護職員の心得として参考になりますので、日本介護福祉士会が作成した「日本介護福祉士会倫理綱領」を紹介します。

スライド30 日本介護福祉士会倫理綱領（1995年 日本介護福祉士会）

日本介護福祉士会倫理綱領（1995年 日本介護福祉士会）

前文

　私たち介護福祉士は、介護福祉ニーズを有するすべての人々が、住み慣れた地域において安心して老いることができ、そして暮らし続けていくことのできる社会の実現を願っています。

　そのため、私たち日本介護福祉士会は、一人ひとりの心豊かな暮らしを支える介護福祉の専門職として、ここに倫理綱領を定め、自らの専門的知識・技術及び倫理的自覚をもって 最善の介護福祉サービスの提供に努めます。

（利用者本位、自立支援）

1. 介護福祉士はすべての人々の基本的人権を擁護し、一人ひとりの住民が心豊かな暮らしと老後が送れるよう利用者本位の立場から自己決定を最大限尊重し、自立に向けた介護福祉 サービスを提供していきます。

（専門的サービスの提供）

2. 介護福祉士は、常に専門的知識・技術の研鑽に励むとともに、豊かな感性と的確な判断力を培い、深い洞察力をもって専門的サービスの提供に努めます。

　また、介護福祉士は、介護福祉サービスの質的向上に努め、自己の実施した介護福祉サービスについては、常に専門職としての責任を負います。

（プライバシーの保護）

3. 介護福祉士は、プライバシーを保護するため、職務上知り得た個人の情報を守ります。

（総合的サービスの提供と積極的な連携、協力）

4. 介護福祉士は、利用者に最適なサービスを総合的に提供していくため、福祉、医療、保健その他関連する業務に従事する者と積極的な連携を図り、協力して行動します。

（利用者ニーズの代弁）

5. 介護福祉士は、暮らしを支える視点から利用者の真のニーズを受けとめ、それを代弁していくことも重要な役割であると確認したうえで、考え、行動します。

（地域福祉の推進）

6. 介護福祉士は、地域において生じる介護問題を解決していくために、専門職として常に積極的な態度で住民と接し、介護問題に対する深い理解が得られるよう努めるとともに、その介護力の強化に協力していきます。

（後継者の育成）

7. 介護福祉士は、すべての人々が将来にわたり安心して質の高い介護を受ける権利を享受できるよう、介護福祉士に関する教育水準の向上と後継者の育成に力を注ぎます。

出典）公益社団法人日本介護福祉士会「日本介護福祉士会倫理綱領」（http://www.jaccw.or.jp/about/rinri.php）（2019 年 12 月 20 日）

4 喀痰吸引等制度の運用

4-1 喀痰吸引等の業務ができるまで

喀痰吸引等の業務ができるまで スライド31

まずは、介護職員等がどのようなプロセスを経て、喀痰吸引等の業務ができるようになるのか、説明します。

介護職員等が、基本研修、実地研修を受講し、知識・技能の修得が確認されると、喀痰吸引等研修が修了となり、研修機関より「修了証明書証」が交付されます。「修了証明書証」を受領したら、都道府県に「認定特定行為業務従事者認定証」の申請を行ってください。認定証が交付されると、皆さんは、特定の対象者に喀痰吸引等を実施できる「認定特定行為業務従事者」となります。

これ以降、「認定特定行為業務従事者」のことを「従事者」として解説していきます。

4-2 喀痰吸引等の実施に必要な事業者の体制づくり

登録事業者（登録喀痰吸引等事業者・登録特定行為事業者）スライド32

ただし、皆さんが「認定特定行為業務従事者」になっても、対象者に喀痰吸引等を実施すること

スライド31 喀痰吸引等の業務ができるまで

喀痰吸引等の業務ができるまで

①「喀痰吸引等研修」を受講します。（修了後「修了証明書証」が交付されます。）
登録研修機関
修了証

②都道府県に「修了証明書証」を添付し『認定証』の申請を行います。
都道府県庁

③研修修了の旨等を確認した後『認定証』が交付されます。
都道府県庁
認定証

『認定特定行為業務従事者認定証』たんの吸引等の業務を行うための証明書です。

④医師の指示の下、看護師等と連携し、たんの吸引等の提供を行うことができます。
事業所・施設　　対象者宅

出典）厚生労働省資料

はできません。皆さんが所属する介護事業者等が、喀痰吸引等を業として行う事業者として登録する手続きが必要になります。

登録事業者になるには、一定の要件があります。その要件を満たしていることを証明する書類を準備して、都道府県に登録申請を行い、審査の結果、基準を満たしていると判断されれば、都道府県から公示が出て登録事業者となります。

喀痰吸引等の業務を行う事業者の登録基準 スライド33

事業者の登録基準は、大きく2つあります。

1つは、「医療関係者との連携に関する基準」です。喀痰吸引等は医行為である以上、医師や看護師など医療関係者との連携は欠かせません。必ず医師の指示を受けて実施すること、実施状況を医師に報告すること、緊急時の連絡方法についてあらかじめ定めておくことなどが規定されていま

す。

もう1つは、「喀痰吸引等を安全・適正に実施するための基準」です。ここでは、安全確保のために事業者に求められる取組み・体制が示されており、安全委員会の設置や研修体制の整備、衛生管理、情報の適切な管理などを行う必要があるとされています。

実地研修時と喀痰吸引等の実施時に必要な書類 スライド34

ここからは、事業者の登録基準を踏まえて、喀痰吸引等を実施する際に必要な事業者の体制や取組みについて、具体的に説明していきます。

まずは、書類の準備です。実地研修の時と、その後の業務で喀痰吸引等を実施する時には、それぞれ必要な書類があります。研修後に業務として喀痰吸引等を実施する時は、「医師指示書」、「業務計画書」、「同意書」、「報告書」、「急変時等の対

スライド32 登録事業者（登録喀痰吸引等事業者・登録特定行為事業者）

登録事業者（登録喀痰吸引等事業者・登録特定行為事業者）

○個人であっても、法人であっても、たんの吸引等について業として行うには、登録事業者（※）であることが必要です。

○登録事業者となるには都道府県知事に、一定の登録要件（登録基準）を満たしている旨、登録申請を行うことが必要となります。

（※）登録喀痰吸引等事業者（H27〜　従事者に介護福祉士のいる事業者）
　　　登録特定行為事業者（H24〜　従事者が介護職員等のみの事業者）

登録申請　　　　　登録審査　　　　　公示
都道府県庁　　　　都道府県庁　　　　都道府県庁
事業者　　　　　　　　　　　　　　　事業者

出典）厚生労働省資料

スライド33 喀痰吸引等の業務を行う事業者の登録基準

喀痰吸引等の業務を行う事業者の登録基準

1．医療関係者との連携に関する基準

①介護福祉士等が喀痰吸引等を実施するにあたり、**医師の文書による指示**を受けること。
②医師・看護職員が喀痰吸引等を必要とする方の状況を定期的に確認し、介護福祉士等と**情報共有**を図ることにより、医師・看護職員と介護福祉士との連携を確保するとともに、適切な役割分担を図ること。
③喀痰吸引等を必要とする方の個々の状況を踏まえ、医師・看護職員との連携の下に、喀痰吸引等の実施内容等を記載した**計画書を作成**すること。
④喀痰吸引等の実施状況に関する**報告書を作成**し、医師に提出すること。
⑤喀痰吸引等を必要とする方の状態の急変に備え、**緊急時の医師・看護職員への連絡方法**をあらかじめ定めておくこと。
⑥喀痰吸引等の**業務の手順等を記載した書類**（業務方法書）を作成すること。

2．喀痰吸引等を安全・適正に実施するための基準

①喀痰吸引等は、**実地研修を修了した介護福祉士等**に行わせること。
②実地研修を修了していない介護福祉士等に対し、**医師・看護師等を講師とする実地研修を行う（※）**こと。
③安全確保のための**体制を整備**すること（安全委員会の設置、研修体制の整備等）。
④必要な**備品を備える**とともに、**衛生的な管理**に努めること。
⑤上記1．③の**計画書の内容**を喀痰吸引を必要とする方又はその家族に**説明し、同意を得る**こと。
⑥業務に関して知り得た**情報を適切に管理**すること。

（※）実地研修の内容は、後述の登録研修機関と同様（口腔内の喀痰吸引・・・10回以上・その他・・・20回以上）。
（注）病院・診療所は、医療関係者による喀痰吸引等の実施体制が整っているため、喀痰吸引等の業務を行う事業所の登録対象としない。
出典）厚生労働省資料

スライド34 実地研修時と喀痰吸引等の実施時に必要な書類

実地研修時と喀痰吸引等の実施時に必要な書類

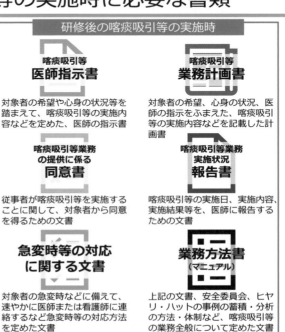

実地研修時	研修後の喀痰吸引等の実施時

実地研修時

喀痰吸引等 研修用の医師指示書
喀痰吸引等医師指示書（右）の実地研修用

喀痰吸引等 研修計画書
喀痰吸引等業務計画書（右）の実地研修用

喀痰吸引等 研修用の同意書
喀痰吸引等業務の提供に係る同意書（右）の実地研修用

喀痰吸引等 研修用の報告書
喀痰吸引等業務実施状況報告書（右）の実地研修用

研修後の喀痰吸引等の実施時

喀痰吸引等 医師指示書
対象者の希望や心身の状況等を踏まえて、喀痰吸引等の実施内容などを定めた、医師の指示書

喀痰吸引等 業務計画書
対象者の希望、心身の状況、医師の指示をふまえた、喀痰吸引等の実施内容などを記載した計画書

喀痰吸引等業務の提供に係る 同意書
従事者が喀痰吸引等を実施することに関して、対象者から同意を得るための文書

喀痰吸引等業務 実施状況 報告書
喀痰吸引等の実施日、実施内容、実施結果等を、医師に報告するための文書

急変時等の対応に関する文書
対象者の急変時などに備えて、速やかに医師または看護師に連絡するなど急変時等の対応方法を定めた文書

業務方法書（マニュアル）
上記の文書、安全委員会、ヒヤリ・ハットの事例の蓄積・分析の方法・体制など、喀痰吸引等の業務全般について定めた文書

※参考資料 P41-53 に、参考様式・記載例を掲載しています。

応に関する文書」、「業務方法書」の6点が必要になります。

「医師指示書」は医師が作成するもので、対象者の希望や心身の状況等を踏まえて、喀痰吸引等の実施内容を従事者に対して指示するための書類です。この指示書には、6か月以内の有効期限が定められています。「業務計画書」は従事者が作成するもので、対象者の希望や心身の状況、医師の指示を踏まえて、喀痰吸引等の実施内容を記載するものです。「業務計画書」の内容は、医師や看護師、対象者やその家族と共有するようにしましょう。「同意書」は、医師の指示や喀痰吸引等の手順、緊急時の対応方法などについて、対象者やその家族に説明し、安全に喀痰吸引等を実施することについて、理解や同意を得るための文書です。「報告書」は、喀痰吸引等の実施日や実施内容、実施結果等を、従事者から医師に報告するための書類です。「急変時等の対応に関する文書」は、対象者が急変した時などに、速やかに医師または看護師に連絡できるよう、あらかじめ、従事者、登録事業者の管理責任者、看護師、医師など、多職種で話し合って対応方法を定めておく文書です。そして、最後に「業務方法書」です。これは、登録事業者が喀痰吸引等の業務全般について定める書類で、指示書や計画書に基づいて喀痰吸引等を実施することや、安全委員会の設置・運営、ヒヤリ・ハット事例の蓄積や分析の方法・体制などについて記載するものです。

実地研修の時には、このうち、「医師指示書」、「研修計画書」、「同意書」、「報告書」の4点の書類が必要になります。いずれも研修後の業務で用いるものですので、実地研修の段階から活用することで、円滑に実際の業務につなげることができます。これらの書類は、喀痰吸引等を対象者や家族との信頼関係の下で、安全・適正に実施するために必要なものです。

喀痰吸引等の実施前に決めておくこと、実施しながら行うこと スライド35

喀痰吸引等の実施においては、平常時においても急変時等においても、医療職との連携が求めら

れます。対象者の状況について日頃からどのように情報共有するのか、従事者が何か相談したいことがある場合は、医師や看護師にどのように連絡するのか、また、対象者の病状が急変した時は、医療職とどのように連携をとるのか、こうしたことは実際に業務が始まる前に、あらかじめ多職種で具体的な手段や対応方法、役割などを決めておくことが必要です。ここでいう多職種とは、従事者、登録事業者の管理責任者、訪問看護事業所等の看護師・管理者、医師などのことを指しています。

あらかじめ決めておくこととしては、喀痰吸引等の手技、平常時の対応、急変時等の対応に関することが挙げられます。手技については、喀痰吸引等の手順のほか、対象者の心身の状況などをふまえて個別の留意点などを確認しておきましょう。

平常時については、日常的な連絡や相談、報告の体制、従事者・看護師・医師のそれぞれの連絡体制、また、医師もしくは看護師が対象者の状態確認を、どのくらいの頻度で、どのように行うのか決めておくとよいでしょう。

急変時等については、従事者が医療職に相談すべきなのはどういう時なのか、決めておくことが重要です。従事者は誰に連絡をとって何を伝達するのか、緊急搬送先なども確認しておきましょう。

このように、予めルールを定めておくことで、実際の業務の中でも互いに遠慮することなく、何かあった場合でも慌てないで対応することができます。実際の業務における従事者の心理的な負担軽減にもつながります。このような事前の取り決めは、実地研修前にも行っておくとよいでしょう。

安全委員会の構成メンバーと議論・取組の内容（例） スライド36

喀痰吸引等を行う登録事業者では、安全委員会を設置することになっています。

安全委員会の目的は、喀痰吸引等の安全性を維持・向上することです。具体的には、ヒヤリ・ハット事例を蓄積し、傾向を分析することで、従事者が陥りやすいミスなどを明らかにし、フォローアップにつなげ、再発防止を図っていくことです。

スライド 35 喀痰吸引等の実施前に決めておくこと、実施しながら行うこと

喀痰吸引等の実施前に決めておくこと、実施しながら行うこと

喀痰吸引等の実施前

～決めておく必要があること～
- 手技に関すること
  - 対象者個別の喀痰吸引等の手順・留意点、手技の確認
- 平常時に関すること
  - 従事者から看護師への日常的な連絡・相談・報告体制
  - 看護師と医師の連絡体制、従事者と医師の連絡体制
  - 医師または看護師による定期的な状態確認の方法
- 急変時等に関すること
  - 急変時等の対応方法の取り決め　など

喀痰吸引等の実施

平常時
- ■従事者・事業者
  - 喀痰吸引等を実施し記録
  - ヒヤリハットがあれば記録して事業所管理者などに報告
  - 報告書を用いて、看護師、医師に対し、定期的に報告
- ■医師または看護師
  - 対象者の状態を定期的に確認

急変時等
- ■従事者・事業者
  - 医師または看護師などに連絡
  - 医師または看護師の指示を受けて対応
- ■看護師
  - 必要に応じて医師に相談
- ■医師
  - 看護師からの連絡を受け、対応方法を指示

スライド 36 安全委員会の構成メンバーと議論・取組の内容（例）

安全委員会の構成メンバーと議論・取組の内容（例）

構成メンバー

※施設の場合も在宅の場合も、**多職種から構成**される場とすること

- 従事者
- 登録事業者の管理責任者
- 訪問看護事業所等の看護師
- 医師
- ケアマネジャーもしくは相談支援専門員　／等

※構成すべきメンバーが確保され、議論・取組の内容の実施が可能であれば、サービス担当者会議等の既存の会議で代替することも可能

議論・取組の内容（例）

- ヒヤリ・ハット事例の分析や再発防止策の検討
- 従事者の手技の維持・向上を図るための取組（フォローアップ研修など）の検討
- 対象者の心身の状況の変化や医師の指示などに基づく計画書の検証や見直し

安全委員会のような定期的な会議を開催することで、ヒヤリ・ハットの事例の蓄積・分析から、従事者のフォローアップにつなげ、再発防止を図ることができる。日頃の業務を振り返り、また、対象者の心身の状況などを確認していくことで、対象者の変化にも対応しながら、喀痰吸引等の安全性を維持・向上することができる。

安全委員会は、施設でも在宅でも、多職種で構成することになっています。従事者、登録事業者の管理責任者、訪問看護事業所等の看護師、医師などです。在宅の場合は、看護師や医師は、登録事業者とは別の事業所や医療機関に属していることが多いですが、その場合でも参加を呼びかけるようにしましょう。

なお、構成すべきメンバーが確保され、このような話し合いが可能な場であれば、サービス担当者会議、個別支援会議などの既存の会議で代替することも可能です。

4-3 ## 喀痰吸引等の提供の具体的なイメージ

在宅での喀痰吸引等の提供の具体的なイメージ スライド37

これは、介護職員等による喀痰吸引等の提供のイメージです。在宅の場合の具体的な連携のイメージを図にしたものです。

「喀痰吸引等」の提供は、医療関係者との連携の下で、安全に実施される必要があります。そのために、在宅の場合の連携の中核となるのが、利用者を中心とした、医療関係者を含むケアカンファレンス等の体制整備ではないでしょうか。

在宅の場合には、医療職がいつも近くにいるわけではありません。在宅医療を行っている医師や訪問看護事業所等の看護師などと、連絡ノートな

スライド37 在宅での喀痰吸引等の提供の具体的なイメージ

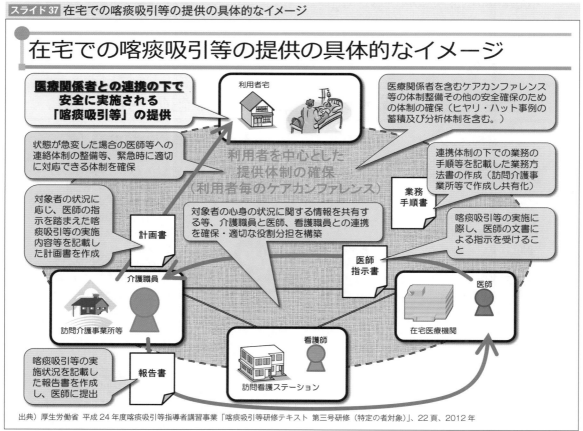

出典）厚生労働省 平成24年度喀痰吸引等指導者講習事業「喀痰吸引等研修テキスト 第三号研修（特定の者対象）」、22頁、2012年

図の中の各書類の名称は、スライド34の下記の書類のことを指す。
「医師指示書」：喀痰吸引等医師指示書、「計画書」：喀痰吸引等業務計画書、「業務手順書」：業務方法書、「報告書」：喀痰吸引等業務実施状況報告書

どで日々の情報交換をしながら、定期的なケアカンファレンスを開催し、ヒヤリ・ハット事例の蓄積及び分析なども含めて安全確保の体制を整えましょう。

このような連携体制の下、対象者の心身の状況に関する情報を共有するなど、介護職員と医師、看護師等との連携を確保し、適切な役割分担を構築しておきましょう。

特に、状態が急変した場合の医師等への連絡体制の整備など、急変時等に適切に対応できる体制を確保しておくことが重要です。

また、対象者の状況に応じ、医師の指示を踏まえた喀痰吸引等の実施内容などを記載した計画書を作成しておくことも、最初の段階や指示変更があった時などに必要です。

さらに、連携体制の下での業務の手順などを記載した業務方法書を訪問介護事業所等で作成し、

チームで共有しておくとよいでしょう。

喀痰吸引等の実施に際し、医師の文書による指示を受けることや、喀痰吸引等の実施状況を記載した報告書を作成し、医師に提出することも基本的なこととして行う必要があります。

施設での喀痰吸引等の提供の 具体的なイメージ スライド38

次は、施設の場合の具体的な連携のイメージを図にしたものです。

在宅の場合と同様、「喀痰吸引等」の提供は、医療関係者との連携の下で、安全に実施される必要があります。そのために、施設の場合の連携の中核となるのが、施設内における医療関係者を含む委員会の設置などの体制確保です。

施設の場合には、常勤の看護職員が配置されている場合もあるため、比較的連携はとりやすいと

スライド38 施設での喀痰吸引等の提供の具体的なイメージ

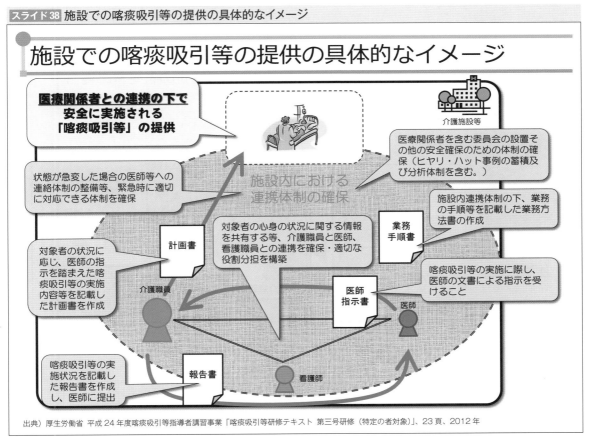

出典）厚生労働省 平成24年度喀痰吸引等指導者講習事業「喀痰吸引等研修テキスト 第三号研修（特定の者対象）」、23頁、2012年

図の中の各書類の名称は、スライド34の下記の書類のことを指す。
「医師指示書」：喀痰吸引等医師指示書、「計画書」：喀痰吸引業務計画書、「業務手順書」：業務方法書、「報告書」：喀痰吸引等業務実施状況報告書

思われます。施設勤務の医師や看護職員と、日々の情報交換をしながら、定期的な委員会を開催し、ヒヤリ・ハット事例の蓄積及び分析なども含めて安全確保の体制を整えましょう。

このような連携体制の下、対象者の心身の状況に関する情報を共有するなど、介護職員と医師、看護職員との連携を確保し、適切な役割分担を構築しておきましょう。

特に、状態が急変した場合の医師等への連絡体制の整備など、急変時等に適切に対応できる体制を確保しておくことが重要です。

また、対象者の状況に応じ、医師の指示を踏まえた喀痰吸引等の実施内容などを記載した計画書を作成しておくことも、最初の段階や指示変更があった時などに必要です。

さらに、連携体制の下での業務の手順などを記載した業務方法書を作成し、施設内で共有しておくとよいでしょう。

喀痰吸引等の実施に際し、医師の文書による指示を受けることや、喀痰吸引等の実施状況を記載した報告書を作成し、医師に提出することも基本的なこととして行う必要があります。

4-4 多職種連携の実際

訪問看護ステーションとの関わり方の例（特定の者対象の場合） スライド39

ここからは、「多職種連携」について、もう少し理解を深めていきましょう。

第三号研修は、利用者が特定されていますので、実地研修の際の指導・助言を行う看護師等は、その後、業務連携としても携わる看護師等であることが望ましいと考えられます。介護職員等が研修を積み、ひとり立ちするまでの間、その研修の過

スライド39 訪問看護ステーションとの関わり方の例（特定の者対象の場合）

訪問看護ステーションとの関わり方の例（特定の者対象の場合）

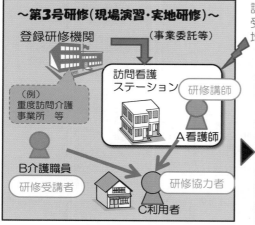
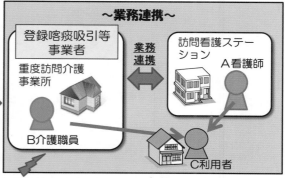

訪問看護ステーションが、実地研修の事業委託を受けている場合、研修講師として、現場演習～実地研修に関与（指導・助言及び評価）を行います。

訪問看護ステーションが、登録喀痰吸引等事業者（重度訪問介護事業所）の事業連携先である場合、介護職員（ホームヘルパー等）と看護師が連携して、喀痰吸引等を含めたサービス提供を行います。

注：「研修（第３号研修）」は、特定の利用者に対する医行為の提供を前提として行われることから、研修場面、実際の業務場面を通じて、同一の利用者（特定の者）に対し、同じ介護職員が喀痰吸引等を提供することとなりますが、その際、同じ看護師が関与することが望ましいと考えられます。

出典）厚生労働省 平成24年度喀痰吸引等指導者講習事業「喀痰吸引等研修テキスト 第三号研修（特定の者対象）」、24頁、2012年

程を見守ることで、業務連携も円滑に行うことができるでしょう。

ですから、在宅においては、図のように利用者宅に入っている訪問看護師が実地研修の指導を行うことが望まれているのです。このとき、研修機関から訪問看護ステーションに実地研修の業務を委託する方法や、訪問看護師を研修機関の講師として登録する方法がありますが、訪問看護師はどちらかの方法で研修講師となります。図では、訪問看護ステーションに実地研修の業務を委託する場合を例にとって記載しています。

こういった連携体制を築くことで、介護職員等が喀痰吸引等を行う上で最も必要な、信頼関係の構築につながります。信頼関係は、介護職員等と看護師等の間だけでなく、利用者本人やその家族、医師などを含む関係者全員で構築されている必要があります。そのために、実地研修から信頼関係構築のための第一歩が始まると考えてよいでしょう。

このことは、利用者が特定されており、利用者を中心とした顔の見える関係が構築することができるという、第三号研修の特徴的なところといえるでしょう。

信頼関係の構築① スライド40

信頼関係を構築する上で最も重要なことは、顔の見える関係づくりです。できるだけ、情報交換を密に行うことが重要であり、また、看護と介護

の役割分担を決めておくことが重要です。

第三号研修を受講することで、介護職員等は喀痰吸引等を行うことができるようになりますが、それは医療職である看護師が行う行為と同等の行為ができるようになるということではありません。従事者が行えるのはあくまでも平常時の処置ですので、対象者の具合が悪い時やいつもと様子が違う時には、看護師や医師に連絡するようにしましょう。

従事者は、看護師や医師と比べて、対象者と一緒にいる時間が長いため、いつもと様子が違う時に気づきやすいと考えられます。いつもと違うと気づいた時には、看護師や医師に連絡するようにしましょう。看護師や医師は、従事者からの相談に対応しながら、従事者はどういう時に連絡するべきなのか、個別のケースに応じた客観的な基準を示していくと、従事者にとってわかりやすいでしょう。

信頼関係の構築② スライド41

実際に喀痰吸引等を行ってみると、現場では様々な場面に遭遇します。その1つが対象者からの要望です。例えば、経管栄養の注入をしようとした時に、本人から「要らない」と言われたら、あなたはどうしますか？

先ほど、福祉業務に従事する人の職業倫理として、自己決定を尊重すべきという説明をしましたが、その結果、本人の心身の状態悪化や、場合に

出典）厚生労働省 平成24年度喀痰吸引等指導者講習事業「喀痰吸引等研修テキスト 第三号研修（特定の者対象）」、25頁、2012年を一部改変

よっては命が危険にさらされる可能性もあります。そのため、「対象者がそう言っているのだから」と一律に判断することは、適切ではありません。

重要なのは、従事者だけで判断せず、看護師や医師に相談するということです。

信頼関係の構築③ スライド42

もう1つ、従事者が現場で遭遇する場面として、定められた範囲を超えて喀痰吸引等を行うことを、対象者に求められることがあります。例えば、口腔内の吸引をしようとした時に、本人から「もっと奥までカテーテルをいれて吸引してほしい」と言われたら、あなたはどうしますか？

そもそも、従事者が実施できる行為は6行為と定められており、このうち鼻腔内・口腔内の喀痰吸引については「咽頭手前まで」と、実施できる範囲が定められています。定められた範囲を超えて実施することは、本人の意向であっても認められていません。認められていない範囲の行為を行うことは大変危険です。

しかし、希望に沿えないことが、本人や家族との信頼関係に影響を与える可能性もありますので、医師や看護師の協力を得て、多職種で丁寧に説明をしていくことも重要です。

信頼関係の構築④ スライド43

介護職員等は医療職ではありませんので、医療

職同士のように、医療情報を的確に伝達できないかもしれません。これらのことも含めて、連携する医療者に理解していただき、急変時等の対応などについても、対象者ごとに話し合っておくとよいでしょう。

このルールを取り決める話し合いそのものが連携を深めるよい場となるでしょうし、この手順通りに行動することで、事故の際の責任の所在も明確になると思われます。

また、医療的ニーズがある方が、医療機関以外の場所で暮らす以上、一定のリスクがあることは、対象者本人やその家族も理解し、ある程度の覚悟を持って生活をおくる必要があると思われます。

喀痰吸引等の行為は、治療を目的とした医行為ではなく、日常生活をおくるために必要な医行為であって、あくまでも対象者や家族の生活の質、QOLを増進させることを目的としたものであることは、連携チーム全員で確認しておく必要があるでしょう。

対象者の安全・安心を確保するために、多職種連携が求められる場面（例） スライド44

ここまで多職種連携の重要性について説明してきましたが、では、実際にどういう場面で連携が求められるのか、例を挙げたいと思います。

まずは、従事者の手技の確認です。従事者として喀痰吸引等を始めたばかりの段階では、対象者に関わっている訪問看護事業所等の看護師や医師

出典）厚生労働省　平成24年度喀痰吸引等指導者講習事業「喀痰吸引等研修テキスト　第三号研修（特定の者対象）」、25頁、2012年

に確認してもらうとよいでしょう。また、慣れてくると、手技が自己流になってくることもありますので、定期的に手技を確認してもらうことも大切です。訪問看護事業所等の看護師に手技の確認をしてもらうためには、対象者宅に同行訪問してもらえるよう、ケアマネジャーや相談支援専門員に調整してもらうといった協力も必要になります。

次に、計画書等の書類作成です。計画書では、対象者への喀痰吸引等の実施内容などを記載します。また、事業者によっては手順書やマニュアルを作成している場合もあります。ここに対象者個別の留意点など、具体的な情報を書き込めるよう、医師や看護師から意見を聞くとよいでしょう。また、対象者の心身の状況の変化や医師の指示などに基づき、必要に応じて、計画書の検証や見直しが必要です。

日頃の対象者に関する情報共有も、多職種連携が求められる場面の1つです。従事者である介護職員等の強みは、対象者の日頃の状況を把握していることです。他方、医療職の強みは、対象者のリスクを予測することです。双方が連携することで、リスクをふまえた予防的な対応や、対象者の異変に対する早期の対応ができます。従事者が日頃の状況を把握する時に、どのような項目をどのような方法で観察すればよいのか、医療職から助言をもらっておくとよいでしょう。

最後が急変時等の対応です。従事者は現場で慌てることがないよう、業務としての喀痰吸引等を始める前に、急変時等の対応を心得ておく必要が

あります。対応方法については、ケアマネジャーなどを中心に、多職種で文書などにより共有しておくとよいでしょう。

対象者の安全・安心を確保するために、各職種に期待される役割 スライド45

喀痰吸引等を安全に実施するために、各職種に期待される役割について、最後に整理しておきます。

従事者の最大の役割は、対象者に応じた手技の修得とその維持・向上です。また、喀痰吸引等は医行為であることをふまえ、喀痰吸引等を実施することのリスクを十分に認識しておきましょう。常にチームで対応することを意識し、必要時には医療職と連携することが重要です。また、対象者の日頃の状況の観察、いつもと様子が違う場合の気づきも重要な役割です。

訪問看護事業所等の看護師は、従事者にとって身近な相談相手です。手技の確認や、個別の対象者の留意点の指導、また従事者から得た情報をふまえて予防的な対応をしていくことも求められます。また、急変時等には医師へのつなぎ役として活躍します。

医師の最も重要な役割は、指示書による従事者への喀痰吸引等の指示です。ここには、介護職員等による実施の可否の判断も含まれています。また、対象者のリスクを予測し、それをふまえた対応方法を指示していくことが求められます。

こうした多職種連携を促すため、ケアマネジャーや相談支援専門員も重要な役割を担っています。喀痰吸引等を実施する前など、多職種での相談や取り決めが必要な時に、連絡調整役となります。また、看護師等が従事者の手技を確認する場合は、訪問時間の調整などを行うとよいでしょう。

喀痰吸引等を安全に実施するという目標を各職種が共有し、それぞれの知識や技術を高めながら、連携して支援していくことが、対象者の安全安心につながっていくことを心得ておきましょう。

スライド44 **対象者の安全・安心を確保するために、多職種連携が求められる場面（例）**

対象者の安全・安心を確保するために、多職種連携が求められる場面（例）

従事者の手技の確認
従事者が手技に不安がある場合だけでなく、慣れてきた段階においても自己流にならないよう、対象者に関わる看護師や医師等に、手技を確認してもらうようにしましょう。

計画書等の書類作成
計画書等に個別の留意点を書き込むため、従事者は医師や看護師から意見を聞くとよいでしょう。対象者の心身の状況の変化や医師の指示などに基づき、必要に応じて、計画書の検証や見直しも必要です。

対象者に関する情報共有
対象者の状態変化に対応するためには、従事者が「対象者の日頃の状況を把握」し、医療職が「その情報に基づきリスク予測」するのが有効です。従事者が把握するべき項目について、医療職から助言をもらうのもよいでしょう。

急変時等の対応
従事者は喀痰吸引等を実施する前に、急変時等の対応について理解しておく必要があります。急変時等の対応については、ケアマネジャー等を中心に、多職種で文書等により共有しておくとよいでしょう。

対象者の安全・安心を確保するために、各職種に期待される役割

○認定特定行為業務従事者等 ○登録事業者	・喀痰吸引等の技術の修得・維持・向上 ・喀痰吸引等を実施することのリスクの認識 ・喀痰吸引等に係る対象者の負担を軽減するための介護技術の修得 　（口腔ケア、水分摂取等） ・指示書の内容と有効期限の確認 ・喀痰吸引等業務計画書・実施状況報告書の作成 ・対象者の日々の観察・記録 ・対象者の急変時等の連絡 ・必要時の医師または看護師への報告・相談 ・ヒヤリ・ハットの報告
○訪問看護事業所等の看護師	・従事者の手技の確認・指導 ・対象者の状態をふまえた喀痰吸引等の留意点の指導 ・従事者からの情報をふまえた予防的な対応 ・急変時等の医師への相談、従事者への対応方法の指示 ・業務計画書（作成・見直し）に関する助言・指導 ・安全委員会への出席
○医師	・介護職員等による喀痰吸引等の実施の可否の判断 ・指示書を通じた喀痰吸引等の実施内容の指示 ・対象者のリスク予測 ・リスクをふまえた喀痰吸引等の実施方法の指示 ・急変時等の対応方法の指示 ・対象者の心身の状況などの変化に応じた指示書の見直し ・安全委員会への出席
○ケアマネジャー ○相談支援専門員	・喀痰吸引等にかかる連絡調整 ・急変時等の連絡調整

おわりに　スライド46

　皆さんはこれから介護職員等として、喀痰吸引や経管栄養を、特定の方に行っていくこととなります。

　喀痰吸引等が必要な重度障害児・者の方々にとって、これらの日常的な医行為を担っていただける皆さんの存在は本当に心強いものであると思います。

　皆さんが、今後、「重度障害児・者の方々の地域での普通の生活」をしっかり支えていかれますことを期待して、この講義を終わります。

スライド46 おわりに

おわりに

出典）厚生労働省 平成24年度喀痰吸引等指導者講習事業「喀痰吸引等研修テキスト
　　　第三号研修（特定の者対象）」、27頁、2012年

参考資料

（参考）医療保険、介護保険、障害福祉施策制度一覧

	医療保険		介護保険	障害福祉施策
根拠法	健康保険法　等	高齢者の医療の確保に関する法律	介護保険法	障害者自立支援法
実施主体等	国民健康保険 被用者保険（組合管掌健康保険、協会けんぽ、共済組合　等）	後期高齢者医療広域連合	市町村	市町村
財源	保険料 税金	保険料 税金 各種保険者からの支援金	保険料 税金	税金
対象者	各種保険加入者及び家族	75歳以上の者	65歳以上の者 特定疾病の者で40歳以上65歳未満の者	身体障害児・者 知的障害児・者 精神障害児・者
利用者負担	3割負担 ※義務教育就学前：2割、70歳以上75歳未満：1割、現役並み所得者：3割	1割負担	1割負担 一定以上の所得がある場合は、2割負担もしくは3割負担 *1	所得に応じて4区分の負担上限月額を設定 市町村民税非課税世帯は無料（自立支援医療は除く）

＊1　具体的には下記の通り。
【3割負担】
・65歳以上で、本人の合計所得金額が220万円以上、かつ、年金収入＋その他の合計所得金額の合計額が単身世帯で340万円以上、または2人以上世帯で463万円以上の場合
【2割負担】
・65歳以上で、本人の合計所得金額が220万円以上、かつ、年金収入＋その他の合計所得金額の合計額が単身世帯で280万円以上340万円未満、または2人以上世帯で346万円以上463万円未満の場合
・65歳以上で、本人の合計所得金額が160万円以上220万円未満、かつ、年金収入＋その他の合計所得金額の合計額が単身世帯で280万円以上、または2人以上世帯で346万円以上の場合

出典）厚生労働省 平成24年度喀痰吸引等指導者講習事業「喀痰吸引等研修テキスト 第三号研修（特定の者対象）」、14頁、2012年を一部改変

（参考）６５歳以上の要介護状態にある障害者と４０歳以上の特定疾患の者における介護保険制度と障害者福祉制度との関係

［上乗せ部分］

全身性障害者に対する介護保険の支給限度額を超える部分は障害者総合支援法から給付

障害者福祉制度

介護保険と障害者福祉制度で共通するサービス

※　介護保険からの給付が優先

介護保険制度

［横出し部分］

訓練等給付などの介護保険にないサービスは障害者総合支援法から給付

出典）厚生労働省 平成24年度喀痰吸引等指導者講習事業「喀痰吸引等研修テキスト 第三号研修（特定の者対象）」、15頁、2012年

喀痰吸引等制度前からの介護職員等による喀痰吸引等の取扱い（実質的違法性阻却）

			在宅（療養患者・障害者）	特別支援学校（児童生徒）	特別養護老人ホーム（高齢者）
対象範囲	喀痰吸引	口腔内	○（咽頭の手前までを限度）	○（咽頭の手前までを限度）	○（咽頭の手前までを限度）
		鼻腔	○	○	○
		気管カニューレ内部	○	−	−
	経管栄養	胃ろう	−	○（胃ろうの状態確認は看護師）	○（胃ろうの状態確認・チューブ接続・注入開始は看護職）
		腸ろう	−	○（腸ろうの状態確認は看護師）	−
		経鼻	−	○（チューブ挿入状態の確認は看護師）	−
要件等	①本人との同意		・患者が、方法を習得した家族以外の者に依頼し、当該者が行うことについて文書による同意（ヘルパー個人が同意） ・ホームヘルパー業務と位置づけられていない	・保護者が、学校に依頼し、学校の組織的対応を理解の上、教員が行うことについて書面による同意 ・主治医が、学校の組織的対応を理解の上、書面による同意	・入所者（入所者に同意する能力がない場合にはその家族等）が、施設に依頼し、施設の組織的対応を施設長から説明を受け、それを理解の上、介護職員が行うことについて書面による同意
	②医療関係者による的確な医学的管理		・かかりつけ医、訪問看護職員による定期的な診療、訪問看護	・主治医から看護師に対する書面による指示 ・看護師の具体的指示の下で実施 ・在校時は看護師が校内に常駐 ・保護者、主治医、看護師、教員の参加の下で、個別具体的な計画の整備	・配置医から看護職員に対する書面による指示 ・看護職員の指示の下で実施 ・配置医、看護職員、介護職員の参加の下、個別具体的な計画の整備
	③医行為の水準の確保		・かかりつけ医、訪問看護職員による家族以外の者への技術指導 ・かかりつけ医、訪問看護職員との間において同行訪問や連絡・相談・報告などにより手技を確認	・看護師及び教員が研修を受講 ・主治医による担当教員、実施範囲の特定 ・マニュアルの整備	・看護師及び介護職員が研修を受講 ・配置医による担当介護職員・実施範囲の特定 ・マニュアルの整備
	④施設・地域の体制整備		・緊急時の家族、かかりつけ医、訪問看護職員、家族以外の者等の間の連絡・支援体制の確保	・学校長の統括の下、関係者からなる校内委員会の設置 ・指示書、実施記録の作成・保管 ・緊急時対応の手順、訓練の実施　等	・施設長の統括の下、関係者からなる施設内委員会の設置 ・指示書、実施記録の作成・保管 ・緊急時対応の手順、訓練の実施　等

出典）厚生労働省資料

地域における医療的ケア児の支援体制の整備

○ 医療技術の進歩等を背景として、NICU等に長期間入院した後、引き続き人工呼吸器や胃ろう等を使用し、たんの吸引や経管栄養などの医療的ケアが必要な児童（医療的ケア児）が増加。
○ 平成28年5月25日成立・同年6月3日公布の「障害者の日常生活及び社会生活を総合的に支援するための法律及び児童福祉法の一部を改正する法律」において、「地方公共団体は、人工呼吸器を装着している障害児その他の日常生活を営むために医療を要する状態にある障害児が、その心身の状況に応じた適切な保健、医療、福祉その他の各関連分野の支援を受けられるよう、保健、医療、福祉その他の各関連分野の支援を行う機関との連絡調整を行うための体制の整備に関し、必要な措置を講ずるように努めなければならない。」と体制整備に関する努力義務を規定（児童福祉法第56条の6第2項）（本規定は公布日施行）
○ 「医療的ケア児の支援に関する保健、医療、福祉、教育等の連携の一層の推進について」（平成28年6月3日関係府省部局長連名通知）を地方公共団体等に発出し、連携体制の構築を推進。

地方公共団体	
保健	医療
障害福祉	保育
教育	その他

医療関係
○訪問診療や訪問看護等医療を受けながら生活することができる体制の整備の確保
○小児在宅医療従事者育成のための研修会の実施　等

障害福祉関係
○障害児福祉計画等を利用しながら計画的な体制整備
○医療的ケアに対応できる短期入所や障害児通所支援等の確保　等

関係機関等の連携
○協議の場の設置
○医療的ケア児等コーディネーターの配置　等

地方公共団体の関係課室等の連携
○関係課室等の連携体制の確保
○日頃から相談・連携できる関係性の構築
○先駆的に取り組んでいる地方公共団体の事例を参考としつつ推進　等

保健関係
○母子保健施策を通じて把握した医療的ケア児の保護者等への情報提供　等

保育関係
○保育所等、幼稚園、認定こども園における子どもの対応や保護者の意向、受入体制などを勘案した受入や医療的ケア児のニーズを踏まえた対応　等

教育関係
○学校に看護師等の配置
○乳幼児期から学校卒業後までの一貫した教育相談体制の整備
○医療的ケアに対応するための体制整備（看護師等の研修）等

出典）厚生労働省資料

「障害福祉サービス等の提供に係る意思決定支援ガイドライン」の概要①

Ⅰ 趣 旨

○ 障害者総合支援法においては、障害者が「どこで誰と生活するかについての選択の機会が確保」される旨を規定し、指定事業者や指定相談支援事業者に対し、「意思決定支援」を重要な取組として位置付けている。
○ 今般、意思決定支援の定義や意義、標準的なプロセスや留意点を取りまとめたガイドラインを作成し、事業者や成年後見の担い手を含めた関係者間で共有することを通じて、障害者の意思を尊重した質の高いサービスの提供に資することを目的とするもの。

Ⅱ 総 論

1. 意思決定支援の定義
　意思決定支援とは、自ら意思を決定することに困難を抱える障害者が、日常生活や社会生活に関して自らの意思が反映された生活を送ることができるように、可能な限り本人が自ら意志決定できるよう支援し、本人の意思の確認や意思及び選好を推定し、支援を尽くしても本人の意思及び選好の推定が困難な場合には、最後の手段として本人の最善の利益を検討するために事業者の職員が行う支援の行為及び仕組みをいう。

2. 意思決定を構成する要素
(1)本人の判断能力
　障害による判断能力の程度は、意思決定に大きな影響を与える。意思決定を進める上で、本人の判断能力の程度について慎重なアセスメントが重要。

(2)意思決定支援が必要な場面

① 日常生活における場面	② 社会生活における場面
例えば食事・衣服の選択・外出・排せつ・整容・入浴等基本的生活習慣に関する場面の他、複数用意された余暇活動プログラムへの参加を選ぶ等の場面が考えられる。 　日頃から本人の生活に関わる事業者の職員が、場面に応じて即応的に行う直接支援の全てに意思決定支援の要素が含まれている。	自宅からグループホームや入所施設等に住まいの場を移す場面や、入所施設から地域移行してグループホームや一人暮らしを選ぶ場面等が、意思決定支援の重要な場面として考えられる。 　体験の機会の活用を含め、本人の意思確認を最大限の努力で行うことを前提に、事業者、家族や成年後見人等が集まり、判断の根拠を明確にしながら、より制限の少ない生活への移行を原則として、意思決定支援を進める必要がある。

(3)人的・物理的環境による影響
　意思決定支援は、本人に関わる職員や関係者による人的な影響や環境による影響、本人の経験の影響を受ける。

出典）厚生労働省資料

「障害福祉サービス等の提供に係る意思決定支援ガイドライン」の概要②

3. 意思決定支援の基本的原則
(1) 本人への支援は、自己決定の尊重に基づき行うことが原則である。本人の自己決定にとって必要な情報の説明は、本人が理解できるよう工夫して行うことが重要である。

(2) 職員等の価値観においては不合理と思われる決定でも、他者への権利を侵害しないのであれば、その選択を尊重するよう努める姿勢が求められる。

(3) 本人の自己決定や意思確認がどうしても困難な場合は、本人をよく知る関係者が集まって、本人の日常生活の場面や事業者のサービス提供場面における表情や感情、行動に関する記録などの情報に加え、これまでの生活史、人間関係等様々な情報を把握し、根拠を明確にしながら障害者の意思及び選好を推定する。

4. 最善の利益の判断
　本人の意思を推定することがどうしても困難な場合は、関係者が協議し、本人にとっての最善の利益を判断せざるを得ない場合がある。最善の利益の判断は最後の手段であり、次のような点に留意することが必要である。

(1)メリット・デメリットの検討
　複数の選択肢からメリットとデメリットを可能な限り挙げ、比較検討して本人の最善の利益を導く。

(2)相反する選択肢の両立
　二者択一の場合においても、相反する選択肢を両立させることを考え、本人の最善の利益を追求する。（例えば、食事制限が必要な人も、運動や食材等の工夫により、本人の好みの食事をしつつ、健康上リスクの少ない生活を送ることができないか考える場合等。）

(3)自由の制限の最小化
　住まいの場を選択する場合、選択可能な中から、障害者にとって自由の制限がより少ない方を選択する。また、本人の生命・身体の安全を守るために、行動の自由を制限せざるを得ない場合でも、他にないか慎重に検討し、自由の制限を最小化する。

5. 事業者以外の視点からの検討
　事業者以外の関係者も交えて意思決定支援を進めることが望ましい。本人の家族や知人、成年後見人、ピアサポーター等が、本人に直接サービス提供する立場とは別の第三者として意見を述べることにより、多様な視点から本人の意思決定支援を進めることができる。

6. 成年後見人等の権限との関係
　意思決定支援の結果と成年後見人等の身上配慮義務に基づく方針が齟齬をきたさないよう、意思決定支援のプロセスに成年後見人等の参画を促し、検討を進めることが望ましい。

出典）厚生労働省資料

「障害福祉サービス等の提供に係る意思決定支援ガイドライン」の概要③

Ⅲ 各 論

1. 意思決定支援の枠組み
　意思決定支援の枠組みは、意思決定支援責任者の配置、意思決定支援会議の開催、意思決定の結果を反映したサービス等利用計画・個別支援計画（意思決定支援計画）の作成とサービスの提供、モニタリングと評価・見直しの5つの要素から構成される。

(1) 意思決定支援責任者の配置
　意思決定支援責任者は、意思決定支援計画作成に中心的にかかわり、意思決定支援会議を企画・運営するなど、意思決定支援の仕組みを作る等の役割を担う。サービス管理責任者や相談支援専門員が兼務することが考えられる。

(2) 意思決定支援会議の開催
　意思決定支援会議は、本人参加の下で、意思決定が必要な事項に関する参加者の情報を持ち寄り、意思を確認したり、意思及び選好を推定したり、最善の利益を検討する仕組み。「サービス担当者会議」や「個別支援会議」と一体的に実施することが考えられる。

(3) 意思決定が反映されたサービス等利用計画や個別支援計画（意志決定支援計画）の作成とサービスの提供
　意思決定支援によって確認又は推定された本人の意思や、本人の最善の利益と判断された内容を反映したサービス等利用計画や個別支援計画（意思決定支援計画）を作成し、本人の意思決定に基づくサービスの提供を行うことが重要である。

(4) モニタリングと評価及び見直し
　意思決定支援を反映したサービス提供の結果をモニタリングし、評価を適切に行い、次の支援でさらに意思決定が促進されるよう見直すことが重要である。

2. 意思決定支援における意思疎通と合理的配慮
　意思決定に必要だと考えられる情報を本人が十分理解し、保持し、比較し、実際の決定に活用できるよう配慮をもって説明し、決定したことの結果起こり得ること等を含めた情報を可能な限り本人が理解できるよう、意思疎通における合理的配慮を行うことが重要である。

3. 意思決定支援の根拠となる記録の作成
　意思決定支援を進めるためには、本人のこれまでの生活環境や生活史、家族関係、人間関係、嗜好等の情報を把握しておくことが必要である。家族も含めた本人のこれまでの生活の全体像を理解することは、本人の意思を推定するための手がかりとなる。

4. 職員の知識・技術の向上
　職員の知識・技術等の向上は、意思決定支援の質の向上に直結するものであるため、意思決定支援の意義や知識の理解及び技術等の向上への取組みを促進させることが重要である。

出典）厚生労働省資料

「障害福祉サービス等の提供に係る意思決定支援ガイドライン」の概要④

5. 関係者、関係機関との連携
　意思決定支援責任者は、事業者、家族や成年後見人等の他、関係者等と連携して意思決定支援を進めることが重要である。協議会を活用する等、意思決定支援会議に関係者等が参加するための体制整備を進めることが必要である。

6. 本人と家族等に対する説明責任等
　障害者と家族等に対して、意思決定支援計画、意思決定支援会議の内容についての丁寧な説明を行う。また、苦情解決の手順等の重要事項についても説明する。意思決定支援に関わった関係者等は、業務上知り得た秘密を保持しなければならない。

Ⅳ 意思決定支援の具体例

1. 日中活動プログラムの選択に関する意思決定支援
2. 施設での生活を継続するかどうかの意思決定支援
3. 精神科病院からの退院に関する意思決定支援

○ 意思決定支援の流れ

意思決定が必要な場面　・サービスの選択　・居住の場の選択　等

本人が自分で決定できるよう支援
自己決定が困難な場合

意思決定支援責任者の選任とアセスメント
相談支援専門員・サービス管理責任者兼務可
　○ 本人の意思決定に関する情報の把握方法、意思決定支援会議の開催準備等
　○ アセスメント　・本人の意思確認　・日常生活の様子の観察　・関係者からの情報収集・本人の判断能力、自己理解、心理的状況等の把握・本人の生活史等、人的・物理的環境等のアセスメント・体験を通じた選択の検討　等

意思決定支援会議の開催
サービス担当者会議・個別支援会議と兼ねて開催可
　本人・家族・成年後見人等・意思決定支援責任者・事業者・関係者等による情報交換や本人の意思の推定、最善の利益の判断

意思決定の結果を反映したサービス等利用計画・個別支援計画（意思決定支援計画）の作成とサービスの提供、支援結果等の記録
　支援から把握される表情や感情、行動等から読み取れる意思と選好等の記録

意思決定に関する記録のフィードバック

出典）厚生労働省資料

喀痰吸引等の提供に関する参考様式・記載例

○喀痰吸引等業務計画書（記載例）

○喀痰吸引等業務の提供に係る同意書（参考様式）

○喀痰吸引等業務実施状況報告書（記載例）

○業務方法書（記載例）

喀痰吸引等業務計画書（記載例①）

作 成 者 氏 名	○○　○○　　　　　㊞	作 成 日	○年○月○日
承認者氏名①	○○　○○　　　　　㊞	承 認 日	○年○月○日
承認者氏名②	○○　○○　　　　　㊞	承 認 日	○年○月○日

基本情報	対象者	氏　　　　名	○○　○○	生 年 月 日	○年○月○日
		要介護認定状況	要支援（　１　２　）　　要介護（　１　２　３　[4]　５　）		
		障害支援区分	区分１　　区分２　　区分３　　区分４　　区分５　　区分６		
		障　害　名	脊髄性筋萎縮症		
		住　　　　所	○○○○○○○○○○○○○○○○○○○○○		
	事業所	事 業 所 名 称	○○○○○		
		担 当 者 氏 名	○○○○○、○○○○○		
		管理責任者氏名	○○○○○		
	担 当 看 護 職 員 氏 名		○○○○○		
	担 当 医 師 氏 名		○○○○○		

業務実施計画	計 画 期 間	○年　　４月　　１日　　～　　　年　　月　　　日
	目　　　　標	主治医の指示通り、安全に医療的ケアを行い、ご本人ご家族が安心かつ安全に生活を維持できる。
	実 施 行 為	実施頻度／留意点
	口腔内の喀痰吸引	吸引圧は適宜。10F 吸引チューブ　吸引制限は 7cm。
	鼻腔内の喀痰吸引	吸引圧は適宜。10F 吸引チューブ　吸引制限は 7cm。
	気管カニューレ内部の喀痰吸引	吸引前に手洗いを十分にする。10F 吸引チューブ　吸引制限は 7cm。
	胃ろう又は腸ろうによる経管栄養	
	経 鼻 経 管 栄 養	昼　ラコール 250ml ＋白湯 100ml ／90 分かける おやつ　ポカリスエット 350ml ／60 分かける
	結果報告予定年月日	○年　　５月　　10 日

喀痰吸引等業務計画書（記載例②）

作 成 者 氏 名	○○　○○　　　㊞	作　成　日	○年○月○日
承 認 者 氏 名①	○○　○○　　　㊞	承　認　日	○年○月○日
承 認 者 氏 名②	○○　○○　　　㊞	承　認　日	○年○月○日

<table>
<tr><td rowspan="11">基本情報</td><td rowspan="7">対象者</td><td>氏　　　　　名</td><td colspan="2">○○　○○</td><td>生 年 月 日</td><td>○年○月○日</td></tr>
<tr><td>要介護認定状況</td><td colspan="4">要支援（　１　２　）　　要介護（　１　２　３　４　5　）</td></tr>
<tr><td>障 害 支 援 区 分</td><td colspan="4">区分1　　区分2　　区分3　　区分4　　区分5　　区分6</td></tr>
<tr><td>障　　害　　名</td><td colspan="4">筋萎縮性側索硬化症</td></tr>
<tr><td>住　　　　　所</td><td colspan="4">○○○○○○○○○○○○○○○○○○○○○○○○○</td></tr>
<tr><td rowspan="3">事業所</td><td>事 業 所 名 称</td><td colspan="4">○○○○○</td></tr>
<tr><td>担 当 者 氏 名</td><td colspan="4">○○○○○、○○○○○</td></tr>
<tr><td>管理責任者氏名</td><td colspan="4">○○○○○</td></tr>
<tr><td colspan="2">担当看護職員氏名</td><td colspan="4">○○○○○</td></tr>
<tr><td colspan="2">担 当 医 師 氏 名</td><td colspan="4">○○○○○</td></tr>
</table>

業務実施計画	計　画　期　間	○年　　11月　　1日　　～　　　年　　月　　日
	目　　　　　標	主治医の指示通り、安全に医療的ケアを行い、ご本人ご家族が安心かつ安全に生活を維持できる。
	実　施　行　為	実施頻度／留意点
	口腔内の喀痰吸引	必要に応じて適宜行う。吸引時間：10～15秒程度
	鼻腔内の喀痰吸引	必要に応じて適宜行う。吸引時間：10～15秒程度
	気管カニューレ内部の喀痰吸引	吸引前に手洗いを十分にする。吸引圧は100～150mmHg程度、適宜調整。
	胃ろう又は腸ろうによる経管栄養	ラコール半固形300kcal×3
	経 鼻 経 管 栄 養	
	結果報告予定年月日	○年　　12月　　10日

喀痰吸引等業務（特定行為業務）の提供に係る同意書（参考様式）

　下記の内容について十分な説明を受け内容を理解したので、喀痰吸引等業務（特定行為業務）の実施に同意いたします。

喀痰吸引等（特定行為）の種別	口腔内の喀痰吸引
	鼻腔内の喀痰吸引
	気管カニューレ内部の喀痰吸引
	胃ろうによる経管栄養
	腸ろうによる経管栄養
	経鼻経管栄養
提供を受ける期間	年　月　日　〜　年　月　日
提供を受ける頻度	
提供体制	事業所名称	
	事業所責任者氏名	
	事業所担当者氏名	
	担当看護職員氏名	
	担当医師氏名	

同意日　　平成　　年　　月　　日

　　　　　　　　住　　所　...

　　　　　　　　氏　　名　...　印

　　　　　　署名代行者
　　　　　　　私は、本人の意思を確認し署名代行いたしました。
　　　　　　　代行者住所　...
　　　　　　　代行者氏名　...　印
　　　　　　　本人との関係　...

　　　　　　　事業所名
　　　　　　　事業所住所
　　　　　　代表者名　　　　　　　　　　　　　　　　　　　　　　　　　印

喀痰吸引等業務（特定行為業務）実施状況報告書（記載例）

基本情報	対象者	氏　　　　名	○○　○○	生年月日	○年○月○日
		要介護認定状況	要支援（　１　２　）　　要介護（　１　２　３　４　５　）		
		障害支援区分	区分1　　区分2　　区分3　　区分4　　区分5　　区分6		
		住　　　　所	○○○○○		
	事業所	事業所名称	○○○○○		
		担当者氏名	○○○○○		
		管理責任者氏名	○○○○○		
	担当看護職員氏名		○○○○○		

業務実施結果	実施期間		○年　8月　1日　～　○年　8月　31日	

実施日（実施日に○）

（喀痰吸引）平成　30 年　8 月

1	2	3	4	5	6	7
8	9	10	11	12	13	14
15	16	17	18	19	20	21
22	23	24	25	26	27	28
29	30	31				

（経管栄養）平成　30 年　8 月

1	2	3	4	5	6	7
8	9	10	11	12	13	14
15	16	17	18	19	20	21
22	23	24	25	26	27	28
29	30	31				

実施行為		実施結果	特記すべき事項
喀痰吸引	口腔内の喀痰吸引	特に問題なく安全に吸引できた。	
	鼻腔内の喀痰吸引	なし	
	気管カニューレ内部の喀痰吸引	特に問題なく安全に吸引できた。	痰が固く、家族の加湿器調整で対応。
経管栄養	胃ろう又は腸ろうによる経管栄養	特に問題なく安全に注入できた。	ツインライン 300mg。
	経鼻経管栄養	なし	

上記のとおり、喀痰吸引等の業務実施結果について報告いたします。

○年 9 月○日

事業者名　○○○○○

責任者名　○○○○○　㊞

○○○○診療所　○○○○○医師　殿

業務方法書（在宅系サービス事業所の場合の記載例）

事業所名： ○○居宅介護事業所

1　連携体制

　　喀痰吸引等を安全に実施するために、利用者の主治医等・連携する訪問看護ステーションの看護師、介護職員、介護支援専門員または相談支援専門員等との連携・協働を十分に図るものとする。（概要は「連絡体制・連携体制表」のとおり）

2　役割分担

①管理者　　○○　○○の役割

・各職員が情報交換・情報共有できる連携体制を構築する。特に、利用者の健康状態等に関する情報共有の体制や、各職員の責任分担を明確化、夜間や緊急時の連携体制の構築を行う。

・介護職員が喀痰吸引等を行うことについての、利用者・家族への説明を行うとともに、同意を取得する。

・利用者の主治医等に対して、介護職員が喀痰吸引等を行うことを許可するための喀痰吸引等医師指示書の発行を依頼する。

・介護職員が作成する喀痰吸引等業務計画書や実施記録、喀痰吸引等業務実施状況報告書を確認する。喀痰吸引等業務実施状況報告書を、指示を行った利用者の主治医等に提出する。

・利用者の主治医等、連携する訪問看護ステーションの看護師等と協力のうえ、喀痰吸引等に関する必要なその他の書類・記録を作成し、適切に管理・保管しておく。また、手順書も必要に応じて作成し、内容を適宜更新する。

・非医療従事者である介護職員が喀痰吸引等を行うことについて、管理者は介護職員の希望等を確認し、実施する介護職員からの十分な理解を得たうえで実施する。

・その他、全面的な体制整備に関する事項を統括する。

②利用者の主治医　　○○病院　○○　○○医師

・介護職員による喀痰吸引等の実施に関する指示を書面で発行する。

・連携する訪問看護ステーションの看護師に対して指導・助言を行う。

・介護職員が作成する喀痰吸引等業務計画書に対し、必要に応じて指導・助言を行うとともに、喀痰吸引等業務実施状況報告書の提供を受ける。

・定期的に利用者の状態確認を行う。

・利用者の健康状態について、管理者、連携する訪問看護ステーションの看護師、介護職員等と情報交換を行い、情報を共有する。利用者の状態に応じて介護職員の指導を行う。

・夜間や緊急時の連携について事業所と相談し、連絡体制を構築する。

③連携する訪問看護ステーション　　○○訪問看護ステーション（○○看護師）

・介護職員に対する手技の確認を行う。

・介護職員が作成する喀痰吸引等業務計画書に対し、指導・助言を行う。

・介護職員が作成する喀痰吸引等業務実施状況報告書を確認する。

・定期的に利用者の状態確認を行う。

・利用者の健康状態について、管理者、利用者の主治医等、介護職員等と情報交換を行い、情報を共

有する。利用者の状態に応じて介護職員の指導・助言を行う。

・夜間や緊急時の連携について事業所と相談し、連絡体制を構築する

④介護職員　○○　○○

・利用者の状況について事前に家族・管理者・利用者の主治医等・連携する訪問看護ステーションの看護師から説明を受けておく。

・利用者の主治医等または連携する訪問看護ステーションの看護師との連携の下に、喀痰吸引等業務計画書を作成し、管理者承認のうえ、利用者の主治医等及び連携する訪問看護ステーションの看護師と共有する。また、必要に応じて、内容等の検証や見直しを行う。

・喀痰吸引等は、連携する訪問看護ステーションの看護師等の指導・助言を受け実施する。

・喀痰吸引等の実施後は、実施記録を作成し、管理者に報告を行う。

・喀痰吸引等業務実施状況報告書を作成し、管理者及び連携する訪問看護ステーションの看護職員の確認を得る。

3　安全体制

①介護職員が喀痰吸引等を安全に行うために、管理者、利用者の主治医等、連携する訪問看護ステーションの看護師、介護職員、介護支援専門員または相談支援専門員等をメンバーとする「安全委員会」を設置し、事業所内の喀痰吸引等の実施体制の整備に努めるものとする。

安全委員会は、以下の業務を担当する。

・喀痰吸引等業務の実施計画や実施状況の管理

・OJT 研修の企画、実施

・個別のケースを基にした、ヒヤリ・ハット等の事例の蓄積、分析

・備品及び衛生管理に関すること

②喀痰吸引等の実施に際し、備えおく備品とその使用目的及び備品管理は備品一覧表のとおり。

③感染予防及び感染症発生時の対応については「○○○○」（例「○○居宅介護事業所感染症マニュアル」）のとおり。

④介護職員等に対する技術の確認・向上のための OJT 研修を実施する。

　　（対象者）　喀痰吸引等を実施する介護福祉士、認定特定行為業務従事者

　　（研修内容）・医療的ケアの技術の維持・向上のための研修

　　　　　　　・事例検討

　　　　　　　・緊急時の対応

4　秘密保持

　管理者は職員に対して、雇用締約締結時に「○○○○」（例「個人情報取扱に関する誓約書」）を提出させ、業務を通じて知りえた情報の秘密保持についての取扱を確認する。

5　具体的な手順

①利用者等への説明及び同意

　管理者は、介護職員が喀痰吸引等を実施するときは、あらかじめ利用者もしくは家族に文書及び口頭で説明を行い、説明書兼喀痰吸引等業務の提供に係る同意書により、同意を得るものとする。なお、利用者の状況等の変化に応じ、喀痰吸引等の手法などに変更が必要な場合は、再度の説明、同意を得

ること。

②利用者の主治医等への指示書発行依頼

　管理者は、利用者の主治医等に対して、連携する訪問看護ステーションの看護師等の指導・助言の下、介護職員が喀痰吸引等を行うための喀痰吸引等医師指示書の発行を依頼するものとする。

③利用者の主治医等の文書による指示

　利用者の主治医等は、介護職員による喀痰吸引等の実施に際し、管理者からの依頼により、利用者の希望、心身の状況を踏まえ、介護職員による喀痰吸引等の実施の可否を判断し、喀痰吸引等医師指示書を作成するものとする。

④喀痰吸引等業務計画書作成

　介護職員は、個々の対象者の希望、心身の状況、利用者の主治医等の指示をふまえて、利用者の主治医等または連携する訪問看護ステーションの看護師との連携の下に、個別具体的な喀痰吸引等業務計画書を作成するものとする。

　喀痰吸引等業務計画書については、管理者承認のうえ、利用者の主治医等及び連携する訪問看護ステーションの看護師と共有するとともに、利用者及び家族に対しても説明・同意を得て、提供する。

　作成された喀痰吸引等業務計画書は、利用者の心身の状況の変化に応じて、訪問看護ステーションの看護師と連携して内容等の検証や見直しを行い、必要に応じて、主治医の指示に基づき、変更を行うものとする。

⑤喀痰吸引等の実施

　介護職員は、喀痰吸引等医師指示書、喀痰吸引等業務計画書を事前に確認のうえ、連携する訪問看護ステーションの看護師等の指導・連携の下、手順書に従い、喀痰吸引等を実施するものとする。

⑥利用者の主治医等又は連携する訪問看護ステーションの看護師等による利用者の状態の確認

　利用者の主治医等又は連携する訪問看護ステーションの看護師等は、定期的に利用者の状態を確認する。

　利用者の状態に応じ、利用者の主治医等又は連携する訪問看護ステーションの看護師等は、介護職員の指導・助言を行う。

⑦報告

　介護職員は、喀痰吸引等を実施した日、実施内容、実施結果等について、喀痰吸引等業務実施状況報告書に記載し、管理者及び連携する訪問看護ステーションの看護師の確認を得た上で、指示を行った利用者の主治医等に対し提出するものとする。

6　急変時の連絡手順

　介護職員は、利用者の状態の急変等に際しては、管理者、利用者の主治医等及び連携する訪問看護ステーションの看護師等に至急連絡をとり、指示の下、対応を図るものとする。具体的な対応方法及び緊急連絡先は、「○○○○」（例「喀痰吸引等に関する緊急時対応マニュアル」）のとおり。

7　文書の管理

　喀痰吸引等医師指示書、喀痰吸引等業務計画書、喀痰吸引等業務実施状況報告書、説明書兼喀痰吸引等業務の提供に係る同意書等の書類については、一定期間保存するものとする。

出典）東京都 福祉保健局 障害者施策推進部 地域生活支援課 資料を一部改変

【○○○○○○事業所】連絡体制・連携体制表（在宅）

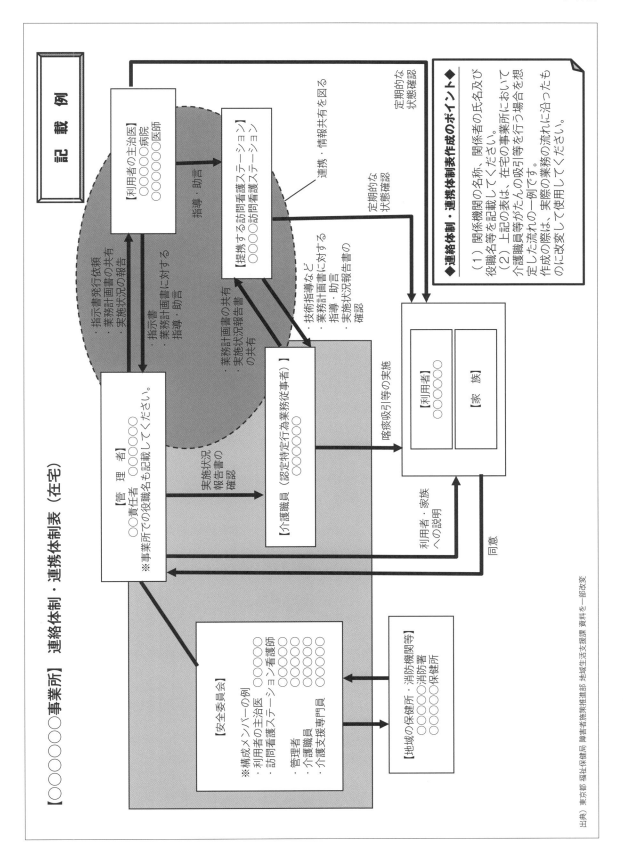

出典）東京都 福祉保健局 障害者施策推進部 地域生活支援課 資料を一部改変

業務方法書（施設系サービス事業所の場合の記載例）

事業所名：障害者支援施設〇〇〇〇

1 連携体制

喀痰吸引等を安全に実施するために、配置医・看護職員・介護職員等が連携・協働するものとする。
（概要は「連絡体制・連携体制表」のとおり）

2 役割分担

①施設長 〇〇 〇〇の役割

・各職員が情報交換・情報共有できる連携体制を構築する。特に、利用者の健康状態等に関する情報共有の体制や、各職員の責任分担を明確化、夜間や緊急時の職種間連携体制の構築を行う。
・介護職員が喀痰吸引等を行うことについての、利用者・家族への説明を行うとともに、同意を取得する。
・配置医に対して、介護職員が喀痰吸引等を行うことを許可するための喀痰吸引等医師指示書の発行を依頼する。
・介護職員が作成する喀痰吸引等業務実施状況報告書を確認し、指示を行った配置医に提出する。
・非医療従事者である介護職員が喀痰吸引等を行うことについて、介護職員の希望等を確認し、実施する介護職員からの十分な理解を得たうえで実施する。
・その他、全面的な体制整備に関する事項を統括する。

②配置医 〇〇 〇〇医師の役割

・看護職員、介護職員に対して、介護職員による喀痰吸引等の実施に関する指示を書面で発行する。
・看護職員に対して指導・助言を行う。
・介護職員が作成する喀痰吸引等業務計画書に対し、必要に応じて指導・助言を行うとともに、喀痰吸引等業務実施状況報告書の提供を受ける。
・定期的に利用者の状態確認を行う。
・利用者の健康状態について、施設長、看護職員、介護職員等と情報交換を行い、情報を共有する。利用者の状態に応じて介護職員の指導を行う。
・夜間や緊急時の連携について施設長と相談し、連絡体制を構築する。

③看護職員 〇〇看護師の役割

・介護職員に対する施設内での研修、手技の確認などを行う。
・介護職員が作成する喀痰吸引等業務計画書に対し、指導・助言を行う。
・介護職員が作成する実施記録や喀痰吸引等業務実施状況報告書を確認する。
・そのほか喀痰吸引等に関する衛生管理等の必要な書類・記録を作成し、適切に管理・保管しておく。また、手順書も必要に応じて作成し、内容を適宜更新する。
・定期的に利用者の状態確認を行う。
・利用者の健康状態について、施設長、配置医、介護職員等と情報交換を行い、情報を共有する。利用者の状態に応じて介護職員の指導・助言を行う。

④介護職員 〇〇 〇〇、〇〇 〇〇、〇〇 〇〇の役割

・利用者の状況について事前に看護職員等から説明を受けておく。

・配置医または看護職員との連携の下に、喀痰吸引等業務計画書を作成し、施設長承認のうえ、配置医及び看護職員と共有する。また、必要に応じて、内容等の検証や見直しを行う。
・喀痰吸引等は、看護職員の指導・助言を受け実施する。
・喀痰吸引等の実施後は、実施記録を作成し、看護職員に報告を行う。
・喀痰吸引等業務実施状況報告書を作成し、施設長及び看護職員の確認を得る。

3　安全体制
①介護職員が喀痰吸引等を安全に行うために、施設長、配置医、看護職員、介護職員等をメンバーとする「安全委員会」を設置し、施設内の喀痰吸引等の実施体制の整備に努めるものとする。
安全委員会は、以下の業務を担当する。
・喀痰吸引等業務の実施計画や実施状況の管理
・OJT 研修の企画、実施
・個別のケースを基にした、ヒヤリ・ハット等の事例の蓄積、分析
・備品及び衛生管理に関すること
②喀痰吸引等の実施に際し、備えおく備品とその使用目的及び衛生管理は備品一覧表のとおり。
③感染予防及び感染症発生時の対応については「○○○○」（例「障害者支援施設○○○○感染症マニュアル」）のとおり。
④介護職員に対する技術の確認・向上のための OJT 研修を実施する。
　　（対象者）　喀痰吸引等を実施する介護福祉士、認定特定行為業務従事者
　　（研修内容）・医療的ケアの技術の維持・向上のための研修
　　　　　　　・事例検討
　　　　　　　・緊急時の対応

4　秘密保持
　　施設長は職員に対して、雇用締約締結時に「○○○○」（例「個人情報取扱に関する誓約書」）を提出させ、業務を通じて知りえた情報の秘密保持についての取扱を確認する。

5　具体的な手順
①利用者等への説明及び同意
　　施設長は、介護職員が喀痰吸引等を実施するときは、あらかじめ利用者もしくは家族に文書及び口頭で説明を行い、説明書兼喀痰吸引等業務の提供に係る同意書により、同意を得るものとする。なお、利用者の状況等の変化に応じ、喀痰吸引等の手法などに変更が必要な場合は、再度の説明、同意を得ること。
②配置医への指示書発行依頼
　　施設長は、配置医に対して、看護職員の指導・助言の下、介護職員が喀痰吸引等を行うための喀痰吸引等医師指示書の発行を依頼するものとする。
③配置医の文書による指示
　　配置医は、介護職員による喀痰吸引等の実施に際し、施設長からの依頼により、利用者の希望、心身の状況を踏まえ、介護職員による喀痰吸引等の実施の可否を判断し、喀痰吸引等医師指示書を作成するものとする。

④喀痰吸引等業務計画書作成

　　介護職員は、個々の対象者の希望、心身の状況、配置医の指示をふまえて、配置医または看護職員との連携の下に、個別具体的な喀痰吸引等業務計画書を作成するものとする。

　　喀痰吸引等業務計画書については、施設長承認のうえ、配置医及び看護職員と共有するとともに、利用者及び家族に対しても説明・同意を得て、提供する。

　　作成された喀痰吸引等業務計画書は、利用者の心身の状況の変化に応じて、看護職員と連携して内容等の検証や見直しを行い、必要に応じて、配置医の指示に基づき、変更を行うものとする。

⑤喀痰吸引等の実施

　　介護職員は、喀痰吸引等医師指示書、喀痰吸引等業務計画書を事前に確認のうえ、看護職員の指導・連携の下、手順書に従い、喀痰吸引等を実施するものとする。

⑥配置医又は看護職員による利用者の状態の確認

　　配置医又は看護職員は定期的に利用者の状態を確認する。

　　利用者の状態に応じ、配置医又は看護職員は介護職員の指導・助言を行う。

⑦報告

　　介護職員は、喀痰吸引等を実施した日、実施内容、実施結果等について、喀痰吸引等業務実施状況報告書に記載し、施設長及び看護職員の確認を得た上で、指示を行った配置医に対し提出するものとする。

6　急変時の連絡手順

　　介護職員は、利用者の状態の急変等に際しては、施設長、配置医及び看護職員に至急連絡をとり、指示の下、対応を図るものとする。具体的な対応方法及び緊急連絡先は、「○○○○」（例「喀痰吸引等に関する緊急時対応マニュアル」）のとおり。

7　文書の管理

　　喀痰吸引等医師指示書、喀痰吸引等業務計画書、喀痰吸引等業務実施状況報告書、説明書兼喀痰吸引等業務の提供に係る同意書等の書類については、一定期間保存するものとする。

出典）東京都 福祉保健局 障害者施策推進部 地域生活支援課 資料を一部改変

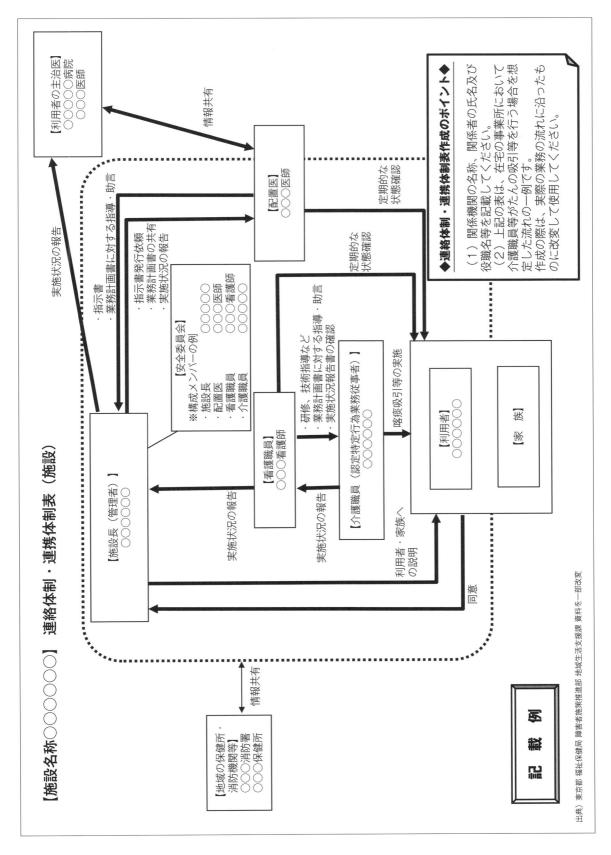

【施設名称○○○○○○○】 連絡体制・連携体制表（施設）

【利用者の主治医】
○○○○病院
○○○医師

【配置医】
○○○医師

【安全委員会】
○○○○ 医師
○○○○ 看護師

※構成メンバーの例
・施設長
・配置医
・看護職員
・介護職員

【施設長（管理者）】
○○○○○

【看護職員】
○○○看護師

【介護職員】
（認定特定行為業務従事者）
○○○○○

【利用者】
○○○○○○

【家族】

【地域の保健所・消防機関等】
○○○○消防署
○○○保健所

◆連絡体制・連携体制表作成のポイント◆

（1）関係機関の名称、関係者の氏名及び役職名等を記載してください。

（2）上記の表は、在宅の事業所において介護職員等がたんの吸引等を行う場合を想定した流れの一例です。
作成の際は、実際の業務の流れに沿ったものに改変して使用してください。

記 載 例

・情報共有
・実施状況の報告
・指示書
・業務計画書に対する指導・助言
・指示書発行依頼
・業務計画書の共有
・実施状況の報告
・定期的な状態確認
・研修、技術指導など
・業務計画書に対する指導・助言
・実施状況報告書の確認
・喀痰吸引等の実施
・利用者・家族への説明
・同意

出典）東京都 福祉保健局 障害者施策推進部 地域生活支援課 資料を一部改変

喀痰吸引等を必要とする重度障害児・者等の障害及び支援に関する講義／緊急時の対応及び危険防止に関する講義

学習のポイント

1 健康状態の把握

- 対象者の状態を観察する方法と、いつもと様子が違う時の対応方法を学ぶ

2 感染予防

- 喀痰吸引や経管栄養を実施する上で必要な、感染予防の知識・技術を学ぶ

3 呼吸の仕組みと呼吸障害

- 呼吸の仕組みから呼吸障害がどのように起こるのかを理解し、人工呼吸器療法と人工呼吸器使用者を支援する際の留意点を学ぶ

4 喀痰の吸引

- 喀痰を排出する仕組みから、なぜ吸引が必要になるのかを理解し、喀痰吸引のコツ・注意点、基本となる手順、ヒヤリ・ハット、アクシデントについて学ぶ

5 経管栄養

- 栄養補給の仕組みと経管栄養法の利点・注意点を理解し、基本となる手順、緊急時の対応方法について学ぶ

1 健康状態の把握

1-1 観察と測定

健康状態の把握 スライド1

健康状態の把握について説明します。

はじめに、皆さんが担当する対象者は、一人一人障害や病気が違うことを理解する必要があります。たとえ精神・身体機能障害が重度であったり、さらに障害が進行しつつあったとしても、対象者とその家族にとって、「自分らしい日常生活」が送れることは、健康や生活の質の上で、非常に重要なことです。

重度障害児・者の障害・疾病についての理解 スライド2

まずは、医療職や家族から、対象者の障害・病気について、十分な説明を受け、対象者の日頃の精神的・身体的な「平常状態」を知る必要があります。

そのことによって、対象者がいつもの「平常状態」にあるかどうかを判断できますので、対象者が「平常状態」を保ちながら、生き生きと生活していくことを支援できるようになります。

全身状態の観察とバイタルサインの測定 スライド3

それでは、対象者が「平常状態」にあるかどうかを判断するには、何に注意すればよいでしょうか？

1つ目の観察項目としては、意識状態があります。声かけや色んな刺激に、いつもと同じように反応するかどうかです。もともと意識障害があって判断が困難な場合には、家族に状態を尋ねるのもよいでしょう。

そのほかの観察項目としては、表情、皮膚の張りや色、発汗、嘔吐・腹痛・腹部膨満・便秘・下痢などの腹部症状、気管切開孔からの喀痰の漏れ、胃ろう周囲からの栄養剤の漏れ、その他態度に表

スライド2 重度障害児・者の障害・疾病についての理解

重度障害児・者の障害・疾病についての理解

● 対象者の、日常的な精神・身体的な「平常状態」を理解する

私たちは、医療職や家族から、対象者の障害・病気について、十分な説明を受け、対象者の日頃の精神的・身体的な「平常状態」を知る必要があります。

そのことによって、対象者が「平常状態」にあるかどうかを判断でき、対象者が「平常状態」を保ちながら、生き生きと生活していくことを支援していくことが可能となります。

出典）厚生労働省 平成24年度喀痰吸引等指導者講習事業「喀痰吸引等研修テキスト 第三号研修（特定の者対象）」、76頁、2012年

スライド1 健康状態の把握

健康状態の把握

● 対象者は、一人一人障害や病態が違うことを理解する

担当する対象者は、一人一人違う重度の障害や病気をもちながら、各種の医療的看護や介護を受けて、日常生活を送っておられます。

たとえ精神・身体機能障害が重度であったり、さらに障害が進行しつつあったとしても、対象者とその家族にとって、「自分らしい日常生活」が送れることは、健康や、生活の質の上で非常に重要な点です。

出典）厚生労働省 平成24年度喀痰吸引等指導者講習事業「喀痰吸引等研修テキスト 第三号研修（特定の者対象）」、76頁、2012年

スライド3 全身状態の観察とバイタルサインの測定

全身状態の観察とバイタルサインの測定

● 観察する項目：
意識状態：声かけや各種刺激に、いつもと同じように反応されるか。
表情、皮膚の張りや色、発汗、嘔吐・腹痛・腹部膨満・便秘・下痢等の腹部症状、気管切開孔からの喀痰の漏れ、胃ろう周囲からの栄養剤の漏れ、その他態度に表れる活気・元気など

● バイタルサイン（生命徴候）の測定：
脈拍、呼吸、血圧、体温

出典）厚生労働省 平成24年度喀痰吸引等指導者講習事業「喀痰吸引等研修テキスト 第三号研修（特定の者対象）」、76頁、2012年

れる活気・元気などが挙げられます。また、バイタルサイン、つまり脈拍、呼吸、血圧、体温などの測定は、客観的な指標になるでしょう。

　これらの観察によって、喀痰吸引や経管栄養の医行為を行ってよいかどうか、それとも中断した方がよいか、家族や医療職に緊急連絡を取った方がよいかなど、判断することができます。

脈拍の測定 スライド4

　バイタルサインの1つ、脈拍について説明します。

　医療職は、動脈をさわって、脈の速さ、不整の有無、緊張などを判断します。皆さんは、脈を触れなくても、最近ではパルスオキシメーターの表示で脈拍を知ることができます。正常値は、年齢によって大きく異なり、年齢が若いほど多くなっています。

　また脈拍数は、運動や精神的興奮、入浴などによって体温の上昇とともに、増加します。

　皆さんは、担当する対象者の普段の脈拍の幅を知っておくと、その時点で異常かどうかを判断することができます。

呼吸状態の把握 スライド5

　次に、呼吸状態です。

　呼吸とは、一般的には、口や鼻から空気を肺に吸い込み、肺で酸素と二酸化炭素のガス交換を行

い、口や鼻から二酸化炭素を吐き出すことを指しています。

　呼吸の回数の正常値も、年齢によって変化し、年齢が若いほど回数は多くなります。

パルスオキシメーター スライド6

　在宅でも普及しているパルスオキシメーターは、酸素を取り込めているか把握する上で、非常に有用です。

　パルスオキシメーターで90%以下の表示は、絶対的に異常ですが、普段の値より低いかどうかも重要になります。

　また、この器械では、酸素の状態しかわからず、二酸化炭素の排出状態は確認できません。そのため、呼吸筋麻痺をきたすALSのような疾患では、酸素飽和度が正常でも、二酸化炭素が排出できず血液の中にたまっていることがありますが、それ

スライド5 呼吸状態の把握

呼吸状態の把握

- 呼吸とは：内呼吸と外呼吸がありますが、一般的には**外呼吸**、すなわち口や鼻から空気を肺に吸い込み、肺で酸素と二酸化炭素のガス交換を行い、口や鼻から二酸化炭素を吐き出すことを指します。

- 正常値は年齢によって変化
  成　人：12〜20回／分
  学　童：20〜25回／分
  幼　児：20〜35回／分（胸式呼吸）
  乳　児：30〜40回／分（腹式呼吸）
  新生児：40〜50回／分

出典）厚生労働省 平成24年度喀痰吸引等指導者講習事業「喀痰吸引等研修テキスト 第三号研修（特定の者対象）」、77頁、2012年を一部改変

スライド4 脈拍の測定

脈拍の測定

- 動脈を触診出来なくても、パルスオキシメーターの表示で知ることができます。
- 正常値は年齢によって変化
  老　人：60〜70回／分
  成　人：60〜80回／分
  思春期：70〜80回／分
  学童時：80〜90回／分
  乳　児：120回前後／分
  新生児：130〜140回／分
- 運動や、精神的興奮、入浴等によって体温の上昇とともに、増加。
- 普段の脈拍の幅と異なるかどうかが重要。

出典）厚生労働省 平成24年度喀痰吸引等指導者講習事業「喀痰吸引等研修テキスト 第三号研修（特定の者対象）」、77頁、2012年

スライド6 パルスオキシメーター

パルスオキシメーター

90%以下は危険信号

対象者の呼吸管理を非侵襲的に継続的に行える。
ただし、二酸化炭素の排出状態は把握できない。

出典）厚生労働省 平成24年度喀痰吸引等指導者講習事業「喀痰吸引等研修テキスト 第三号研修（特定の者対象）」、77頁、2012年を一部改変

を把握することはできません。

血圧の測定 スライド7

次は、血圧です。血圧とは、心臓の血液を押し出す拍出力が血管壁に及ぼす圧力のことをいいます。体位や年齢、食事、運動、飲酒、入浴などによって、血圧は変化します。

血圧は、自動血圧計の発達や普及によって、簡単に測定できるようになりました。皆さんは、対象者の普段の血圧を知っておくことが重要です。

また対象者によっては、上体を起こすことで血圧が下がったり（これを起立性低血圧といいます）、また、経管食を含め食事をとることで血圧が下がり（これを食事性低血圧といいます）反応が鈍くなることがまれにあります。こうしたことは、前もって家族や医療職から十分に情報を得ておく必要があります。

対応としては、適宜声をかけて、意識状態を確認したり、電動ベッドでの状態の上げ下げの程度、速さを調節したりする必要があります。

体温の測定 スライド8

最後に体温です。体温の測定も、自動体温計の普及によって測定が簡単になりました。

体温の正常値は、成人の脇の下で測ると、36〜37度程度です。直腸で測る体温は、脇の下より0.5度高く、口腔で測る場合は、脇の下と直腸の中間といわれています。体温は、年齢や行動などの個

人の状態によって変化します。また、体温は1日の内で午前4〜6時頃がもっとも低く、午後2〜7時頃がもっとも高くなりますが、病気によって大きく変化します。一般に38度以上の発熱は、注意が必要です。

皆さんは、対象者の普段の体温を知っておきましょう。なお、神経疾患などで体温調節障害がある人の場合、夏場に熱中症などの高体温になったり、反対に気温の低下などで低体温になることがあります。したがって室温、掛け物調節などをする必要があります。

1-2 いつもと様子が違う時の対応

こんな時熱を測る スライド9

ここに書かれているような状態の時は、熱を測りましょう。

対象者が、ガタガタ震えている時、本人が熱っぽいと訴える時、顔が赤い時、身体が熱い時、息が速い時、頭が痛い時、身体の節々が痛い時などです。

なお、熱が高いからといって、ウィルスや細菌などによる感染症による発熱を起こしているとは限りません。例えば、熱中症のように、感染症でなくても体温調節ができなくて体温が上昇する、高体温という状態もあります。

スライド7 血圧の測定

血圧の測定

● 血圧：心臓の血液を押し出す拍出力が血管壁に及ぼす圧力をいう。

● 体位や年齢、食事、運動、飲酒、入浴等により血圧の変化が生じる。

● 対象者の普段の血圧を知っておくことが重要。
対象者によっては、上体を起こすことで血圧が下がったり（起立性低血圧）、経管食を含め、食事をとることで血圧が下がり（食事性低血圧）、反応が鈍くなることがあります。

出典）厚生労働省 平成24年度喀痰吸引等指導者講習事業「喀痰吸引等研修テキスト第三号研修（特定の者対象）」、78頁、2012年

スライド8 体温の測定

体温の測定

● 正常値：
　成人で36〜37度（腋窩、脇の下のこと）。
　直腸は、腋窩より0.5度高く、口腔は両者の中間

● 年齢や行動等の個人の状態によって変化する。
　体温は一日の内で午前4〜6時頃がもっとも低く、午後2〜7時頃がもっとも高くなるが、病気によって変化する。
　38度以上の発熱時は、注意。

● 対象者の普段の体温を知っておくことが重要。
　体温調節障害がある人の場合、夏場に熱中症等の高体温になったり、反対に気温の低下等で低体温になることがある。
　→ 室温、掛け物調節等をする必要。

出典）厚生労働省 平成24年度喀痰吸引等指導者講習事業「喀痰吸引等研修テキスト第三号研修（特定の者対象）」、78頁、2012年を一部改変

いつもと様子が違う時の対応 スライド10

　ここまで、全身状態の観察とバイタルサインについて説明してきましたが、対象者の全身状態や意識、バイタルサインなどに、いつもと違う異変が認められた場合は、喀痰吸引や経管栄養の前後、最中に関わらず、家族や医療職に連絡し、指示を仰ぐことが重要です。

　また、軽微な変化であっても記録にとどめ、次回の行為を工夫する参考にすることも重要です。

スライド9　こんな時熱を測る

> **こんな時熱を測る**
>
> ガタガタ震えている
> 本人が熱っぽいと訴える
> 顔が赤い
> 身体が熱い
> 息が速い
> 頭が痛い
> 身体の節々が痛い
>
> 出典）厚生労働省 平成24年度喀痰吸引等指導者講習事業「喀痰吸引等研修テキスト
> 　　　第三号研修（特定の者対象）」、79頁、2012年

スライド10　いつもと様子が違う時の対応

> **いつもと様子が違う時の対応**
>
> ● これらの全身状態、意識、バイタルサイン等に、いつもと違う異変が認められた場合、喀痰吸引・経管栄養の前後、最中にもかかわらず、家族や医療職に連絡し、指示を仰ぐことが重要。
>
> ● また、軽微な変化であっても記録にとどめ、次回の行為を工夫する参考にすることが重要。
>
> 出典）厚生労働省 平成24年度喀痰吸引等指導者講習事業「喀痰吸引等研修テキスト
> 　　　第三号研修（特定の者対象）」、79頁、2012年を一部改変

2 感染予防

2-1 **感染予防知識**

感染予防の基本 スライド11

　感染予防では、喀痰吸引等を実施する対象者を感染させないための取組みと、皆さんが感染しないための取組みの、両方が必要です。

　感染症の原因となる細菌やウィルスなどの微生物を含むものを感染源と呼びます。喀痰や血液、嘔吐物や排泄物、また、喀痰吸引等に使用した器具・器材などは、感染源となる可能性があります。こうした感染源への対策としては、手洗いや手指消毒などがあります。

　感染経路には、接触感染や飛沫感染、空気感染などがあります。感染経路への対策としては、経路を遮断するための手袋やマスクの装着などが挙げられます。

　また、皆さんが感染しないような予防策として、抵抗力が低下しないよう健康管理をすることや、ワクチンなどで予防接種することも大切です。

標準予防策（スタンダードプリコーション）スライド12

　最近は、病院などの医療機関と同様に、在宅においても医療関連感染を防ぐ目的で、「標準予防策（スタンダードプリコーション）」が遵守されてきています。

　「標準予防策」とは、すべての対象者の血液、体液、喀痰や唾液などの分泌物は、感染の可能性のある物質として取り扱うことを前提とし、手洗いや手指消毒、手袋やマスク、ガウンなどの防護用具を適宜使用して、感染の拡大を防ごうとする考え方です。

　また、風邪やインフルエンザなどの感染症症状のある人が、くしゃみや咳で飛沫を飛ばさないように、マスクを装着したり、正しい方法でマスクをはずすことも重要です。

スライド11 感染予防の基本

感染予防の基本

あなたが感染源を持っている場合
あなたが感染させるリスク →

対象者が感染源を持っている場合
← **あなたが感染するリスク**

従事者
（あなた）

対象者
（喀痰吸引等
を行う相手）

○**感染源への対策**
　手洗い、消毒や滅菌などによる病原微生物の除去
など
○**感染経路への対策**
　手袋、マスクの着用など

スライド12 標準予防策（スタンダードプリコーション）

標準予防策（スタンダードプリコーション）

すべての患者の血液、体液、分泌物（喀痰など）、排泄物などの湿性生体物質は、感染の可能性のある物質として取り扱うことを前提とし、すべての対象者に適応される。

- ■ 適切な手洗い、手指消毒（手袋の着用にかかわらず）
- ■ 防護用具の使用（手袋、ガウン、プラスチックエプロン、マスク、ゴーグル等の着用）
- ■ 咳エチケット（マスクの着用）
- ■ ケアに使用した器材の取り扱い
- ■ 廃棄物処理
- ■ 環境整備
- ■ 患者の配置

出典）厚生労働省 平成24年度喀痰吸引等指導者講習事業「喀痰吸引等研修テキスト　第三号研修（特定の者対象）」、55頁、2012年を一部改変

2-2 感染予防の具体的な方法

流水による手洗い スライド13

ここからは、感染予防の具体的な方法を説明していきます。

標準予防策の基本は手洗いです。手洗いは、「1つのケアごと」に、「ケアの前後」に行います。正しい方法を身に付け、喀痰吸引等を実施する前後に、きちんと手洗いをしましょう。

手洗いには、「流水と石けんによる手洗い」と「消毒剤による手洗い」の2種類あります。

基本的には流水と石けんを用いた手洗いを行いましょう。流水での手洗いができない場合は、速乾性擦式手指消毒剤による手洗いを行います。

流水と石けんで手を洗う時は、時計や指輪は外しましょう。爪は短く切っておき、指先や爪の間、指の間も忘れないように洗いましょう。15秒以上30秒程度、時間をかけて洗いましょう。石けんはポンプ式液体石けんが、より清潔です。

ペーパータオルか乾燥した清潔なタオルでよく拭いて乾燥させます。タオルの共有は感染のおそれがありますので、絶対に共有しないようにしましょう。

速乾性擦式手指消毒剤による手洗い
スライド14

これは、速乾性擦式手指消毒剤による手洗い方法です。

消毒は、乾いた手で行うようにしましょう。手指全体を消毒剤で濡らし、指先や指の間、手首まで、消毒剤を丁寧に擦り込みます。消毒液は、乾燥することで効果が出ますので、途中で薬液を拭き取らず、乾くまで手指の表面全体に擦り込むようにしましょう。

ケア内容と防護の必要性 スライド15

手袋の装着は、標準予防策の1つであり、感染経路を遮断する基本的な方法です。対象者の喀痰や唾液など分泌物に触れる可能性がある喀痰吸引では、手袋を装着するようにしましょう。

手袋を装着して喀痰吸引を実施した後は、装着したまま他のケアを行ったりしないように気をつけましょう。また、手袋を装着していても、完全に感染を予防できるわけではありません。そのた

スライド14 速乾性擦式手指消毒剤による手洗い

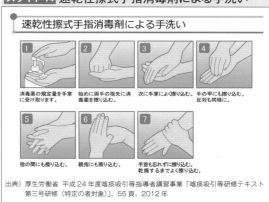

出典）厚生労働省 平成24年度喀痰吸引等指導者講習事業「喀痰吸引等研修テキスト 第三号研修（特定の者対象）」、55頁、2012年

スライド13 流水による手洗い

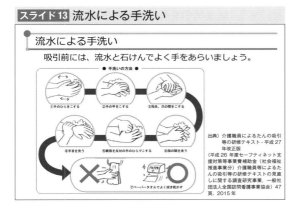

流水による手洗い

吸引前には、流水と石けんでよく手をあらいましょう。

出典）介護職員によるたんの吸引等の研修テキスト - 平成27年度改正版
（平成26年度セーフティネット支援対策等事業費補助金（社会福祉推進事業分）介護職員等によるたんの吸引等の研修テキストの見直しに関する調査研究事業、一般社団法人全国訪問看護事業協会）47頁、2015年

スライド15 ケア内容と防護の必要性

ケア内容と防護の必要性

	口腔内・鼻腔内吸引	気管カニューレ内吸引	経管栄養
手袋	○ 使い捨て手袋	○ 使い捨て手袋	△ （必要に応じて）
マスク	△ （飛散がありそうなら）	△ （飛散がありそうなら）	△ （必要に応じて）
ガウン・プラスチックエプロン	△ （飛散がありそうなら）	△ （飛散がありそうなら）	△ （必要に応じて）
ゴーグル	△ （飛散がありそうなら）	△ （飛散がありそうなら）	△ （必要に応じて）

め、手袋をはずした時は、必ず手洗いをしましょう。また、使用した手袋は、決して再利用しないようにしましょう。

　そのほか、対象者がくしゃみや咳をしており、飛沫が飛びそうな場合は、マスクやガウン、プラスチックエプロンなどを装着する方法もあります。対象者の日々の状況に応じて、どのように防護をするか、医師や看護師と相談するとよいでしょう。特に対象者が感染症にかかっている場合は、感染予防を徹底しましょう。

　なお、手袋やマスク、ガウン、プラスチックエプロンなどをはずすときは、分泌物に触れた可能性のある部分には、手を触れないようにして処理しましょう。

┃咳エチケット スライド16

　皆さんが咳やくしゃみをするときは、飛沫が飛ばないよう、ハンカチやティッシュで鼻と口をおおいましょう。そして、口や鼻にあてた部分に手を触れないようにして処理します。また、マスクをして、対象者に病原体をうつさないようにしましょう。

┃上気道と下気道 スライド17

　ここからは感染予防のための喀痰吸引等の留意点を説明していきます。

　まずは、上気道と下気道について知っておきま

しょう。空気の通り道である気道は、喉頭にある声帯を境にして、それより上の鼻腔・口腔・咽頭・喉頭を上気道、それより下を下気道と呼んでいます。

　上気道の口腔内や鼻腔内には常在菌や弱毒菌が住みついていますが、下気道の肺や気管には、一般的には病原性の微生物はいません。

┃喀痰吸引を行う時の留意点 スライド18

　そのため、鼻腔内・口腔内の喀痰吸引は出来るだけ清潔に、気管カニューレ内部の喀痰吸引は、無菌的に行う必要があります。また、気管カニューレ内吸引の時は、滅菌されている吸引カテーテルや物品、器具を使用する必要があります。

　なお、気管カニューレ内吸引に用いた吸引カテーテルは、表面をアルコールなどで拭いて口腔内・鼻腔内吸引に用いることができますが、その

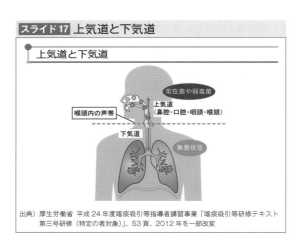

スライド17 上気道と下気道

上気道と下気道

常在菌や弱毒菌
喉頭内の声帯
上気道（鼻腔・口腔・咽頭・喉頭）
下気道
無菌状態

出典）厚生労働省 平成24年度喀痰吸引等指導者講習事業「喀痰吸引等研修テキスト
　　　第三号研修（特定の者対象）」、53頁、2012年を一部改変

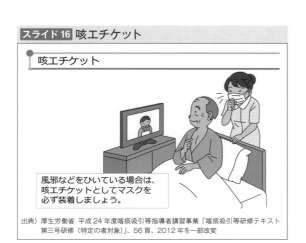

スライド16 咳エチケット

咳エチケット

風邪などをひいている場合は、咳エチケットとしてマスクを必ず装着しましょう。

出典）厚生労働省 平成24年度喀痰吸引等指導者講習事業「喀痰吸引等研修テキスト
　　　第三号研修（特定の者対象）」、56頁、2012年を一部改変

スライド18 喀痰吸引を行う時の留意点

喀痰吸引を行う時の留意点

● 鼻腔・口腔内吸引は、出来るだけ清潔に行う

● 気管カニューレ内吸引は、無菌的に行う

注意！ 気管カニューレ内吸引に用いた吸引カテーテルは、表面をアルコールなどで拭いて鼻腔内・口腔内吸引に用いることが出来るが、その逆は禁止。

出典）厚生労働省 平成24年度喀痰吸引等指導者講習事業「喀痰吸引等研修テキスト
　　　第三号研修（特定の者対象）」、54頁、2012年を一部改変

逆は行ってはいけません。

清潔と不潔の意識　スライド19

　喀痰吸引や経管栄養を行う時は、必要物品が清潔か、不潔かといった意識を、常にもつことが重要です。

　滅菌や消毒されたものは、清潔ですが、それ以外のものは、不潔です。清潔なものの一部を手に持って使う場合、手で握った部位は「不潔」となります。

吸引カテーテルの取扱い　スライド20

　例えば、滅菌された吸引カテーテルの先端約10cmの部位は清潔ですから、気管カニューレに挿入する前に、他の器物に触れさせて不潔にしないように十分注意してください。

薬剤耐性菌の問題　スライド21

　最後に、薬剤耐性菌の説明をします。

　対象者の中には、感染症を発症していなくても、各種抗生物質に抵抗性をもった薬剤耐性菌が、鼻腔、口腔、咽頭、喉頭などに住みついている場合があります。これを保菌あるいは定着と呼んでいます。メチシリン耐性ブドウ球菌（MRSA）や多剤耐性緑膿菌などが代表的な薬剤耐性菌です。

　こうした情報は対象者や家族、医療職から得て、標準予防策を十分守ってください。なぜなら、抵抗力が弱っていると、重篤な感染症を起こす可能性があります。喀痰吸引の操作を介して、他の対象者にうつしてしまうことがないよう十分に注意しましょう。

スライド19　清潔と不潔の意識

スライド20　吸引カテーテルの取扱い

スライド21　薬剤耐性菌の問題

3 呼吸の仕組みと呼吸障害

3-1 呼吸の仕組み

呼吸とは スライド22

　呼吸とは、口や鼻から空気を肺に吸い込み、肺で酸素と二酸化炭素のガス交換を行い、その後また口や鼻から空気を吐き出すことです。毎日私たちが日々休むことなく行っている、生命維持のための大事な営みです。

　吸い込んだ空気は、気管支の一番奥につながるブドウの房のような肺胞というところまで運ばれます。肺胞の周囲は毛細血管で取り囲まれており、空気中の酸素は肺胞から毛細血管の中の血液に運ばれ、身体の中で不要になった二酸化炭素は血液から肺胞内に放出されます。

呼吸運動 スライド23

　このように空気を吸ったり、吐いたりする換気を行うには、肺を取り囲んでいる胸郭、つまり肺のまわりの筋肉や骨の呼吸運動が必要になります。

　皆さんの呼吸を振り返ってみてください。吸ったり、吐いたりしているときには、横隔膜が上下に動き、胸も上がったり下がったりしているのがわかります。このような呼吸運動は、生まれてからずっと無意識のうちに行ってきました。では、意識して、胸や横隔膜を動かないようにしてみてください。息ができませんね。

　呼吸運動は意識して動かすほかに、脳からの指令により自動的に調整されています。ですから眠っていても呼吸は保たれています。しかし、この呼吸運動をするための、筋肉や骨、脳から指令を出す神経などが障害されると、呼吸ができなくなってしまいます。

呼吸器官のなまえ スライド24

　呼吸のはたらきに関係する体の部位を「呼吸器官」といいます。

　図のように、鼻腔や時に口腔から入った空気は喉の奥の部分にある「咽頭」を通ります。そこから食道と気管の分かれ道部分である「喉頭」に流れます。喉頭の入り口にはふたのようなものがあり、食べ物が通る時には、傘のような役割をして気管に食べ物が入ってしまわないようにしています。喉頭から気管に流れた空気は、胸の真ん中あたりで左右の「気管支」に分かれます。分かれた気管支により左右の「肺」に空気が入り、最終的

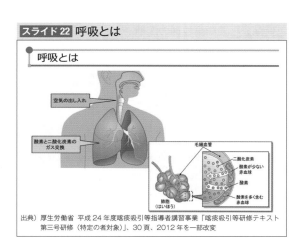

スライド22 呼吸とは

出典）厚生労働省 平成24年度喀痰吸引等指導者講習事業「喀痰吸引等研修テキスト 第三号研修（特定の者対象）」、30頁、2012年を一部改変

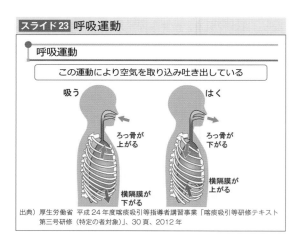

スライド23 呼吸運動

出典）厚生労働省 平成24年度喀痰吸引等指導者講習事業「喀痰吸引等研修テキスト 第三号研修（特定の者対象）」、30頁、2012年

には気管支が枝分かれを繰り返して最後につながる「肺胞」でガス交換が行われます。

　図からわかるように、鼻腔と口腔から咽頭までの部分は狭くて曲がっています。また、鼻腔の奥には細い血管がたくさんありますので、吸引などで管を入れる時には気をつけながら行う必要があります。

■ 正常な呼吸 スライド25

　正常な呼吸の状態について説明します。

　呼吸する回数ですが、成人の場合1分間に12〜20回呼吸をしています。

　年齢が若くなると、つまり子どもや赤ちゃんの呼吸の回数は、私たちに比べて多くなります。乳児では通常1分間に30〜40回の呼吸をしており、それは成人にくらべて肺が小さく、呼吸筋の発達が未熟で1回の換気量が少ないため、といわれています。

　正常な呼吸のリズムは一定で、それに伴って胸やお腹が一定の高さで上下運動をしています。他人から見て、力が入っておらず、スムーズな感じです。呼吸の音は、かすかにスースーと口や鼻から空気の出し入れの音がします。

　呼吸数の正常値は年齢によって変化しますし、個人によって異なります。日頃の呼吸数の変動を知っておき、通常と異なる場合は注意が必要です。

3-2 呼吸障害

■ 呼吸がしづらい状態 スライド26

　呼吸がしづらくなる状態について考えてみましょう。

　1つ目は、気道に問題がある状態です。気道が狭くなったりつまったりして空気の通り道がスムーズにいかない状態です。

　2つ目は、吸って吐く呼吸運動ができない状態です。

　3つ目は、肺自体に問題があり、肺でのガス交換が効率的にされない状態です。

スライド25 正常な呼吸

正常な呼吸

● **呼吸の回数**
　成人・・・・1分間に（12〜20）回
　❓ 年齢が若いほど呼吸数は（多い？　少ない？）

● **呼吸のしかた**
　胸やお腹が一定の高さで上下運動している
　リズムが一定、スムーズに呼吸している

● **呼吸の音**
　スースー

● 日頃の呼吸数の変動を知っておき、通常と異なる場合は、注意が必要

出典）厚生労働省 平成24年度喀痰吸引等指導者講習事業「喀痰吸引等研修テキスト　第三号研修（特定の者対象）」、31頁、2012年を一部改変

スライド24 呼吸器官のなまえ

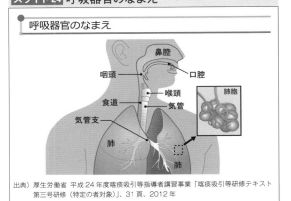

呼吸器官のなまえ

出典）厚生労働省 平成24年度喀痰吸引等指導者講習事業「喀痰吸引等研修テキスト　第三号研修（特定の者対象）」、31頁、2012年

スライド26 呼吸がしづらい状態

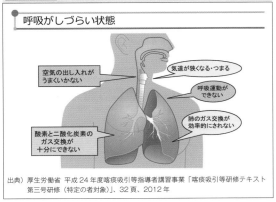

呼吸がしづらい状態

出典）厚生労働省 平成24年度喀痰吸引等指導者講習事業「喀痰吸引等研修テキスト　第三号研修（特定の者対象）」、32頁、2012年

呼吸がしづらくなる原因 スライド27

　では、呼吸がしづらくなる原因は何でしょうか。ここでは３つにわけて説明します。

　１つ目は、気道に問題がある場合です。口や鼻から空気が入りにくくなっている状態では呼吸はスムーズにいきません。風邪などで鼻がつまったり、口にものがたまったりしていると息がしづらくなります。喉が腫れたり、舌の一番後ろの部分が後ろに沈む「舌根沈下」がおきると、喉が狭くなり、空気の出し入れがしにくくなります。さらに、喀痰や唾液が気道にたまると、空気の通りが邪魔されるため呼吸しにくくなります。異物や喀痰などが気道につまれば、空気の通り道がなくなり、息ができません。いわゆる窒息の状態です。

　２つ目は、呼吸運動に問題がある場合です。横隔膜や胸の周りの筋肉を十分に動かすことができなくなっている状態では、吸って吐く呼吸運動ができないために、十分に換気をすることができません。また、横隔膜の動きが悪く、有効な咳ができないので喀痰を出すことができません。このため喀痰で気道が狭くなり、換気が悪くなります。ALSや筋ジストロフィーの方はこの呼吸筋が麻痺してくるために、だんだんと呼吸障害が現れてきます。

　３つ目は、肺に問題がある場合です。肺でのガス交換が十分にできないと、血液の中の酸素が減ってしまいます。肺のガス交換が十分にされない原因としては、肺炎などで肺に炎症が起きて肺胞がつぶれてしまっている場合、肺に水がたまるなどでガス交換ができる面積が少なくなっている場合、心不全などで肺がうっ血している場合などが考えられます。

呼吸に異常がある時の症状 スライド28

　呼吸に異常がある時の状態、症状を説明します。

　見た目には、呼吸の仕方に変化が現れます。呼吸が荒く、速く浅くなっている時は、一回の換気量が減少しており、必要な換気を維持するために呼吸回数を増やしていると考えられます。息を吸う時に胸まわりの身体の表面がへこむ陥没呼吸や、一生懸命に呼吸をしようとして肩も動かす肩呼吸、努力呼吸となりがちです。さらに余裕がないと、息を吸う時に小鼻が開くようになる鼻翼呼吸や、下の顎を動かして呼吸する下顎呼吸となります。

　陥没呼吸とは、息を吸おうとして横隔膜などが動いても、それに見合う量の空気が肺に入っていかないので、息を吸う時に、胸骨上部（喉仏の下の部分）や、肋骨の間などの、体の表面がへこんでしまう状態です。胸骨の上の部分の陥没は、服を着た状態でも、喉の下の部分の陥没として観察することができます。鼻翼呼吸や下顎呼吸も、息を多く吸い込もうとする努力呼吸の１つです。

　呼吸に異常がある時は、音にも変化があります。鼻や喉が狭くなっている時には、ガーガー、カーッカーッ、ゴーゴー、グーグーという音がします。

スライド27 呼吸がしづらくなる原因

出典）厚生労働省 平成24年度喀痰吸引等指導者講習事業「喀痰吸引等研修テキスト 第三号研修（特定の者対象）」、32頁、2012年を一部改変

スライド28 呼吸に異常がある時の症状

出典）厚生労働省 平成24年度喀痰吸引等指導者講習事業「喀痰吸引等研修テキスト 第三号研修（特定の者対象）」、33頁、2012年を一部改変

気管支が狭くなる喘息では、ゼーゼー、ヒューヒューという音がします。唾液、鼻汁、喀痰などや、食物・水分が、気道にたまっている時には、ゼロゼロ、ゼコゼコ、ゴロゴロ、ズーズーという音がします。

そのほか、酸素不足の程度が強くなると、唇や爪が紫色になるチアノーゼを呈し、最終的には、重度の低酸素症や、炭酸ガス（二酸化炭素）がたまってくることによる意識障害につながり、命に関わる状態となってきます。チアノーゼは、酸素と結びついていない赤血球中のヘモグロビンが増加したときに、唇や舌などが紫色になることです。酸素飽和度が70〜85％でチアノーゼを時に認め、70％以下では確実に認めます。

ただし、血液の循環が悪い時（プールに入った後や発熱で手足が冷たい時など）に出る末梢性チアノーゼは酸素不足によるものではなく、温められるなどにより血液循環がよくなると改善します。

酸素が足りない時や、炭酸ガスがたまってきている時には、脈が速くなる（心拍数が多くなる）ことも、大事なポイントです。

慢性的な呼吸障害の時の症状　スライド29

ALSの方のように、呼吸障害が徐々に進んでいく場合の症状はどうでしょうか。だんだん呼吸する筋力が落ちて呼吸が弱くなっていっている場合、ご本人はその状態に慣れてしまい、呼吸障害がかなり進行するまで気がつかないことがありま

す。

このように慢性的な呼吸障害の自覚症状としては、眠った気がしない、なかなか寝つけない、酸素不足のために頭痛がする、咳払いができにくくなり喀痰がきれない、息苦しいといった症状があります。

他者から見て、以前に比べ咳が弱くなった、声が小さくなった、言葉が途切れるようになった、食事量が減った、ぼーっとしていることが多くなった、顔色がすぐれないなどの様子が見られます。

症状がさらに進行すると、顔や唇、指の爪が紫色っぽくなるチアノーゼが出たり、脈が速くなったり、酸素飽和度が低下したり、そして意識障害まできたすようになります。

呼吸障害への対応　スライド30

次に、呼吸障害への対応を説明します。

気道が狭くなっている場合には、気道を広げるような関わりがまず大事です。

喀痰や唾液がたまって呼吸を邪魔している場合には、吸引が必要になります。喀痰が硬い時には、出しにくく、取り切れないので、薬や水を気道に吸入して喀痰をやわらかくします。

気道が広がりやすく、喀痰が出しやすく、呼吸がしやすいように、姿勢を調節する対応もあります。

上気道の問題が大きい、喀痰を出す力が弱いと

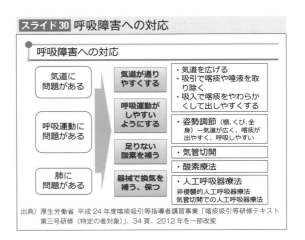

スライド29　慢性的な呼吸障害の時の症状

出典）厚生労働省　平成24年度喀痰吸引等指導者講習事業「喀痰吸引等研修テキスト　第三号研修（特定の者対象）」、33頁、2012年

スライド30　呼吸障害への対応

出典）厚生労働省　平成24年度喀痰吸引等指導者講習事業「喀痰吸引等研修テキスト　第三号研修（特定の者対象）」、34頁、2012年を一部改変

いう場合には、気管切開が検討されます。

　酸素が足りない状態に対しては、酸素療法が行われます。酸素が足りないだけでなく、二酸化炭素がたまってきている場合には、器械によって換気を補助するための人工呼吸器療法が必要となってきます。

気道（上気道）が狭くなる主な原因
スライド31

　ここでは、気道が狭くなる主な原因を説明します。

　その1つが「舌根沈下」です。舌の一番後ろの部分を「舌根」と言います。この舌根が後ろに下がり、喉が狭くなってしまう状態が「舌根沈下」で、これにより呼吸が苦しくなります。

　舌根沈下は、眠っている時に強く出やすく、息を吸う時にゴーゴー、または、カーッカーッという音が出て、陥没呼吸にもなります。

　舌根沈下の程度が強いと、息を吸う動きはあっても、息が咽頭を通っていかず呼吸ができない「閉塞性無呼吸」となります。これらの状態が強いと、酸素飽和度が低下します。重度のケースでは、覚醒している時にも見られます。筋肉の緊張が強くなることによっても、下顎と舌根が後ろに引かれて、喉が狭くなり、呼吸が苦しくなります。

　もう1つが「喉頭軟化症」です。喉の下の方の部分で、気管の入口にあり、声帯を含む部分が喉頭です。

　「喉頭軟化症」とは、息を吸う時に、喉頭の一部が下に引き込まれて、喉頭が狭くなってしまう状態です。脳性麻痺での呼吸障害の原因として重要です。

　眠っている時には症状が軽く、覚醒している時、特に、緊張が強く反り返った時に、症状が強く出やすく、グーグーという感じの音が出るのが特徴です。（参考資料P145）

舌根沈下、上気道狭窄への対策－
下顎を前に出す　スライド32

　舌根沈下や喉頭軟化症で、喉が狭くなっている状態に対しては、下顎（かがく）を前に出して喉を広げるようにすることが援助の基本です。直接の介助としては、手でコントロールすることが有効で、喉が広がった状態にすることができます。くびが後ろに反らないようにしながら、顎の前の下の部分であるオトガイ部や下顎の角のところで、下顎をしっかり前に出すことが大事です。抱っこや坐位の姿勢でもこれが可能です。

　喉頭軟化症の場合には、下顎を前に出すだけでなく、くびを少し前に突き出すようにしながら下顎を前に出すことが必要です。

　介助者の手による下顎コントロールにかわる方法として、ネックカラーを使って下顎を上げた状態を保つことが有効な場合もあります。

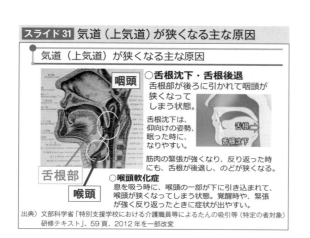

スライド31 気道（上気道）が狭くなる主な原因

気道（上気道）が狭くなる主な原因

○舌根沈下・舌根後退
舌根部が後ろに引かれて咽頭が狭くなってしまう状態。

舌根沈下は、仰向けの姿勢、眠った時に、なりやすい。

筋肉の緊張が強くなり、反り返った時にも、舌根が後退し、のどが狭くなる。

○喉頭軟化症
息を吸う時に、喉頭の一部が下に引き込まれて、喉頭が狭くなってしまう状態。覚醒時や、緊張が強く反り返ったときに症状が出やすい。

出典）文部科学省「特別支援学校における介護職員等によるたんの吸引等（特定の者対象）研修テキスト」、59頁、2012年を一部改変

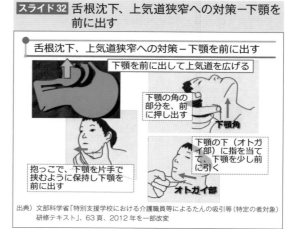

スライド32 舌根沈下、上気道狭窄への対策－下顎を前に出す

舌根沈下、上気道狭窄への対策－下顎を前に出す

下顎を前に出して上気道を広げる

下顎の角の部分を、前に押し出す　下顎角

下顎の下（オトガイ部）に指を当てて下顎を少し前に引く　オトガイ部

抱っこで、下顎を片手で挟むように保持し下顎を前に出す

出典）文部科学省「特別支援学校における介護職員等によるたんの吸引等（特定の者対象）研修テキスト」、63頁、2012年を一部改変

側臥位姿勢での、舌根沈下や、痰のたまりの防止 スライド33

ここでは、姿勢と呼吸の関係を説明します。

あお向けの姿勢、仰臥位（ぎょうがい）は重力によって舌根沈下がおきやすい姿勢です。また、あお向けの姿勢のままでは、喀痰や唾液が喉にたまったままになりやすくなります。

体を横向きにした姿勢、すなわち側臥位（そくがい）にすることにより、舌根沈下を防ぎ、喀痰や唾液が喉にたまるのを防ぐことができます。

呼吸の状態が悪くなった時に、あお向けのままでなく、まず、この側臥位にすることによって改善することが多くあります。完全な側臥位ではなく、仰臥位と側臥位の中間くらいの姿勢がよいこともあります。

頭が下に落ちないように枕を適切にすることが必要で、バスタオルをたたんで高さを調節して枕にします。安定した側臥位が保たれ、また、腕の重みによる胸の圧迫を避けるため、大きめの枕を抱くようにさせるのがよい場合もあります。（**参考資料P146-147**）

気管切開を受けている人への対応の注意点 スライド34

気管切開とは、手術で気管に「気管孔」と言われる穴を開けて、気道を確保する方法です。多くは、その穴に気管カニューレが入っています。

気管切開を受けている人に対応する時には、次のような注意が必要です。

まず、気管カニューレが抜けてしまう事故、すなわち事故抜去を防ぐということです。気管カニューレがしっかりと固定されていないために抜けてしまう場合と、本人が故意または意図せずに（手が引っかかるなど）抜いてしまう場合とがあります。

事故抜去が起きないように、カニューレ固定のヒモやホルダーが緩くなっていないか、常に確認してください。着替えの時にカニューレに衣類がひっかかって抜けてしまわないように注意します。介助者が対象者を抱きかかえる時に、介助者の腕が固定ヒモを動かしてしまい抜けることもあります。

カニューレの再挿入は基本的には医師が行いますが、家族や看護師が行うこともあります。再挿入は容易にできるケースもありますが、とても難しい場合もあります。また、カニューレが抜けた場合に問題なく長時間過ごせる人と、すぐに再挿入しないと呼吸困難に陥る人がいます。どの程度の緊急性があるか、抜けた時にどうするかを、あらかじめ確認しておくことが必要です。

次の注意点は、カニューレに無理な力を加えないということです。気管に無理な力が加わると、気管の壁を傷つけ気管内肉芽（きかんないにくが）や出血を生じますので、カニューレの先端が強く気管にあたるようなことを避ける必要があります。例えば、首を過度に後ろにそらせたり、前に曲げたり、左右に強く回すことは避けてください。

さらに、カニューレからの異物の侵入や気管内

スライド33 側臥位姿勢での、舌根沈下や、痰のたまりの防止

側臥位姿勢での、舌根沈下や、痰のたまりの防止

あお向けの姿勢（仰臥位）
・舌根沈下になりやすい　・喀痰や唾液がのどにたまりやすい

横向き姿勢（側臥位）
○舌根沈下を防ぐことができる
○喀痰や唾液がのどにたまるのを防げる
○緊張がゆるんだ状態になりやすい
・頭が下に落ちないように枕を適切にする（バスタオルなどで）
・大きめの枕を抱くようにさせるのが良いこともある
　－安定と、腕の重みによる胸の圧迫を避けるため
○呼吸状態が悪くなった時の姿勢としても重要
・完全な側臥位でなく、仰臥位と側臥位の中間くらいの姿勢が良いこともある

（出典）東京都教育委員会編集、日本肢体不自由児協会発行．医療的配慮を要する児童生徒の健康・安全の指導ハンドブック、1997年

スライド34 気管切開を受けている人への対応の注意点

気管切開を受けている人への対応の注意点

気管カニューレの事故抜去を防ぐ
　①固定の確認
　②必要時には手の抑制、手袋
　③抜けた時の緊急対応の確認
　（個々の緊急性に応じて主治医と相談して決めておく）
気管孔、カニューレが塞がらないように
　→姿勢や衣服に注意、ガーゼでの閉塞に注意
カニューレに無理な力を加えない
　①首を過度に後に反らせない
　②前に曲げない
　③左右に強く回さない
カニューレからの異物の侵入を防ぐ →人工鼻、ガーゼで入口をカバーする
気管内の乾燥を防ぐ →人工鼻、室内の加温、吸入
気管切開孔を清潔にする
　①分泌物は微温湯できれいに拭き取る。
　②ガーゼ使用時は汚れたら交換する。

食道　声帯
気管カニューレ
※気管カニューレが入っていない場合もある
人工鼻

（出典）文部科学省「特別支援学校における介護職員等によるたんの吸引等（特定の者対象）研修テキスト」、72頁、2012年を一部改変

の乾燥を防ぐことも重要です。人工鼻やガーゼで入口をカバーしたり、室内の加湿も重要です。

最近では、気管切開していても気管カニューレが入っていないケースも増えています。その場合には、気管孔を保護するためのガーゼが気管孔を塞いだり、吸い込まれてしまわないよう注意が必要です。特に、唾液の気管への流れ込みを防ぐための特別な方法で気管切開を受けている人では、カニューレが入っていないことがかなりあり、そのような人では気管孔がふさがると完全な窒息となってしまいますので、格別の注意が必要です。**（参考資料 P148）**

最後に、気管切開孔を清潔に保つことも、感染や肉芽の発生の予防のために重要です。気管切開孔周囲の分泌物は微温湯できれいに拭き取り、ガーゼを使用している場合は汚れたらその都度交換します。

┃ 気管カニューレ スライド35

気管カニューレには、このようなタイプがあります。気管カニューレには、カフという風船のようなものがついているものと、ついていないものがあります。カフをふくらませることで、気管とカニューレとの隙間がなくなるので、誤嚥を防いだり、空気の漏れを防ぐことが期待できます。

気管切開での人工呼吸器治療では、人工呼吸器から送り込まれた空気が口の方に漏れていかないようにカフ付きカニューレを使用することが多い

ですが、人工呼吸器治療のためでなく、誤嚥防止のためにもカフ付きカニューレが使われることがあります。もともと嚥下障害があった人では、気管切開を受けると嚥下機能は悪くなり、鼻や喉からの分泌物や唾液が気管に入りこむ誤嚥が増えてきます。カフを膨らますことによって、その誤嚥を少なくすることが、ある程度は可能です。

カフは強く膨らますと気管の粘膜を強く圧迫してしまうので、膨らまし過ぎないよう、適正な圧で空気が入っている必要があります。カフインジケーターの膨らみと触った感触で、ある程度確認することができます。

3-3 人工呼吸器療法

┃ 非侵襲的人工呼吸器療法（NPPV） スライド36

酸素が足りなくなる低酸素症の場合には、酸素療法が行われます。換気が不充分となり、酸素が足りないだけではなく、炭酸ガス（二酸化炭素）がたまってきて「高炭酸ガス血症」となってきている場合には、換気そのものを補助することが必要となってきます。

ここからは、そのような場合に、器械を用いて換気を補助する、人工呼吸器療法について、説明していきます。人工呼吸器療法には、大きく2種類あります。

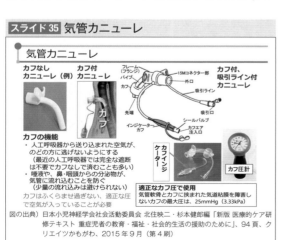

スライド35 気管カニューレ

図の出典）日本小児神経学会社会活動委員会 北住映二・杉本健郎編「新版 医療的ケア研修テキスト 重症児者の教育・福祉・社会的生活の援助のために」、94頁、クリエイツかもがわ、2015年9月（第4刷）

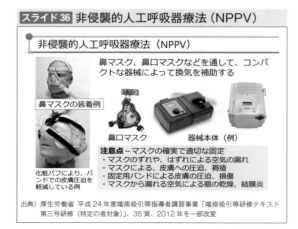

スライド36 非侵襲的人工呼吸器療法（NPPV）

出典）厚生労働省 平成24年度喀痰吸引等指導者講習事業「喀痰吸引等研修テキスト 第三号研修（特定の者対象）」、35頁、2012年を一部改変

1つ目は、非侵襲的人工呼吸器療法です。非侵襲的な人工呼吸器療法では、鼻だけのマスク、あるいは鼻と口をおおうマスクを通して、コンパクトな器械によって換気を補助します。これらは、NPPVやNIPPVと呼ばれることもあります。また、代表的な器械の名前から、バイパップ療法（BiPAP）と呼ばれることもあります。

マスクのずれや、はずれによる空気の漏れがあると、有効な換気になりません。

マスクによる、皮膚への圧迫や褥瘡、固定用バンドによる皮膚の圧迫、損傷、マスクから漏れる空気による眼の乾燥、結膜炎などに注意が必要です。

気管切開人工呼吸器療法 TPPV（侵襲的人工呼吸器療法） スライド37

2つ目は、気管切開人工呼吸器療法です。TPPVと略したり、侵襲的人工呼吸器療法と呼ぶこともあります。

換気の補助を必要とするほど呼吸障害が進行し、また、非侵襲的な人工呼吸器療法では対処がむずかしい場合には、TPPVが行われます。気管切開をして、そこに気管カニューレを挿入し、人工呼吸器につなげて人工呼吸を行う呼吸療法です。

気管カニューレの装着により、呼吸のための空気の通路が確実に確保されます。なお気管切開やTPPVを導入すると、一般に発声ができなくなりますが、気管切開やTPPV導入前までしゃべれていた方は、構音機能（しゃべる機能）が保たれていれば、スピーキングバルブという器具を使ったり気管カニューレのカフ内の空気の量を減らすことで発声が可能な場合があります。

ALSの場合、呼吸障害の進行に伴い、対象者・家族・医療職の間で話し合いを重ねた末に時期をみて人工呼吸器を装着する場合もあれば、決断がつかずに呼吸筋麻痺が高度に進行し、救命の目的で緊急に人工呼吸器を装着する場合、逆に、様々な理由から人工呼吸器使用を選択されない場合があります。TPPVを選択された場合、最終的には24時間人工呼吸器を使って生活していくことになります。

人工呼吸器装着に関する意思決定に際して、その後の身体障害の進行のこと、人工呼吸器をつけることで生じる様々な問題など、対象者や家族には不安や葛藤があると思います。対象者や家族、医療職と繰り返し話し合いをすると同時に、在宅医療の経験者や患者会・障害者団体などから、有益な情報を集めることも重要です。そして、家族に対するエンパワメントとして、公的な介護サービスの利用方法や喀痰吸引等を行う近隣の介護事業所を紹介することは、人工呼吸器の装着を前向きに検討するためにも、非常に重要な要素です。

人工呼吸器の仕組み スライド38

人工呼吸器は、一定の圧力をかけて酸素を肺に送り込む器械です。

スライド37 気管切開人工呼吸器療法 TPPV（侵襲的人工呼吸器療法）

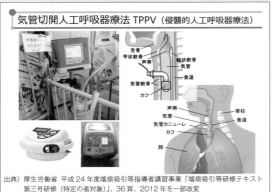

出典）厚生労働省 平成24年度喀痰吸引等指導者講習事業「喀痰吸引等研修テキスト 第三号研修（特定の者対象）」、36頁、2012年を一部改変

スライド38 人工呼吸器の仕組み

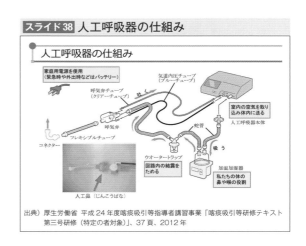

出典）厚生労働省 平成24年度喀痰吸引等指導者講習事業「喀痰吸引等研修テキスト 第三号研修（特定の者対象）」、37頁、2012年

人工呼吸器は、器械本体とチューブや蛇管などの回路をつなげて使用します。室内の空気を取り込んでフィルターできれいにしたものを、加温加湿器で加湿してから肺に送り込みます。つまりこの部分は、私たちの鼻や喉の役割をしています。

外出時などは、加温加湿器を用いず、図内の赤色の矢印のように、フレキシブルチューブと呼気弁の間に人工鼻を組み込んで加温加湿を行うことが多くなっています。人工鼻は定期的に交換します。

必要な場合、高濃度酸素を回路の途中で取り入れ、吸入空気中の酸素の濃度を高める場合もあります。吸う空気、吐く空気が一定の方向に流れるように弁がついており、回路内にたまった結露を集めて廃棄するウォータートラップという部分もついています。

回路はチューブや蛇管などの部品を接続して作られているので、この接続がゆるんだりはずれたりすると、空気が漏れてしまいます。また、チューブがねじれたり折れたりすると、回路内に圧力がかかります。このように設定した通りの空気が流れていない場合などには、人工呼吸器はアラームを鳴らして異常を知らせてくれます。

2011年の東日本大震災以降、停電時にも自宅で人工呼吸器が継続使用できるように、内部バッテリーのある人工呼吸器の使用、外部バッテリー、人工呼吸器を安全に駆動できる自家発電装置やインバーター、アンビューバッグ（蘇生バッグ、バッグバルブ）などの準備が、進められています。(**参考資料P150-152**)

▎アラームが鳴り続ける スライド39

人工呼吸器は設定通りに換気が保たれないと、アラームを鳴らして異常を知らせてくれます。

低圧アラームは、回路の接続がはずれたり、ゆるんだりして空気が漏れて設定した量の空気が入っていない時などに鳴ります。吸引をする時には、気管カニューレと呼吸器の接続を一時的にはずすので、当然空気が漏れて低圧アラームが鳴ります。この時は、アラームが鳴ってもあわてずに、

素早く効率よく気管カニューレ内部の吸引を行ってください。

高圧アラームは、一定の圧力以上の力が回路のどこかに加わったことを教えてくれます。喀痰がつまったり、チューブがねじれていて空気の流れをさえぎると、そこに圧力がかかるので高圧アラームがなります。

また、AC電源不良アラームは、電源プラグのはずれや破損、停電などによって家庭用交流電源が使用できない状態で鳴ります。この場合、内部バッテリーや外部バッテリーが付属していれば、それにより器械が動くことになります。

その他、家族や医療職も判断できない原因不明のアラームが鳴り続ける時は、緊急連絡先リストに記載のある、人工呼吸器供給管理会社の担当者に連絡をとってください。

▎とくに知っておくべき知識（TPPVの機種の場合） スライド40

その他、人工呼吸器でとくに知っておくべき知識としては、電源スイッチの位置、交流電源が使用されていることを示す表示、各種アラーム表示の位置、アラーム消音ボタンの位置、気道内圧メーターの表示部位などが挙げられます。とくに、対象者の日頃の気道内圧がどのくらいかを知っておくことは、必要でしょう。

スライド39 アラームが鳴り続ける

アラームが鳴り続ける

低圧アラーム・・どこかに漏れがあり、肺に入る空気が少なくなっている
　⇒ 回路接続のはずれ、ゆるみ、カニューレのはずれ

高圧アラーム・・回路のどこかにつまりが生じたために圧があがっている
　⇒ 喀痰のつまり、チューブねじれ、閉塞

AC電源不良アラーム・・・電源プラグのはずれ、破損

出典）厚生労働省 平成24年度喀痰吸引等指導者講習事業「喀痰吸引等研修テキスト　第三号研修（特定の者対象）」、38頁、2012年

人工呼吸器回路の実際 スライド41

この写真は、実際に人工呼吸器を装着している場面です。回路（蛇管などのチューブ）と他のいろいろな器具が、ゆるみなくしっかりと接続されているかの確認が大事です。

回路の中に水がたまっていないか、ねじれたり折れたりしていないかの確認も必要です。

また、ウォータートラップの蓋はしっかり閉めるようにしましょう。

加温加湿器・ウォータートラップ スライド42

人工呼吸器の加温加湿器とウォータートラップに関する注意点を説明します。

左側は、空気を温め加湿してから体に送るための加温加湿器です。私たちの鼻や口にあたります。

加湿器の水槽の水が少なくなっていないか、確認することが重要です。水がなくなると高温で乾いた空気が送り込まれることになり危険です。加温加湿器のヒーターとそれに近い部分が熱くなっていることがあるので、やけどに注意が必要です。外出の時などには、加温加湿器のかわりに呼吸器回路とフレキシブルチューブの間に、人工鼻を組み込んで使用することもありますが、人工鼻では加温加湿が不充分なため、通所や学校などでも加温加湿器を使用することが多くなっています。

回路を加温加湿器から一度はずしてからまたつなぐ時に、加温加湿器の人工呼吸器側の回路差込みと、本人側の回路の差込みとが、反対になってしまうことがありますので、正しくつながっているか確認が必要です。また、加温加湿器が傾いたり倒れて、中の水が呼吸器回路に流れ込まないように注意が必要です。

右側にあるのが、ウォータートラップです。温めたり加湿した空気は回路内で結露を生じます。この水滴が気管内に入ってしまわないよう、このウォータートラップに余分な水分は落ちてたまるようになっています。

ウォータートラップの位置が上の方にあったり、水がたまり過ぎてしまうと、回路に水が入ってしまい、危険です。ウォータートラップの水がたまったら、家族や医療職が捨てますが、その際、蓋がきっちりと閉まっているかどうか確認してください。締め方がゆるいとそこから空気が漏れて、対象者は呼吸が苦しくなり危険です。

スライド40 とくに知っておくべき知識（TPPVの機種の場合）

出典）厚生労働省 平成24年度喀痰吸引等指導者講習事業「喀痰吸引等研修テキスト第三号研修（特定の者対象）」、38頁、2012年

スライド41 人工呼吸器回路の実際

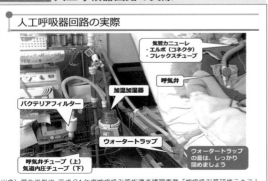

出典）厚生労働省 平成24年度喀痰吸引等指導者講習事業「喀痰吸引等研修テキスト第三号研修（特定の者対象）」、38頁、2012年を一部改変

スライド42 加温加湿器・ウォータートラップ

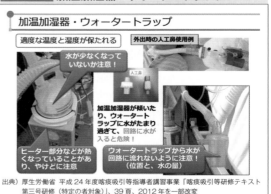

出典）厚生労働省 平成24年度喀痰吸引等指導者講習事業「喀痰吸引等研修テキスト第三号研修（特定の者対象）」、39頁、2012年を一部改変

人工呼吸器使用者の支援上の留意点
スライド43

人工呼吸器使用者への支援で留意することを説明します。

人工呼吸器の仕組みで説明したように、呼吸器の本体は室内から吸い込んだ空気を利用しています。もちろんフィルターを通して、汚れを除去したものを送るようになっていますが、埃や汚れなどが呼吸器に入らないよう、室内を清掃し、清潔を保つことが必要です。

また、呼吸器の回路の接続がねじれたり、はずれてしまっては、空気が届かなかったり漏れを生じて十分な換気ができません。チューブの上に物が乗ってつぶれたり、体の向きを変えた時に体の下に挟まったり、着替えの時に回路がはずれてしまわないよう、回路はゆるみを持たせて慎重に扱うようにしましょう。

呼吸器は吸引の時に、気管カニューレとコネクターをはずしたり、つけたりします。この時に回路内の水滴が気管カニューレ内に落ち込まないよう、ゆっくりはずしたり、つける前にフレキシブルチューブを空中ではらって、水滴を取り除くなどしてください。肺炎予防の上で大変重要な点です。再びつけた後には、空気がきちんと体に送られているか、胸のあがりを見て確認するようにしましょう。

呼吸器の電源は家庭用プラグから供給しています。誤ってプラグを抜いてしまうことのないように十分気をつけましょう。呼吸器には設定ボタンやダイヤルがついていますが、設定はその方の状態に合うように決められています。誤って触って設定が変わってしまうことのないように注意しましょう。

3-4 人工呼吸器使用者の緊急時対応

緊急時の対応 スライド44

人工呼吸器を装着している方へ、緊急に対応しなくてはならない状況としては、

・人工呼吸器が作動していても胸の上がり下がりがない
・呼吸が苦しいと訴える、苦しそうな様子がある
・顔色が悪い
・吸引したときに、赤い喀痰がひけてくる（付着する程度以上）
・気管カニューレが抜けてしまった
・人工呼吸器のアラームが鳴りやまない
・停電などで、人工呼吸器が動かなくなった
・いつもの作動音と違う

などがあります。このような時には、すぐに適切な対応が必要です。普段から緊急時を想定し、家族や医師、看護師と緊急時の連絡先、連絡方法、上記の場合の対応方法を、あらかじめ取り決めておくようにしましょう。

スライド43 人工呼吸器使用者の支援上の留意点

人工呼吸器使用者の支援上の留意点

● 室内の清潔←呼吸器本体は室内の空気を吸い込んでいる

● 回路の接続のはずれ、チューブ類のねじれに注意
　　↑空気が漏れたり、酸素が届かず換気ができない

● 吸引時にコネクターをはずしたり、つける時に回路内の水滴が対象者の気管カニューレ内部に落ち込まないよう気をつける（肺炎予防の上で重要）。
また、コネクターをつけた後、いつもどおりの作動音がする、対象者の胸があがっているかを確認

● 呼吸器本体の電源プラグをはずさない、作動スイッチを触らない
　　↑設定が変わってしまう、危険！

出典）厚生労働省 平成24年度喀痰吸引等指導者講習事業「喀痰吸引等研修テキスト　第三号研修（特定の者対象）」、39頁、2012年

スライド44 緊急時の対応

緊急時の対応

・人工呼吸器が作動していても胸の上がり下がりがない
・呼吸が苦しいという訴え、苦しそうな表情
・顔色が悪い
・吸引したときに赤い喀痰がひける
・気管カニューレが抜けた
・人工呼吸器のアラームが鳴りやまない
・停電などで、人工呼吸器が動かなくなった
・いつもの作動音と違う

緊急時の連絡先
対応方法
を確認しておく

出典）厚生労働省 平成24年度喀痰吸引等指導者講習事業「喀痰吸引等研修テキスト　第三号研修（特定の者対象）」、40頁、2012年

アンビューバッグ（自己膨張式バッグ）について スライド45

人工呼吸器を使用している対象者では、アンビューバッグによる手動の換気が使われるケースがあります。使用される主なケースは、日常生活の場では人工呼吸器の回路の交換時、車いすやベッドなどへの移動時、入浴時です。このほか、災害などに原因するものも含め、停電時、人工呼吸器のトラブル時など、緊急を要する場合です。

アンビューバッグは、蘇生バッグ、あるいはバッグバルブとも呼ばれます。気管切開を行っている対象者の場合、このアンビューバッグを、気管カニューレやフレキシブルチューブに直接つないで手動で換気の介助や人工呼吸を行うことができます。

介護職員等が通常行う行為として認められた行為ではないのですが、緊急を要するケースもあり、医師、看護師、家族と協同・連携して介護をしていく上で、アンビューバッグの使い方に関する知識をもっていることは、きわめて有用なことです。

アンビューバッグ（自己膨張式バッグ）の種類 スライド46

アンビューバッグには、過剰な圧が加わらないように加圧制限弁がついているタイプもあります。

気管軟化症がある対象者では、バッグを押していない時でも、気管内に一定の陽圧がかかるように、PEEP弁付きのアンビューバッグが使われます。

アンビューバッグの知識：注意事項、予備知識 スライド47

アンビューバッグを使用する上で留意してほしい点は、バッグの押す力・速さによって、対象者に送られる空気の量や圧力が変化する点です。そのため、無理な加圧は避けましょう。また、対象者の、普段の換気量と呼吸回数を覚えておく必要があります。

換気量計やゴム製の袋（テストラング）があれば、片手でどのくらいの力でバッグを押せば、指示された換気量に近いか、事前に予備知識として確認しておくことができます。

スライド46 アンビューバッグ（自己膨張式バッグ）の種類

アンビューバッグ（自己膨張式バッグ）の種類

安全のため過圧制限弁が付いているタイプ（40cmH2Oの設定が多い）
小児用

気管軟化症がある場合には、バッグを押していない時でも気管内に一定の圧がかかるように、PEEP弁付のアンビューバッグを使用

PEEP弁

出典）厚生労働省 平成24年度喀痰吸引等指導者講習事業「喀痰吸引等研修テキスト 第三号研修（特定の者対象）」、40頁、2012年を一部改変

スライド45 アンビューバッグ（自己膨張式バッグ）について

アンビューバッグ（自己膨張式バッグ）について

人工呼吸器を使用している対象者では、通常の日常生活や緊急時においても、アンビューバッグ（正式名称：自己膨張式バッグ）による手動の換気が必要。バッグバルブ、蘇生バッグとも呼ばれる。

● 日常生活：人工呼吸器の回路の交換時、車いすやベッド等への移動時、入浴時
● 緊急時：人工呼吸器のトラブル時、停電時など

気管切開を行っている対象者の場合、気管カニューレやフレキシブルチューブにアンビューバッグを直接つないで、手動で換気の介助をすることが可能。
介護職員等が通常に行う行為として認められた行為ではないが、医師、看護師、家族と協同して介護をする上で、知識をもつことは有用。

出典）厚生労働省 平成24年度喀痰吸引等指導者講習事業「喀痰吸引等研修テキスト 第三号研修（特定の者対象）」、40頁、2012年を一部改変

スライド47 アンビューバッグの知識：注意事項、予備知識

アンビューバッグの知識：注意事項、予備知識

アンビューバッグの押す力・速さによって対象者に送られる空気の量や圧力が変化します。
無理な加圧は避けましょう。
対象者の換気量と呼吸回数を覚えておきましょう。

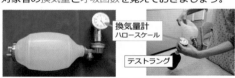

換気量計 ハロースケール

テストラング

換気量計やゴム製の袋（テストラング）があれば、片手でどのくらいの力でバッグを押せば、指示された換気量に近いか、確認できるでしょう。

出典）厚生労働省 平成24年度喀痰吸引等指導者講習事業「喀痰吸引等研修テキスト 第三号研修（特定の者対象）」、41頁、2012年を一部改変

アンビューバッグの知識：実施するときは、あわてないで！ スライド48

　1分間に12回の呼吸数ならば、5秒毎に片手でバッグを1〜2秒かけて押し、そのとき対象者の胸が膨らむのを観察しましょう。次に、アンビューバッグから速やかに手をはなすと、胸がしぼんで呼気に移行します。この操作を繰り返します。

　対象者の表情の観察、パルスオキシメーターの値も参考にします。

スライド48 アンビューバッグの知識：実施するときは、あわてないで！

● アンビューバッグの知識：実施するときは、あわてないで！

1分間に12回の呼吸数ならば、5秒毎に片手でバッグを1〜2秒かけて押し、その時対象者の胸が膨らむのを観察しましょう。

次にアンビューバッグから速やかに手をはなすと、胸がしぼんで呼気に移行します。

この操作を繰り返します。対象者の表情の観察、パルスオキシメーターの値も参考にします。

出典）厚生労働省 平成24年度喀痰吸引等指導者講習事業「喀痰吸引等研修テキスト
　　　第三号研修（特定の者対象）」、41頁、2012年を一部改変

4 喀痰の吸引

4-1 **喀痰を吸引する部位の解剖**

喀痰を吸引する部位の解剖（1） スライド49

　まずは、皆さんが喀痰を吸引する部位の解剖を説明します。

　皆さんが吸引できる部位は、鼻腔内、口腔内、気管カニューレ内部の3つと決まっています。それが体の中のどの部分なのか見てみましょう。

　この図は、顔と首の部位を、鼻を通る正中線で2つに割って、右半分の内側を示したものです。首の部分には気管切開がなされ、気管カニューレが気管内に挿入されています。

喀痰を吸引する部位の解剖（2） スライド50

　鼻腔を正中で隔てる軟骨の隔壁を鼻中隔と呼んでいます。この鼻中隔が左右に弯曲すると、鼻中隔弯曲といい、一方の鼻腔が狭くなり、吸引がしづらくなります。

喀痰を吸引する部位の解剖（3） スライド51

　鼻中隔を取り除くと、左右の鼻腔内には、上、中、下鼻甲介という垂れ下がった大きなヒダが存在します。

　甲介は、鼻粘膜で覆われていて、外から入る空気中のゴミを取り除き、空気をあたため湿り気を与える重要な働きももっています。

スライド50 喀痰を吸引する部位の解剖（2）

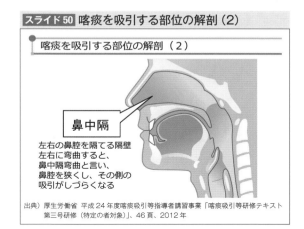

喀痰を吸引する部位の解剖（2）

鼻中隔

左右の鼻腔を隔てる隔壁
左右に弯曲すると、
鼻中隔弯曲と言い、
鼻腔を狭くし、その側の
吸引がしづらくなる

出典）厚生労働省 平成24年度喀痰吸引等指導者講習事業「喀痰吸引等研修テキスト 第三号研修（特定の者対象）」、46頁、2012年

スライド49 喀痰を吸引する部位の解剖（1）

喀痰を吸引する部位の解剖（1）

顔と首の部位を、鼻を通る正中線で2つに割り、右側の部位の内側を示した図

首の部分には、気管カニューレが気管内に挿入されている

出典）厚生労働省 平成24年度喀痰吸引等指導者講習事業「喀痰吸引等研修テキスト 第三号研修（特定の者対象）」、46頁、2012年

スライド51 喀痰を吸引する部位の解剖（3）

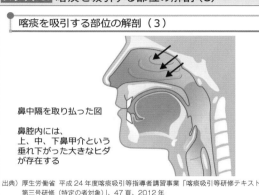

喀痰を吸引する部位の解剖（3）

鼻中隔を取り払った図

鼻腔内には、
上、中、下鼻甲介という
垂れ下がった大きなヒダ
が存在する

出典）厚生労働省 平成24年度喀痰吸引等指導者講習事業「喀痰吸引等研修テキスト 第三号研修（特定の者対象）」、47頁、2012年

喀痰を吸引する部位の解剖（4）　スライド52

　これが皆さんが喀痰を吸引できる1つ目の部位、鼻腔です。

　鼻汁は鼻腔の奥の方にたまりやすくなっています。鼻腔は、口腔や気管カニューレ内部に比べて、毎回必ず吸引する必要はありませんが、皆さんが吸引できる部位です。

喀痰を吸引する部位の解剖（5）　スライド53

　次が口腔、口の中です。

　皆さんが喀痰を吸引できる2つ目の部位です。唾液が、舌の上下面、頬の粘膜との間にたまるので、この部位を十分吸引します。

喀痰を吸引する部位の解剖（6）　スライド54

　喉の奥には咽頭があり、口蓋垂の奥、鼻腔から喉頭へ続くところで、細長い筒状の構造となっています。

　鼻腔からの空気と口腔からの食べ物の通り道で、喀痰がたまりやすい所ですが、ここは皆さんが吸引できる対象にはなっていません。

喀痰を吸引する部位の解剖（7）　スライド55

　喉頭は、食べ物を飲み込む時、食べ物が気管に入らないように、瞬時に喉頭蓋が蓋をして声門を閉じ、食事は後方にある食道に入っていくようになっています。

　この素早い動きに支障が起こると、食べ物が喉頭から気管の方に入り、いわゆる誤嚥をおこして

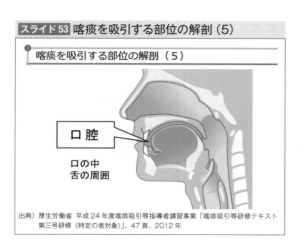

スライド52　喀痰を吸引する部位の解剖（4）

喀痰を吸引する部位の解剖（4）

鼻腔

出典）厚生労働省　平成24年度喀痰吸引等指導者講習事業「喀痰吸引等研修テキスト
　　　第三号研修（特定の者対象）」、47頁、2012年

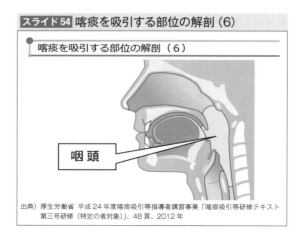

スライド54　喀痰を吸引する部位の解剖（6）

喀痰を吸引する部位の解剖（6）

咽頭

出典）厚生労働省　平成24年度喀痰吸引等指導者講習事業「喀痰吸引等研修テキスト
　　　第三号研修（特定の者対象）」、48頁、2012年

スライド53　喀痰を吸引する部位の解剖（5）

喀痰を吸引する部位の解剖（5）

口腔

口の中
舌の周囲

出典）厚生労働省　平成24年度喀痰吸引等指導者講習事業「喀痰吸引等研修テキスト
　　　第三号研修（特定の者対象）」、47頁、2012年

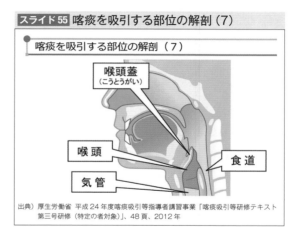

スライド55　喀痰を吸引する部位の解剖（7）

喀痰を吸引する部位の解剖（7）

喉頭蓋
（こうとうがい）

喉頭

気管

食道

出典）厚生労働省　平成24年度喀痰吸引等指導者講習事業「喀痰吸引等研修テキスト
　　　第三号研修（特定の者対象）」、48頁、2012年

しまいます。

喀痰を吸引する部位の解剖（8）　スライド56

次に、喉頭の下に気管切開が行われ、一般的なカフつきの気管カニューレが気管の中に挿入されている様子をイメージしてください。

カニューレの先端にはカフという風船があり、空気をカフエアチューブから注入することで、膨らますことができ、気管の内壁に密着固定されています。カフは上から落ち込んだ唾液などの分泌物が下の気管内に落ち込むことも防いでいます。

また、カニューレに付属したサイドチューブの先端は、カフ上部に開口しており、サイドチューブを吸引すると、カフ上部にたまった分泌物を吸引できるようになっています。これによって、人工呼吸器関連肺炎などを予防することもできます。

喀痰を吸引する部位の解剖（9）　スライド57

皆さんが喀痰を吸引できる3つ目の部位が、気管カニューレ内部です。

通常、喀痰は、肺の末梢から、咳や気管上皮の繊毛（せんもう）運動を介して、カニューレ先端部位から内部まで運ばれてくるので、排痰促進法を併用しながら、気管カニューレ内部をしっかりと吸引します。

介護職員等が吸引できる部位は気管カニューレ内部と限定されていますので、カニューレの先端を越えて奥まで吸引カテーテルを挿入してはいけません。対象者の気管カニューレの長さに応じて、何cmまで挿入するか、あらかじめ医師から指示を受けておきましょう。

介護職員等が行う吸引の領域　スライド58

皆さんが喀痰を吸引できる部位をまとめると、鼻腔内、口腔内、気管カニューレ内部の3つです。

なお、気管カニューレでサイドチューブがついている場合、サイドチューブからの吸引も安全に行える部位と考えられます。

スライド56　喀痰を吸引する部位の解剖（8）

喀痰を吸引する部位の解剖（8）

気管カニューレ

サイドチューブ
カニューレ孔
カフ
カフエアチューブ

出典）厚生労働省 平成24年度喀痰吸引等指導者講習事業「喀痰吸引等研修テキスト 第三号研修（特定の者対象）」、48頁、2012年

スライド57　喀痰を吸引する部位の解剖（9）

喀痰を吸引する部位の解剖（9）

吸引部位
気管カニューレ内

出典）厚生労働省 平成24年度喀痰吸引等指導者講習事業「喀痰吸引等研修テキスト 第三号研修（特定の者対象）」、49頁、2012年

スライド58　介護職員等が行う吸引の領域

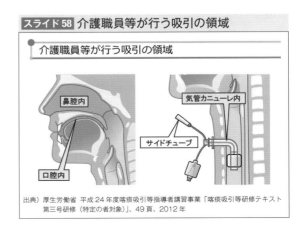

介護職員等が行う吸引の領域

鼻腔内
気管カニューレ内
サイドチューブ
口腔内

出典）厚生労働省 平成24年度喀痰吸引等指導者講習事業「喀痰吸引等研修テキスト 第三号研修（特定の者対象）」、49頁、2012年

喀痰の吸引 スライド59

ここからは、喀痰吸引の基本を説明していきます。一言で「喀痰」と言っても、それには唾液（つば）、鼻汁（はなみず）、狭い意味での喀痰（つまり肺・気管などから排出される老廃物や小さな外気のゴミを含んだ粘液）の3つが含まれます。

狭い意味での喀痰は、咽頭、喉頭、気管や気管支、肺で分泌されたものです。

飲み込むことに障害があれば、飲み込み切れない食物や水分も混じります。胃食道逆流があれば、胃から逆流してきた胃液や栄養剤も含まれます。

このテキストでは、これらすべての分泌物を総

称して「喀痰」と呼んでいます。また、「喀痰の吸引」は、この喀痰を吸引する行為を表しています。

狭義の喀痰を生じて排出するしくみ（1） スライド60

まず、肺や気管から出てくる狭い意味の喀痰について考えてみましょう。

私たちは、鼻や口から吸う空気と一緒に、ホコリや多少のばい菌も吸い込んでいます。吸い込んだホコリは、鼻毛などのフィルターを通して、ある程度取り除かれて、咽頭から喉頭、気管に向かいます。

この気管の表面はせん毛をもった上皮とその上の粘液でおおわれ、気管の奥から喉の方へ動くせん毛運動によって、異物をとらえた粘液を外に押し出そうとします。

狭義の喀痰を生じて排出するしくみ（2） スライド61

私たちは、鼻をかんで鼻水を鼻の穴から排出したり、口から唾液を吐いたり、喀痰をクシャミや咳などで口から排出することがありますが、通常これらの量は少量で、ほとんどは無意識のうちにこれらの分泌物を胃の中に飲み込んでいるといわれています。

スライド59 喀痰の吸引

喀痰の吸引

一言で、"喀痰"と言っても、それには、大きく
○ 唾液（つば）
○ 鼻汁（はなみず）
○ 喀痰（狭い意味での喀痰）
　＝咽頭・喉頭・肺・気管から、分泌・排出される、分泌物、老廃物、小さな外気中のゴミ、誤嚥したもの等を含んだ粘液
が含まれます。
○嚥下障害が重ければ、嚥下しきれない（飲み込みきれない）食物や水分も混じります
○胃食道逆流があれば、胃から逆流してきた胃液や栄養剤も含まれます

出典）厚生労働省 平成24年度喀痰吸引等指導者講習事業「喀痰吸引等研修テキスト 第三号研修（特定の者対象）」、42頁、2012年を一部改変

スライド60 狭義の喀痰を生じて排出するしくみ（1）

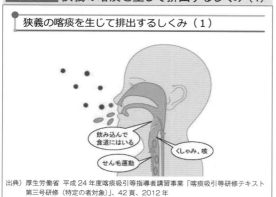

狭義の喀痰を生じて排出するしくみ（1）

出典）厚生労働省 平成24年度喀痰吸引等指導者講習事業「喀痰吸引等研修テキスト 第三号研修（特定の者対象）」、42頁、2012年

スライド61 狭義の喀痰を生じて排出するしくみ（2）

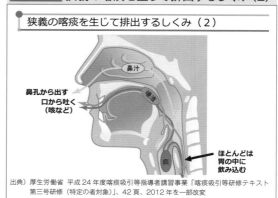

狭義の喀痰を生じて排出するしくみ（2）

出典）厚生労働省 平成24年度喀痰吸引等指導者講習事業「喀痰吸引等研修テキスト 第三号研修（特定の者対象）」、42頁、2012年を一部改変

狭義の喀痰を生じて排出するしくみ（3）
スライド62

しかし、何らかの原因で、勢いのある呼気や、有効な咳ができない場合、または嚥下障害で胃の中に飲み込めない場合、これらの喀痰が、局所にたまってきます。

狭義の喀痰を生じて排出するしくみ（4）
スライド63

また、気管切開をして、喉から気管内に気管カニューレという器具を挿入している人では、勢いのある呼気や有効な咳ができない場合、喀痰は気管カニューレや気管支、肺の中にとどまってしまいます。

なぜ吸引が必要なのか **スライド64**

このような場合、喀痰が気道にたまって気道を狭くし、窒息や呼吸困難をきたします。また気管カニューレの内部は、気管内のように繊毛がないため、喀痰が上がってきにくい状態にあります。さらに上気道内の喀痰を誤嚥すると肺炎を引き起こし、さらに喀痰の量が多くなるといった悪循環を引き起こします。したがって、私たちは吸引によって喀痰の排出を助ける必要が出てくるのです。

吸引には、鼻の穴から吸引カテーテルを入れる「鼻腔内吸引」、口に吸引カテーテルを入れる「口腔内吸引」、気管カニューレ内部に吸引カテーテルを入れる「気管カニューレ内吸引」があります。

喀痰の性状 **スライド65**

喀痰の性状は、吸い込んだホコリやばい菌の種類や量によって変化します。

通常の喀痰は、無色透明からやや白っぽくて、やや粘り気があります。においはありません。

ばい菌に感染している場合には、濁りが強く、黄色や緑色っぽく粘り気のある喀痰が多く出ます。この場合は、においがします。

アレルギーなどで分泌物が増えている時には、サラサラして量が多くなります。

口や鼻、気管などに傷がついている場合には、赤い喀痰になります。通常少量の血液が混じっている程度なら問題ありませんが、真っ赤なサラサ

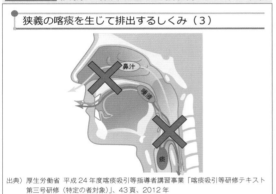

スライド62 狭義の喀痰を生じて排出するしくみ（3）

狭義の喀痰を生じて排出するしくみ（3）

出典）厚生労働省 平成24年度喀痰吸引等指導者講習事業「喀痰吸引等研修テキスト 第三号研修（特定の者対象）」、43頁、2012年

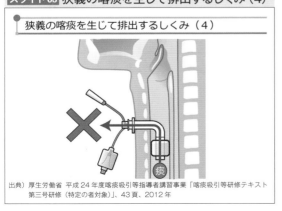

スライド63 狭義の喀痰を生じて排出するしくみ（4）

狭義の喀痰を生じて排出するしくみ（4）

出典）厚生労働省 平成24年度喀痰吸引等指導者講習事業「喀痰吸引等研修テキスト 第三号研修（特定の者対象）」、43頁、2012年

スライド64 なぜ吸引が必要なのか

なぜ吸引が必要なのか

- 喀痰が気道にたまって、気道を狭窄し、窒息や呼吸困難をきたす。
- 気管カニューレの内部は繊毛がなく、喀痰が上がってきにくい。
- 上気道内の喀痰を誤嚥すると、肺炎を引き起こし、さらに喀痰の量が多くなる（悪循環）

吸引によって、喀痰の排出を助ける必要がある

出典）厚生労働省 平成24年度喀痰吸引等指導者講習事業「喀痰吸引等研修テキスト 第三号研修（特定の者対象）」、43頁、2012年を一部改変

ラな喀痰では、緊急を要する出血をしている場合があります。

喀痰が硬いときは、感染で喀痰の粘り気が強くなっている場合や、体内の水分が不足している場合があります。

吸引の必要な病態や病気 スライド66

喀痰の吸引が必要な病態や病気としては、次のようなものが挙げられます。

・反射的な嚥下や弱い咳き込みしかできない遷延性の意識障害や高度の脳発達障害のある場合として、先天性疾患、脳性麻痺などの重症心身障害児、事故による脳外傷、脳血管障害や低酸素血症による重度の脳障害など

・全身の運動機能とともに嚥下・呼吸機能も二次的に低下した場合として、寝たきりの高齢者、

神経筋疾患以外のいろいろな病気

・嚥下・呼吸機能を一次的に障害する神経筋疾患として、脳梗塞、脳出血、筋ジストロフィーなどの筋疾患、進行期のパーキンソン病や筋萎縮性側索硬化症などの神経変性疾患

が挙げられます。

吸引される方の気持ち、家族の思い
スライド67

皆さんは、吸引を必要とする方の気持ちや家族の思いも知っておく必要があります。

吸引を必要とする対象者は、呼吸する力が弱くなっている状態です。自分で喀痰を出したりできないために、他人から吸引してもらって呼吸を整えなくてはならないことは苦痛でしょう。

吸引は時間で決まっているケアではなく、その時の状態により、必要になるものです。吸引が必要な時は、迅速に対応されるべきですが、介護者が対象者の意思に気がつかなかったり準備に時間がかかったりして、つらい思いをされていることもあります。不快なだけではなく、喀痰がたまることで呼吸が苦しくなり、命の危険さえよぎり、不安を感じることもあります。

また、呼吸の苦しさは主観的なものも大きく、吸引の手技によっては思うようなすっきり感が得られずもどかしい思いをされていることもあるでしょう。

家族も対象者と同じように、不安を感じています。対象者の意思に気づかないようなケアや乱暴に見えるようなケア、手順の違いは、家族にとっ

スライド67 吸引される方の気持ち、家族の思い

吸引される方の気持ち、家族の思い

ては任せてもよいのか大きな不安にかられます。誠実に行っていくようにしましょう。

また、吸引の物品、カテーテルの保存の方法は、その対象者によって個別性があります。個別性に沿った手順で行えるよう、事前に家族や医療職とよく確認しておきましょう。

喀痰の吸引は、本研修で学んだことを実践すれば、けっしてむずかしいことではありません。皆さんの安全で優しいケアが、対象者の安心や安楽につながりますので、対象者の気持ちや家族の思いを理解し、ケアに入っていくようにしましょう。

どんな時に吸引する？ スライド68

では、喀痰の吸引は、どのような時に行うのでしょう？

まず、喀痰がたまった時に行います。具体的には、喀痰は、食事や飲水などからの刺激や、感情が変化した時に多くなります。また先に説明したように、感染などが起きた時にも多くなります。

次は、ナースコールや、表情で対象者が吸引を希望した時です。この要望を素早くキャッチする必要があります。

唾液が口の中にたまっている時は、口腔内吸引の必要がありますし、上気道でゴロゴロとした音がしたり、呼吸器のアラームが鳴ったり、酸素飽和度の値がいつもより低い時は喀痰がたまって呼吸がしにくくなっていることが考えられます。このような時は、対象者に吸引の意思を確認し、吸

引をしましょう。意思の確認が難しい場合でも、声かけをしてから吸引をしましょう。

吸引は、時間を決めて行うものではなく、必要な時のみ行ってください。また、吸引のタイミングについては、日頃から家族や医療職と相談しておく必要があります。

喀痰などの分泌物への対応 スライド69

喀痰などへの対応は、まず、横向き（側臥位）やうつぶせ（腹臥位）などの喀痰が出やすいような姿勢を保持して、喀痰を出しやすくします。

次に、喀痰などが貯留しても苦しくならないように、上気道を広げ、空気の通り道を確保します。

喀痰が軟らかく切れやすく、出やすくするためには、喀痰が出やすくなるように全身的な水分補給、空気の加湿、吸入（ネブライザー）、去痰剤などの薬を使用します。そのほか、体を動かし喀痰が出やすくします。また、呼吸運動を介助し換気を促進することも排痰につながります。その上で必要であれば、吸引を行うこととなります。

基本的な考え方として、吸引しなくてもよい状況をつくる取組を医療職との連携の下でしっかりと実践し、その上で「必要最小限の医療的な対応」として、吸引を行うようにしましょう。特に学校や通所では、教員や介護職員の関わりとしてこの点が重要です。

スライド68 どんな時に吸引する？

スライド69 喀痰などの分泌物への対応

排痰促進法 スライド70

排痰促進法には、体位ドレナージ、スクイージングなどや、特殊な物ではカフアシストの使用などがあります。

カフアシストは、咳（咳嗽）の補強（もしくは代用）となり、気道内分泌物を除去するのを助けます。

排痰促進法後しばらくして（15〜30分後などに）喀痰が出てくることも知っておく必要があります。

喀痰を出しやすくする姿勢（体位ドレナージ） スライド71

体位ドレナージは、少ないエネルギーで喀痰を排出する一番簡単な排痰促進法で、たまっている

喀痰を重力によって、低いところへ移動し排出する方法です。

喀痰吸引が必要な人は、長時間のあおむけ（仰臥位）により、背中側に喀痰がたまりやすいため、図に示すように横向き（側臥位）が有効です。しかし、同一の姿勢は、循環障害や褥瘡などを引き起こす危険がありますので、長時間続けないように、1つの体位は、10〜20分保持するのが有効です。また、うつぶせの場合は、鼻や口を塞がないように注意することが重要です。

体位ドレナージが必要な場合は、医師や看護師と連携しながら行いましょう。

吸引により起こりうること スライド72

吸引は、たまった喀痰を取り除き空気の通り道をよくして呼吸を楽にしますが、吸引カテーテルを挿入して圧をかけて吸引しますので、吸引される方には苦痛が伴います。例えば、口や鼻にカテーテルが入ってくるのですから、不快だったり、痛みがあることは容易に想像できます。

口腔内や気管内の粘膜は柔らかく、鼻の奥にはたくさんの細かい血管があります。したがって、かたいカテーテルが入ることで傷つくことがありますので、カテーテルを挿入する場所や挿入する長さは決められたとおりにする必要があります。

また、人工呼吸器を使用している対象者の場合、喀痰吸引は人工呼吸器をはずして行いますので、その間、酸素や空気が入ってきません。そのため、

スライド70 排痰促進法

排痰促進法
- 体位ドレナージ（体位交換）
- スクイージング
- 軽打法
- 振動法
- カフアシスト（右写真）

喀痰は、排痰促進法後しばらくして（15〜30分後）出てくる。

出典）厚生労働省 平成24年度喀痰吸引等指導者講習事業「喀痰吸引等研修テキスト 第三号研修（特定の者対象）」、46頁、2012年を一部改変

スライド71 喀痰を出しやすくする姿勢（体位ドレナージ）

喀痰を出しやすくする姿勢（体位ドレナージ）

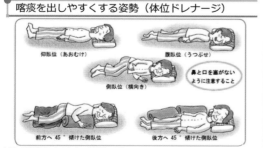

仰臥位（あおむけ）　腹臥位（うつぶせ）
側臥位（横向き）　鼻と口を塞がないように注意すること
前方へ45°傾けた側臥位　後方へ45°傾けた側臥位

出典）介護職員によるたんの吸引等の研修テキスト-平成27年改正版
（平成26年度セーフティネット支援対策等事業費補助金（社会福祉推進事業分）介護職員等によるたんの吸引等の研修テキストの見直しに関する調査研究事業、一般社団法人 全国訪問看護事業協会）125頁、2015年

スライド72 吸引により起こりうること

吸引により起こりうること

リスクマネジメントの意識を持つ

不快
痛い
- 吸引される方の苦痛
- 口腔内、鼻腔内、気道の損傷・・カテーテルの先に血液
- 低酸素状態・・・顔色不良、血中酸素飽和度の低下
  → 排痰促進法などを併用し、1回に十分な量の吸引ができるようにして吸引回数を減らすべき
- 不潔な操作による感染

出典）厚生労働省 平成24年度喀痰吸引等指導者講習事業「喀痰吸引等研修テキスト 第三号研修（特定の者対象）」、45頁、2012年を一部改変

吸引時間が長引くと低酸素の状態になります。ですから、皆さんは吸引される方の表情や顔色、パルスオキシメーターがあれば酸素飽和度の低下がないか、十分に注意しながら行う必要があります。

以上のように、吸引は多少なりとも対象者の苦痛を伴う行為であることをふまえ、排痰促進法などを用い、1回に十分な量の吸引ができるようにして、吸引回数を減らす努力が必要です。

また吸引は、口や鼻、気管の中にカテーテルという異物を直接入れる行為です。汚染した手や器具などを使用して吸引すれば、ばい菌を口や鼻、気管に入れることにもなってしまいます。ですから、清潔な手や器具、環境の中で行うことが何よりも重要です。

呼吸状態が悪化した時の対応のポイント（1） スライド73

ここでは、呼吸状態が悪化した時の対応のポイントを説明します。

呼吸の状態が悪くなった時には、あおむけ（仰臥位）のままにせず、横向き（側臥位）とし、必要に応じて、上気道を拡げるために下顎を前に出すようにします。その上で、喀痰が貯留している時には適切に吸引を行います。

呼吸状態が悪化した時の対応のポイント（2） スライド74

喉頭部の狭窄が強くなって呼吸が苦しくなる場合は、体を起こして、頸と顎をやや前に出し、喉頭部を拡げるというイメージで保持して、狭窄を緩和すると呼吸が改善しやすくなります。気管支喘息の場合にも体を起こした方が呼吸が楽になります。

しかし、嚥下障害が強い場合には、体を起こすと、唾液が喉頭にたまり、気管にも流れ込んで、かえって呼吸が苦しくなるので、注意が必要です。

その上で、必要に応じて、スライド74に示すような方法を組み合わせます。

基本原則と個別性への対応 スライド75

ここから、喀痰吸引の手技の説明に入っていきますが、その前に、基本的な考えとして、皆さんが行う喀痰吸引や経管栄養には、「基本原則に従った対応」と「個別性への対応」があることを知っ

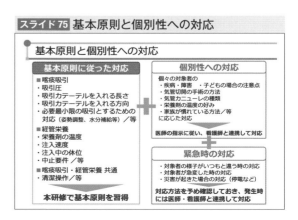

スライド74 呼吸状態が悪化した時の対応のポイント（2）

出典）文部科学省「特別支援学校における介護職員等によるたんの吸引等（特定の者対象）研修テキスト」、73頁、2012年を一部改変

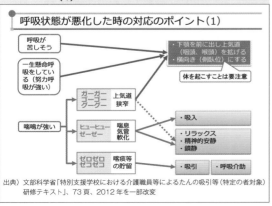

スライド73 呼吸状態が悪化した時の対応のポイント（1）

出典）文部科学省「特別支援学校における介護職員等によるたんの吸引等（特定の者対象）研修テキスト」、73頁、2012年を一部改変

ておいてください。

　基本原則とは、喀痰吸引であれば、吸引圧の上限や吸引カテーテルを入れる長さ、方向などについて、基本的なルールがあります。経管栄養に関しては、栄養剤の温度や注入速度、注入中の体位などです。基本研修では、まずはこの「基本原則に従った対応」をしっかり習得しましょう。

　しかし、実際に皆さんが現場で喀痰吸引等を実施する時には、「個別性への対応」が求められます。例えば、最近では、気管切開の手術の方法や気管カニューレの種類も多様化しており、個々の対象者に応じた手技を身に付ける必要があります。また、経管栄養では、対象者の好みや家族が慣れている方法に応じた対応が求められます。こうした「個別性への対応」については、介護職員等だけで判断するのではなく、医師の指示に従い、看護師と連携して対応するようにしましょう。皆さんが喀痰吸引や経管栄養を行う対象者の場合、どのような個別対応が必要になるのか、実地研修の段階で確認して習得しておく必要があります。

　また、「緊急時の対応」を心得ておくことも大切です。特に、在宅では、対象者が急変したり災害が起きた時でも、一人で対応しなくてはいけない場合があります。個々の対象者に対し、緊急時としてどのような場合が想定されるのか、またその際にどのように対応すべきかは、あらかじめ多職種や関係事業者間で決めておきましょう。実際に発生した場合には、医師や看護師と連携して対応しましょう。

　なお、介護職員等が対応できる範囲については、厚生労働省医政局より平成17年度に通知が出ています。参考資料に掲載されていますので参考にしていただき、現場では医師や看護師と相談しながら対応するようにしましょう。（**参考資料P153-154**）

4-3 喀痰吸引のコツと注意点

口腔内・鼻腔内吸引の注意点 スライド76

　ここからは、喀痰吸引のコツと注意点を説明していきます。

　まずは、口腔内・鼻腔内吸引の注意点です。

　第一の注意点は、適正な方向に挿入する、ということです。

　次に、吸引カテーテルを入れる長さについては、医師の指示を確認し、家族に確認しておきましょう。長さを間違えないようにするための工夫としては、カテーテルに印をつける、目盛がついたカテーテルを使う、規定の長さに切ったカラーテープを吸引器に貼っておくなどの方法があります。

　吸引圧の目安ですが、粘膜を損傷しないよう、20kPa（キロパスカル）以下にします。その吸引圧で十分に吸引できない場合は、医師に相談しましょう。

　加えて、感染予防のための清潔操作が必要です。実施前後には必ず手洗いをしましょう。

口腔内吸引のコツ（Tips）（1） スライド77

　次に、口腔内吸引のコツを説明します。

　口腔内では、奥歯とほおの内側の間、舌の上下面と周囲、前歯と唇の間に喀痰がたまりやすいの

スライド76 口腔内・鼻腔内吸引の注意点

口腔内・鼻腔内吸引の注意点

- 適正な方向に挿入する、無理をしない
  - ✓ 吸引カテーテルを上に向けて入れない
  - ✓ 狭い方の鼻からは無理に吸引しない
  - ✓ 進入しにくい時（抵抗を感じる時）には無理に入れない
- 吸引カテーテルを入れる長さを適正にする
  - ✓ 各対象者について、何cmまで吸引カテーテルを挿入して良いか、主治医の指示の確認、家族への確認・取り決めをしておく。
- 適正な吸引圧
  - ✓ 目安は20kPa（15cmHg）をこえないように
  - ✓ 圧をかけるのを徐々に行う
- 清潔操作
  - ✓ 実施前の手洗い
  - ✓ 非滅菌のビニール手袋を装着する（毎回、廃棄）
  - ✓ 実施後に手洗い
- 食べたり、注入した後に、すぐ吸引するのは極力避ける

出典：文部科学省「特別支援学校における介護職員等によるたんの吸引等（特定の者対象）研修テキスト」、106頁、2012年を一部改変

で、これらを中心に確認し、喀痰があれば吸引します。

　十分に開口できない人の場合、片手で唇を開いたり、場合によっては、バイトブロックを歯の間に咬ませて、口腔内吸引を行う場合もあります。

口腔内吸引のコツ（Tips）（2）　スライド78

　皆さんには、咽頭内の吸引は許可されていませんが、口腔の奥にある壁である咽頭の壁を強く吸引カテーテルで刺激すると、「ゲエッ」という嘔吐反射が誘発されます。したがって、食後間もない時は、この部位を刺激しないように、やさしく吸引してください。

鼻腔の構造　スライド79

　続いて、鼻腔内吸引のコツを説明します。

　鼻腔内を吸引する前に、鼻腔内の構造、特に真ん中に鼻中隔という隔壁があり、左右の鼻腔には、上、中、下の３つの鼻甲介というヒダが垂れ下がっていることをイメージしましょう。

　もし吸引カテーテルを挿入してみて、カテーテルがなかなか入って行かないようであれば、無理をせず、反対側の鼻腔から吸引を行います。左右の鼻腔は、奥でつながっているからです。

鼻腔内吸引の場合のコツ（1）　スライド80

　鼻腔粘膜はデリケートで出血しやすいため、吸引カテーテル先端を、鼻腔に適切な長さまで挿入するまでは、吸引カテーテルを操作する手と反対

スライド77　口腔内吸引のコツ（Tips）（1）

口腔内吸引のコツ（Tips）（1）

奥歯とほおの内側の間

上唇／口蓋／舌／下唇

舌の上下面、周囲

前歯と唇の間

十分に開口できない人の場合片手で唇を開いたり、場合によっては、バイトブロックを歯の間に咬ませて、口腔内吸引をする。

出典）厚生労働省　平成24年度喀痰吸引等指導者講習事業「喀痰吸引等研修テキスト第三号研修（特定の者対象）」、50頁、2012年

スライド78　口腔内吸引のコツ（Tips）（2）

口腔内吸引のコツ（Tips）（2）

嘔吐反射の誘発

「ゲエッ」

咽頭の壁を強く刺激すると、嘔吐反射が誘発される。食後間もない時はやさしく吸引する。

出典）厚生労働省　平成24年度喀痰吸引等指導者講習事業「喀痰吸引等研修テキスト第三号研修（特定の者対象）」、50頁、2012年

スライド79　鼻腔の構造

鼻腔の構造

鼻腔の構造をイメージしましょう

鼻中隔　　鼻甲介

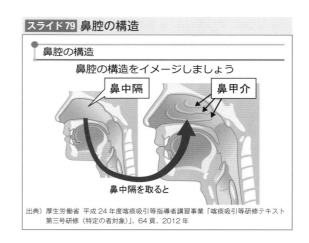

鼻中隔を取ると

出典）厚生労働省　平成24年度喀痰吸引等指導者講習事業「喀痰吸引等研修テキスト第三号研修（特定の者対象）」、64頁、2012年

スライド80　鼻腔内吸引の場合のコツ（1）

鼻腔内吸引の場合のコツ（1）

鼻腔内吸引では、カテーテル先端を鼻孔に、最初だけ、やや上向きに入れる

最初だけ、やや上向きに挿入

陰圧をかけないで

吸引カテーテルを操作する手と反対の手で、吸引カテーテルの根本（接続部）を押さえて、陰圧（吸引圧）をかけないようにして、挿入するのが基本。手前に喀痰がある場合は、初めから、吸引圧がかかるようにカテーテル接続部を折り曲げず、挿入していく方法でも良い。この方が、鼻腔内の喀痰が吸引しやすい場合もある。

出典）厚生労働省　平成24年度喀痰吸引等指導者講習事業「喀痰吸引等研修テキスト第三号研修（特定の者対象）」、64頁、2012年を一部改変

の手で、吸引カテーテルの根元を押さえ、陰圧を
かけないようにします。

　ただし、手前に喀痰がある場合は、初めから陰
圧がかかるようにカテーテル接続部を折り曲げ
ず、挿入していく方法もよいでしょう。この方が、
鼻腔内の喀痰が吸引しやすい場合もあります。

　手で直接吸引カテーテルを操作する場合は、ペ
ンを持つように持って、まず吸引カテーテル先端
を鼻孔から約 0.5cm は、やや上向きに入れます。
セッシで吸引カテーテルを操作する場合も同様で
す。

鼻腔内吸引の場合のコツ（2）　スライド 81

　次に吸引カテーテルを下向きに変え、鼻腔の底
を這わせるように深部まで挿入します。

　上向きのままで挿入すると、挿入できなくなっ
たり、鼻腔の天井にあたったりして、対象者が痛
がる原因となります。もし片方の鼻孔からの挿入
が困難な場合、反対の鼻孔から挿入してください、
鼻腔は奥で左右がつながっています。

　吸引カテーテルは、医師から指示を受けた長さ
まで挿入します。

鼻腔内吸引の場合のコツ（3）　スライド 82

　奥まで挿入できたら、はじめて反対の手での折
り曲げを緩め、陰圧をかけられるようにします。

　折り曲げを急に解除すると、瞬間的に高い吸引

圧がかかり粘膜を損傷する可能性が高くなるた
め、2〜3秒時間をかけて、折り曲げていた部分
を緩めます。

　そして、ゆっくりと吸引カテーテルを引き出し
ます。この時、手で操作する場合は、こよりをよ
るように、カテーテルを左右に回転させながら吸
引すると吸引効率がよいでしょう。

挿入した吸引カテーテルの行き先と
リスク　スライド 83

　吸引にあたっては、吸引カテーテルの経路と行
き先を想定しながら行うことが重要です。

　吸引カテーテルを鼻から入れた場合は、カテー
テルは後鼻腔から咽頭に入ります。この過程で鼻
粘膜、アデノイドなどの損傷、出血を生ずること
があります。咽頭では吸引カテーテルの刺激によ

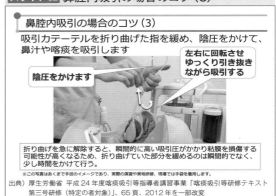

スライド 82　鼻腔内吸引の場合のコツ（3）

鼻腔内吸引の場合のコツ（3）
吸引カテーテルを折り曲げた指を緩め、陰圧をかけて、
鼻汁や喀痰を吸引します

陰圧をかけます　　**左右に回転させ
ゆっくり引き抜き
ながら吸引する**

折り曲げを急に解除すると、瞬間的に高い吸引圧がかかり粘膜を損傷する
可能性が高くなるため、折り曲げていた部分を緩めるのは瞬間的でなく、
少し時間をかけて行う。
※この写真はあくまで手技のイメージであり、実際の演習や実地研修、現場では手袋を着用します。

出典）厚生労働省　平成 24 年度喀痰吸引等指導者講習事業「喀痰吸引等研修テキスト
　　　第三号研修（特定の者対象）」、65 頁、2012 年を一部改変

スライド 81　鼻腔内吸引の場合のコツ（2）

鼻腔内吸引の場合のコツ（2）
次にカテーテルを下向きに
変え、底を這わせるように
深部まで挿入

**下向きにし、
底を這わすように**

入りにくい場合は無理せ
ずに、反対側の鼻孔から
入れる

出典）厚生労働省　平成 24 年度喀痰吸引等指導者講習事業「喀痰吸引等研修テキスト
　　　第三号研修（特定の者対象）」、65 頁、2012 年を一部改変

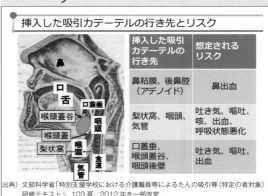

スライド 83　挿入した吸引カテーテルの行き先とリス
ク

挿入した吸引カテーテルの行き先とリスク

	挿入した吸引カテーテルの行き先	想定されるリスク
鼻　口　舌　口蓋垂　喉頭蓋谷　喉頭蓋　梨状窩　喉頭　咽頭　食道　気管	鼻粘膜、後鼻腔（アデノイド）	鼻出血
	梨状窩、咽頭、気管	吐き気、嘔吐、咳、出血、呼吸状態悪化
	口蓋垂、喉頭蓋谷、咽頭後壁	吐き気、嘔吐、出血

出典）文部科学省「特別支援学校における介護職員等によるたんの吸引等（特定の者対象）
　　　研修テキスト」、103 頁、2012 年を一部改変

り、吐き気、嘔吐、出血などが生じる可能性があります。

吸引カテーテルを口から入れた場合は、敏感な子どもでは口蓋垂や咽頭後壁の刺激による吐き気、嘔吐を、鼻からの吸引よりも生じやすいことがあります。

鼻からでも、口からでも、奥まで入れたカテーテルは、食道の入り口の両側にある梨状窩（りじょうか）にぶつかることが多く、その刺激で吐き気や嘔吐を生ずることがあります。鼻からでも、口からでも、吸引の刺激での嘔吐により、胃酸を含む胃液が嘔吐され、それが気管から肺に入ると重症の肺炎を生ずることがあります。

こうしたリスクには個人差がありますが、こうしたリスクがあるということを認識した上で吸引を行うことが重要です。**（参考資料 P149）**

気管カニューレ内吸引の注意点（1）
スライド84

続いて、気管カニューレ内吸引の注意点を説明します。

気管カニューレ内吸引を、有効かつ安全で苦痛が少なくなるように行うためには、吸引カテーテルを入れる長さをしっかり確認して守ることや、口腔内・鼻腔内吸引よりも徹底した清潔操作、無菌的操作が重要です。

また、口腔内・鼻腔内吸引と同様に、吸引圧の目安は、20kPa（キロパスカル）を超えないようにします。20kPa以下で十分に吸引できない場合は、医師に相談しましょう。

基本的な考え方として、喀痰が出やすい状態に調整し、その上で「必要最小限の対応」として吸引を行います。必要最小限の吸引を行うためには、水分の調整（喀痰の粘性）、ネブライザーの合理的使用などで喀痰がやわらかくなり出やすくなるような対応や姿勢の調節（体位ドレナージ）が重要です。また、呼気をしっかり介助することによって喀痰が気管支や気管下部から上がってくるようにすることが必要な場合もあります。

気管カニューレ内吸引の注意点（2）
スライド85

また、気管にたまっている分泌物は必ずしも肺の方から上がってくる喀痰だけではなく、のどから気管に下りていった（誤嚥された）唾液であることが多く、鼻汁のこともあります。その場合は、気管切開部のカニューレ周囲から吹き出します。したがって、気管切開部からの吹き出しや吸引を最小限にするために、唾液の誤嚥への対策、鼻の分泌物への対策を合わせて行うことが重要です。

対象者が人工呼吸器を使用している場合は、そうでない場合と比べて配慮すべき事項が多くあります。吸引を実施する時には、人工呼吸器をはずしますので、迅速な手技が求められます。

また、吸引中の状態の観察や状態の変化によっては、アンビューバッグによる陽圧換気が必要な場合もあるなど、吸引の操作以外の手技や知識も重要です。

スライド84 気管カニューレ内吸引の注意点（1）

気管カニューレ内吸引の注意点（1）

- 吸引カテーテルを入れる長さをしっかり確認して守ることが重要
- 吸引圧の目安は20kPa（15cmHg）をこえないように
- 気管カニューレ内吸引は口腔内・鼻腔内吸引よりもしっかりとした清潔操作（無菌的操作）が必要。
- 基本的な考え方として喀痰が出やすい状態にしてあげてその上で必要最小限の対応として吸引を行う。カニューレ内部の吸引で済むように、喀痰がやわらかくなり出やすくなるような対応（水分の充分な摂取、ネブライザーの合理的使用など）、姿勢の調節が重要。呼気をしっかり介助することによって喀痰が気管支や気管下部から上がってくるようにしてあげることが必要な場合もかなりある。

出典）文部科学省「特別支援学校における介護職員等によるたんの吸引等（特定の者対象）研修テキスト」、117頁、2012年を一部改変

スライド85 気管カニューレ内吸引の注意点（2）

気管カニューレ内吸引の注意点（2）

- たまっている分泌物は必ずしも肺の方から上がってくる喀痰だけではなく、のどから気管に下りていった（誤嚥された）唾液であることが多く、鼻汁のこともある。
- したがって、気管カニューレ内吸引を最小限にできるようにするためには、唾液の誤嚥への対策、鼻の分泌物への対策（適切な鼻腔吸引、鼻分泌物を減少させる治療や鼻腔ケア）を合わせて行うことが重要。

出典）文部科学省「特別支援学校における介護職員等によるたんの吸引等（特定の者対象）研修テキスト」、117頁、2012年を一部改変

気管カニューレ内吸引の注意点（3）
スライド 86

介護職員等が吸引できる部位は、気管カニューレ内部と限定されています。

カニューレの先端を越えて奥まで吸引カテーテルを挿入しないように注意が必要です。

吸引カテーテルを入れすぎないようにするためには、まず、対象者が使用しているのと同じ種類とサイズの気管カニューレ（本人が使った古いカニューレ）に実際に吸引カテーテルを入れて、カニューレ入口から先端までの吸引カテーテルの入る長さを実測しておくことが必要です。そして、

・この長さにマジックインクなどで印を付けておく

・目盛り付のチューブを使用し、この長さを確認できるようにする

・この長さに切ったカラーテープを吸引器に貼っておき、それと合わせることで規定の長さを守る

などにより、適正な長さ（深さ）で吸引できるようにしておきます。

気管内の肉芽形成 スライド 87

気管カニューレを挿入している対象者は、気管切開孔周囲に肉芽といって、赤茶色の軟らかい組織が盛り上がってきますが、場合によっては吸引カテーテル先端で繰り返して、気管粘膜を刺激すると、気管粘膜にも肉芽を形成することもありま

す。したがって、吸引カテーテルの先端は気管カニューレ内部をこえたり、直接、気管粘膜にふれることがないようにしましょう。

サイドチューブがある場合 スライド 88

サイドチューブがある場合の気管カニューレ内吸引では、肺炎予防の目的で、サイドチューブからの吸引も行うことがあります。

サイドチューブからの吸引は、毎回行うものではありません。どのような時に行うべきか、またその際の吸引圧や時間、具体的な方法、注意点は、対象者によって違いますので、医師や看護師に相談するようにしましょう。

スライド 87 気管内の肉芽形成

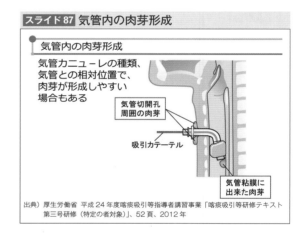

気管内の肉芽形成

気管カニューレの種類、気管との相対位置で、肉芽が形成しやすい場合もある

気管切開孔周囲の肉芽

吸引カテーテル

気管粘膜に出来た肉芽

出典）厚生労働省 平成24年度喀痰吸引等指導者講習事業「喀痰吸引等研修テキスト 第三号研修（特定の者対象）」、52頁、2012年

スライド 86 気管カニューレ内吸引の注意点（3）

気管カニューレ内吸引の注意点（3）

同じ種類と長さの気管カニューレ（本人に使った古いカニューレ）に吸引カテーテルを入れて、カニューレ入口から先端までの吸引カテーテルの入る長さを実測

吸引部位 気管カニューレ内

①この長さにマジックインクなどで印を付けておく
②目盛り付のチューブを使用しこの長さを確認できるようにする
③この長さに切ったカラーテープを吸引器に貼っておき、それと合わせることで規定の長さを守る等により、適正な長さ（深さ）で吸引できるようにする

介護職員等が吸引できる部位は、気管カニューレ内部と限定

出典）文部科学省「特別支援学校における介護職員等によるたんの吸引等（特定の者対象）研修テキスト」、119頁、2012年を一部改変

スライド 88 サイドチューブがある場合

サイドチューブがある場合

サイドチューブがある場合は、必要に応じて、サイドチューブからの吸引も行う。

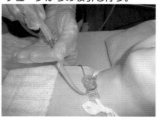

出典）厚生労働省 平成24年度喀痰吸引等指導者講習事業「喀痰吸引等研修テキスト 第三号研修（特定の者対象）」、52頁、2012年を一部改変

子どもの吸引について スライド89

　子どもに対し、喀痰吸引を行う場合の留意点を説明します。

　子どもでも、本人の気持ちを尊重し協力を得ることが大事です。吸引の必要性を理解できず、嫌がって泣いたり、頭や手を動かして抵抗する場合には、話しかけながら、他の人にも手伝ってもらって、頭や手が動かないように支えてもらいながら、安全に吸引が行えるようにしましょう。

　カテーテルを入れる長さは体格により違ってくるので、医師・看護師に確認して、決められた長さで行います。気管カニューレは、カフなしの短いものが入っていることが多く、個々に決められた長さまでを確認して吸引を行います。カニューレが抜けないように注意が必要です。

　できるだけ短時間で（長くても10秒で）済ませるようにします。鼻の分泌物や喀痰が短時間では取り切れなくても、一旦やめて、間隔をあけて、また吸引します。泣いている状態のままで、吸引を続けることは避けるようにします。

4-4 喀痰吸引の物品・手順

吸引をする前に スライド90

　ここからは、喀痰吸引に必要な物品と手順を説明していきます。

　先ほどの説明のように、吸引は、口や鼻、気管の中に吸引カテーテルを入れる行為です。清潔な手や器具、環境の中で行うことが何よりも重要です。

　吸引をするベッド周囲に汚いものがあると、吸引に使う物品に接触して汚くなってしまうおそれがあります。そのため、吸引をする前に、ベッド周囲の環境を整理整頓しておきましょう。

　また、手洗いは、訪問時に、「流水と石けん」による手洗いを行いますが、その後、吸引する前にもう一度、「流水と石けん」もしくは速乾性擦式手指消毒剤で手を洗います。

　吸引する前には、必ず対象者に声をかけて、同意を得ます。吸引は本人の苦痛を伴うものですから、同意を得た上で行わなくてはなりません。

　体位（姿勢）ですが、吸引カテーテルが入りやすく効果的に吸引できるよう、必要に応じて整えます。頭の高さを変えるときは、急激に上げたり下げたりするのではなく、対象者に伝え、ゆっくり位置をかえるようにします。

　人工呼吸器を使用している対象者の気管カ

スライド89 子どもの吸引について

子どもの吸引について

- 子どもでも、本人の気持ちを尊重し協力を得ることが大事。吸引の必要性を理解できず、嫌がって泣いたり、頭や手を動かして抵抗する場合には、話しかけながら、他の人にも手伝ってもらって、頭や手が動かないように支えてもらいながら、安全に吸引が行えるようにする。
- カテーテルを入れる長さは体格により違ってくるので、医師・看護師に確認して、決められた長さで行う。気管カニューレは、カフなしの短いものが入っていることが多く、個々に決められた長さまでを確認して吸引を行う。カニューレが抜けないように注意が必要。
- できるだけ短時間で（長くても10秒で）済ませるようにし、取りきれなくても、一旦やめて、間隔をあけて行う。泣いている状態のままで、吸引を続けることは避ける。

出典）厚生労働省 平成24年度喀痰吸引等指導者講習事業「喀痰吸引等研修テキスト 第三号研修（特定の者対象）」、53頁、2012年を一部改変

スライド90 吸引をする前に

吸引をする前に

- 感染防止
　ベッド周囲の環境の整理整頓、施行者の手洗い

- 対象者に吸引の意思を確認する

- 体位の調整

- 分泌物の汚染を防ぐためにタオルをかけるなど

- 吸引圧に関する知識

出典）厚生労働省 平成24年度喀痰吸引等指導者講習事業「喀痰吸引等研修テキスト 第三号研修（特定の者対象）」、58頁、2012年を一部改変

ニューレ内吸引では、呼吸器のコネクターをはず
した際にたまっていた分泌物が飛び出すことがあ
るので、対象者の服が汚れないように、また、は
ずしたコネクターを清潔に保持するために、タオ
ルなどを用意しておくとよいでしょう。

吸引器で吸引する陰圧の調整は、原則として家
族や医療職がすることになっています。スイッチ
を入れた状態で、接続管の一部を折ると、圧がメー
ター表示でされます。通常、口腔内・鼻腔内吸引・
気管カニューレ内吸引は、20kPa（キロパスカル）
以下が適切です。吸引圧は、毎回調整する必要は
ありませんが、時々圧を確認してください。

吸引器 スライド91

ここでは、喀痰吸引に必要な物品を説明してい
きます。

まずは吸引器です。掃除機のような仕組みで、
陰圧をかけて喀痰を吸い出します。

様々な形がありますが、在宅用の吸引器は比較
的コンパクトな形になっています。移動用、携帯
用の小型吸引器は家庭用電源とともに、短時間充
電式の内部バッテリーでも使えるようになってい
ます。最近は、震災などにそなえて、電気を必要
としない足踏み式、手動式の吸引器も備えておく
よう推奨されています。

吸引器は、吸引カテーテルに接続する吸引
チューブ、吸引した分泌物をためる吸引びん、本
体のつくりになっています。

吸引カテーテルと接続管 スライド92

次は吸引カテーテルです。口腔・鼻腔内や、気
管カニューレ内部に入れて吸引を行う管を、吸引
カテーテルと呼びます。また、この吸引カテーテ
ルと吸引器を結ぶ太い管のことを、接続管と呼び
ます。

吸引カテーテルを再使用する場合の
管理方法 スライド93

対象者の多くは、吸引カテーテルを使い捨てに
せず再使用しています。再使用する場合に、吸引
カテーテルを管理する方法には、主に、乾燥法と
薬液浸漬法があります。

乾燥法は、吸引カテーテルを洗浄した後、乾燥
させて保管する方法、薬液浸漬法は消毒液に漬け
て保管する方法です。薬液浸漬法の場合は、毎回、

スライド92 吸引カテーテルと接続管

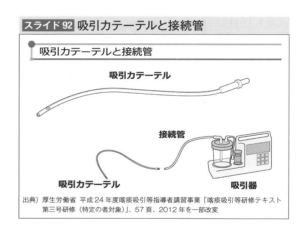

出典）厚生労働省 平成24年度喀痰吸引等指導者講習事業「喀痰吸引等研修テキスト
第三号研修（特定の者対象）」、57頁、2012年を一部改変

スライド93 吸引カテーテルを再使用する場合の
管理方法

吸引カテーテルを再使用する場合の管理方法

乾燥法（ドライ保管法）:
吸引カテーテルを洗浄した後、乾燥させて（吸引カテー
テル内に水滴がない状態で）保管する方法。消毒した瓶
など、清潔な蓋付き容器を使用する。

薬液浸漬法（やくえきしんしほう）:
吸引カテーテルを洗浄した後、消毒液に漬けて保管する
方法。毎回、アルコール綿で外側を消毒するか、洗浄水
等でしっかり洗浄する。

清潔、不潔を常に意識しながら、それぞれの対象者の方法
を身に付けるようにしてください。

出典）厚生労働省 平成24年度喀痰吸引等指導者講習事業「喀痰吸引等研修テキスト
第三号研修（特定の者対象）」、60頁、2012年を一部改変

スライド91 吸引器

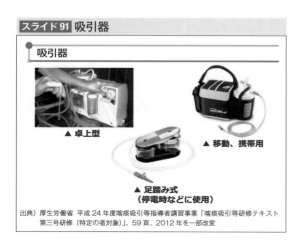

▲ 卓上型
▲ 移動、携帯用
▲ 足踏み式
（停電時などに使用）

出典）厚生労働省 平成24年度喀痰吸引等指導者講習事業「喀痰吸引等研修テキスト
第三号研修（特定の者対象）」、59頁、2012年を一部改変

アルコール綿で吸引カテーテルの外側を消毒するか、洗浄水等でしっかり洗浄します。

　吸引カテーテルの保管方法は対象者によって違います。皆さんは、清潔、不潔を常に意識しながら、それぞれの対象者の方法を身につけるようにしてください。

　第Ⅱ章では、口腔内と鼻腔内の吸引については、在宅で行われていることの多い乾燥法の手順を説明します。また、気管カニューレ内吸引では、吸引カテーテルの使い捨てが推奨されていますので、単回使用の方法を説明します。しかし在宅ではコストなどの問題もあり、気管カニューレ内吸引も乾燥法で行っている場合がありますので、その場合の手順も説明していきます。

実習に必要な物品（1） スライド94

　喀痰吸引の演習に必要な物品としては、テーブル、椅子、吸引器、電源からの延長コードや電源タップ、12Fr（フレンチ）程度の細めの吸引カテーテル、紙コップ、ペットボトル水、速乾性擦式手指消毒剤、アルコール綿（もしくは拭き綿）、使い捨て手袋、模擬喀痰吸引訓練用人形、サイドチューブ付き気管カニューレ、人工呼吸器回路につなぐフレキシブルチューブなど、が挙げられます。

　この写真は、口腔内・鼻腔内吸引を乾燥法で、気管カニューレ内吸引を単回使用で行う場合に必要な物品です。口腔内・鼻腔内吸引については、吸引カテーテルを保管する容器、気管カニューレ

内吸引については新しい吸引カテーテルを用意します。

実習に必要な物品（2） スライド95

　この写真は、口腔内・鼻腔内吸引、気管カニューレ内吸引をすべて乾燥法で行う場合に必要な物品です。口腔内・鼻腔内吸引、気管カニューレ内吸引については、吸引カテーテルを保管する容器が必要になります。

　なお、喀痰吸引の演習を行うのに、吸引訓練用人形が手に入らない場合には、右上に示したように、ペットボトル上部に穴を開け、気管カニューレを挿入して、ヒモで固定したものを代用してもよいでしょう。

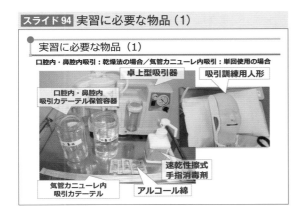

スライド94 実習に必要な物品（1）

実習に必要な物品（1）

口腔内・鼻腔内吸引：乾燥法の場合／気管カニューレ内吸引：単回使用の場合

卓上型吸引器　吸引訓練用人形　口腔内・鼻腔内吸引カテーテル保管容器　速乾性擦式手指消毒剤　気管カニューレ内吸引カテーテル　アルコール綿

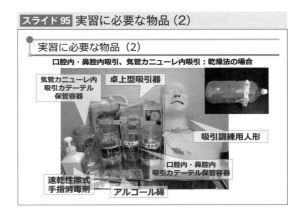

スライド95 実習に必要な物品（2）

実習に必要な物品（2）

口腔内・鼻腔内吸引、気管カニューレ内吸引：乾燥法の場合

気管カニューレ内吸引カテーテル保管容器　卓上型吸引器　吸引訓練用人形　口腔内・鼻腔内吸引カテーテル保管容器　速乾性擦式手指消毒剤　アルコール綿

演習の手順
―口腔内・鼻腔内吸引

基本研修で行う演習の手順を示す スライドショーを見ます スライド96

　それではここから、基本研修の演習で行う喀痰吸引の手順を説明します。

　皆さんはDVDまたはスライドショーをご覧ください。その後で皆さんに演習をしていただくことになります。

　なお、ここで示す手順は、喀痰吸引の基本的な手順の一例です。実際の基本研修の演習では、各受講者が喀痰吸引を行う予定の対象者のおかれている状況を踏まえ、それに応じた手順で演習を行ってください。

　例えば、在宅においては、高額な医療用物品の適切な範囲での倹約も必要であり、手袋を片方のみ装着する場合などもあります。そのほか、アルコール綿などの使用量についても同様です。

　後ほど説明する経管栄養の演習の手順も、同様に、基本的な手順の一例となっています。

　※　解説文中に記載されているDVD・スライドショーについては、三菱UFJリサーチ＆コンサルティング株式会社「介護職員による喀痰吸引等のテキスト等の作成に係る調査研究」（https://www.murc.jp/sp/1509/houkatsu/houkatsu_07.html）中の「喀痰吸引等研修テキ

スト第三号研修（特定の者対象）PPTスライド」「喀痰吸引等研修テキスト第三号研修（特定の者対象）研修動画」をご参照ください（2019年12月4日）。

口腔内・鼻腔内の吸引の手順 （乾燥法の場合） スライド97

　それでは、口腔内・鼻腔内の吸引の手順を説明します。ここでは、乾燥法で、吸引カテーテルを再使用する場合の手順を説明します。

スライド96 基本研修で行う演習の手順を示すスライドショーを見ます

基本研修で行う演習の手順を示す
スライドショーを見ます
（約30分）

スライド97 口腔内・鼻腔内の吸引の手順（乾燥法の場合）

口腔内・鼻腔内の吸引の手順
（乾燥法の場合）

実施準備

「流水と石けん」による手洗い、指示書の確認、体調の確認　スライド 98

まず、実施準備を行います。

訪問時に、流水と石けんで手洗いを行います。これは、皆さんが、外から細菌などを持ち込まないためと、感染配慮のためです。速乾性擦式手指消毒剤での手洗いも可能ですが、流水で洗える環境にある場合は流水で洗うほうを優先させます。

また、医師の指示書を確認しておきます。さらに、対象者本人や家族、対象者についての前回の記録から、体調を確認します。

ここまでは、ケアの前に済ませておきます。

スライド 98 実施準備：「流水と石けん」による手洗い、指示書の確認、体調の確認

実施準備：「流水と石けん」による手洗い、指示書の確認、体調の確認

○訪問時、「流水と石けん」による手洗いを済ませておく

○医師の指示書を確認する

○対象者本人・家族もしくは記録にて、体調を確認する

ここまでは、ケアの前に済ませておきます

出典）厚生労働省　平成24年度喀痰吸引等指導者講習事業「喀痰吸引等研修テキスト第三号研修（特定の者対象）」、89頁、2012年を一部改変

手順 1

対象者の同意を得る　スライド 99

対象者に対し、「痰がゴロゴロいっているので、吸引してもよろしいでしょうか」などと説明し、対象者の同意を得ます。

スライド 99 手順①対象者の同意を得る

手順①対象者の同意を得る

○吸引の必要性を説明し、対象者の同意を得る。

出典）厚生労働省　平成24年度喀痰吸引等指導者講習事業「喀痰吸引等研修テキスト第三号研修（特定の者対象）」、90頁、2012年を一部改変

手順 2

環境を整え、口腔内・鼻腔内を観察する　スライド 100

吸引の環境を整えます。また、効果的に喀痰を吸引できる体位に調整します。

口腔内吸引の場合は、口の周囲と口腔内、鼻腔内吸引の場合は鼻の周囲と鼻腔内を観察し、喀痰の貯留、出血、腫れ、乾燥などを確認します。

スライド 100 手順②環境を整え、口腔内・鼻腔内を観察する

手順②環境を整え、口腔内・鼻腔内を観察する

○吸引の環境を整える。

○効果的に喀痰を吸引できる体位に調整する。

○口の周囲、口腔内／鼻の周囲・鼻腔内を観察し、喀痰の貯留、出血、腫れ、乾燥などを確認する。

手順3
手洗い、使い捨て手袋をする スライド101

両手を洗います。流水と石けんによる手洗い、あるいは、速乾性擦式手指消毒剤による手洗いをします。

その後、使い捨て手袋をします。場合によってはセッシを持ちます。

なお、手袋は、両手にする場合と、利き手（吸引カテーテルを持つ方の手）のみにする場合があります。

スライド101 手順③ 手洗い、使い捨て手袋をする

● 手順③ 手洗い、使い捨て手袋をする

○流水と石けんによる手洗い、あるいは、速乾性擦式手指消毒剤による手洗いをする。

○使い捨て手袋をする。場合によっては、セッシを持つ。

出典）厚生労働省 平成24年度喀痰吸引等指導者講習事業「喀痰吸引等研修テキスト 第三号研修（特定の者対象）」、61頁、2012年を一部改変

手順4
吸引カテーテルを取り出し、接続する
スライド102

非利き手で吸引カテーテルを保管容器から取り出します。

非利き手から、利き手で吸引カテーテルの接続部を持ちます。このとき、カテーテル先端には触らず、また先端を周囲のものにぶつけて不潔にならないよう十分注意します。

吸引カテーテルを吸引器に接続した接続管につなげます。この時に、両手が触れないように注意が必要です。

なお、利き手のみに手袋をする場合は、同様の手順で吸引カテーテルを取り出すか、利き手で直接、清潔に吸引カテーテルを取り出します。

スライド102 手順④ 吸引カテーテルを取り出し、接続する

● 手順④吸引カテーテルを取り出し、接続する

○非利き手で吸引カテーテルを保管容器から取り出す。

○非利き手から、利き手で吸引カテーテルの接続部を持つ。

○清潔に接続する。

出典）厚生労働省 平成24年度喀痰吸引等指導者講習事業「喀痰吸引等研修テキスト 第三号研修（特定の者対象）」、61頁、2012年を一部改変

手順5
吸引器のスイッチを入れる スライド103

吸引カテーテルを直接手で操作する場合は、先端から約10cmくらいの所を、親指、人差し指、中指の3本でペンを持つように握ります。

その状態で、カテーテル先端を周囲のものに触れさせないようにしながら、反対の手、すなわち非利き手で吸引器のスイッチを押します。

スライド103 手順⑤ 吸引器のスイッチを入れる

● 手順⑤吸引器のスイッチを入れる

○非利き手で、吸引器のスイッチを押す。

出典）厚生労働省 平成24年度喀痰吸引等指導者講習事業「喀痰吸引等研修テキスト 第三号研修（特定の者対象）」、62頁、2012年を一部改変

手順6
吸引圧を確認する スライド104

　非利き手の親指で吸引カテーテルの根元を塞ぎ、吸引圧が、20kPa（キロパスカル）以下であることを確認します。この間も、カテーテル先端が周囲のものに絶対に触れないように注意します。

　なお、吸引を数回にわけて行うことがありますが、吸引圧の確認は毎回の吸引毎に行う必要はありません。

スライド104 手順⑥吸引圧を確認する

手順⑥吸引圧を確認する

○非利き手の親指で吸引カテーテルの根元を塞ぎ、吸引圧が、20 kPa 以下であることを確認する。それ以上の場合、圧調整ツマミで調整する。

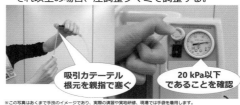

吸引カテーテル
根元を親指で塞ぐ

20 kPa以下
であることを確認

※この写真はあくまで手技のイメージであり、実際の演習や実地研修、現場では手袋を着用します。

出典）厚生労働省 平成24年度喀痰吸引等指導者講習事業「喀痰吸引等研修テキスト　第三号研修（特定の者対象）」、62頁、2012年を一部改変

手順7
吸引カテーテルを洗浄する スライド105

　吸引カテーテルと接続管の内腔を洗浄水等で洗い流し、吸引カテーテルの先端の水をよく切ります。

スライド105 手順⑦吸引カテーテルを洗浄する

手順⑦吸引カテーテルを洗浄する

○吸引カテーテルと接続管の内腔を洗浄水等で洗い流す。
○吸引カテーテルの先端の水をよく切る。

出典）厚生労働省 平成24年度喀痰吸引等指導者講習事業「喀痰吸引等研修テキスト　第三号研修（特定の者対象）」、63頁、2012年を一部改変

手順8
吸引開始の声かけをする スライド106

　吸引の前に、「○○さん、今から口・鼻の中の吸引をしてもよろしいですか」と、必ず声をかけ、対象者の同意を得ます。

　たとえ、対象者が返事をできない場合や、意識障害がある場合でも同様にしてください。

※口腔内吸引と鼻腔内吸引は、必ずセットで行うものではありません。

スライド106 手順⑧吸引開始の声かけをする

手順⑧吸引開始の声かけをする

○「今から吸引してもよろしいですか？」と声をかける。

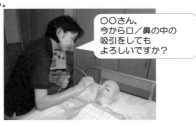

○○さん、
今から口／鼻の中の
吸引をしても
よろしいですか？

出典）厚生労働省 平成24年度喀痰吸引等指導者講習事業「喀痰吸引等研修テキスト　第三号研修（特定の者対象）」、62・64頁、2012年を一部改変

手順 9-1
口腔内を吸引する スライド107

　奥歯とほおの内側の間、舌の上下面と周囲、前歯と唇の間のうち、喀痰があるところを吸引します。

　十分に開口できない人の場合、片手で唇を開いたり、場合によっては、バイトブロックを歯の間に咬ませて、口腔内吸引を行う場合もあります。

　無理に口を開けようとすると、反射的に強く口を閉じたり、挿入した吸引カテーテルを強く噛む場合もあるので、リラックスさせて筋肉の緊張が緩むのを待つ配慮も必要です。

口腔内吸引の注意点 スライド108

　この時、咽頭後壁を強く刺激すると、嘔吐反射が誘発されるので、特に食後間もない時などは、強く刺激しないように、注意して行いましょう。

手順 9-2
鼻腔内を吸引する スライド109

　吸引カテーテルを操作する手とは反対の手で吸引カテーテルの根元を折り曲げ、まだ陰圧が吸引カテーテルにかからないようにします。この状態で、吸引カテーテルを鼻腔内の奥に入れます。

　奥まで挿入できたら、吸引カテーテルの根元を折り曲げた反対側の指を緩め、吸引カテーテルに陰圧をかけ、ゆっくり引き抜きながら喀痰を吸引します。この時、カテーテルをもった3本の指でこよりをよるように、左右にカテーテルを回しながらゆっくり引き抜きます。

スライド107 手順⑨口腔内を吸引する

手順⑨口腔内を吸引する

口腔内吸引の場所

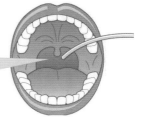

- 奥歯とほおの内側の間
- 舌の上下面、周囲
- 前歯と唇の間

十分に開口できない人の場合、片手で唇を開いたり、場合によっては、バイトブロックを歯の間に咬ませて、口腔内を吸引する。

出典）厚生労働省 平成24年度喀痰吸引等指導者講習事業「喀痰吸引等研修テキスト 第三号研修（特定の者対象）」、63頁、2012年を一部改変

スライド108 口腔内吸引の注意点

口腔内吸引の注意点

「ゲェッ！」

咽頭後壁を強く刺激すると、咽頭反射から嘔吐反射が誘発される

出典）厚生労働省 平成24年度喀痰吸引等指導者講習事業「喀痰吸引等研修テキスト 第三号研修（特定の者対象）」、63頁、2012年を一部改変

スライド109 手順⑨鼻腔内を吸引する

手順⑨鼻腔内を吸引する

○吸引カテーテルを陰圧をかけない状態で鼻腔内の奥に入れる。
○吸引カテーテルを折り曲げた指を緩め、陰圧をかけて、喀痰を吸引する。

吸引しながらゆっくり引き出す

※この写真はあくまで手技のイメージであり、実際の演習や実地研修、現場では手袋を着用します。

出典）厚生労働省 平成24年度喀痰吸引等指導者講習事業「喀痰吸引等研修テキスト 第三号研修（特定の者対象）」、65頁、2012年を一部改変

鼻腔内へのカテーテル挿入のポイント
スライド 110

　鼻腔内にカテーテルを挿入する時は、吸引カテーテルに陰圧をかけない状態で、まずカテーテル先端を鼻孔からやや上向きに数 cm 入れます。

　その後、すぐにカテーテルを上向きから下向きに変え、底を這わせるように深部まで挿入します。このように、方向を変えることと、カテーテルをイメージした顔の正中方向に進めることがコツです。

　カテーテルを上方向のまま進めると、鼻甲介や鼻腔の天井部に当たって、対象者が痛みを訴えたり、吸引そのものができなくなります。慣れないと、カテーテルは数 cm しか入りませんが、うまく入ると、8〜10cm 程度挿入できます。奥まで挿入できたら、吸引カテーテルに陰圧をかけ、ゆっくり引き抜きながら鼻汁や喀痰を吸引します。

手順 10
確認の声かけをする　スライド 111

　吸引が終わったら、対象者に声をかけ、吸引が十分であったかどうか、再度吸引が必要かどうかを確認します。

手順 11
吸引カテーテルを洗浄する　スライド 112

　吸引が終わったら、吸引カテーテルの外側をアルコール綿（もしくは、拭き綿）で拭きとり、次に吸引カテーテルと接続管の内腔を、洗浄水等で洗い流します。

スライド 110　鼻腔内へのカテーテル挿入のポイント

鼻腔内へのカテーテル挿入のポイント

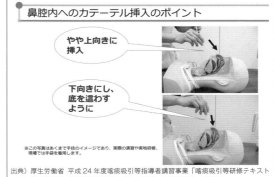

やや上向きに挿入

下向きにし、底を這わすように

※この写真はあくまで手技のイメージであり、実際の演習や実地研修、現場では手袋を着用します。

出典）厚生労働省 平成 24 年度喀痰吸引等指導者講習事業「喀痰吸引等研修テキスト 第三号研修（特定の者対象）」、64・65 頁、2012 年を一部改変

スライド 111　手順⑩確認の声かけをする

手順⑩確認の声かけをする

○対象者に、吸引が終わったことを告げ、喀痰がとり切れたかを確認する。

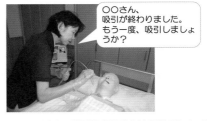

○○さん、吸引が終わりました。もう一度、吸引しましょうか？

出典）厚生労働省 平成 24 年度喀痰吸引等指導者講習事業「喀痰吸引等研修テキスト 第三号研修（特定の者対象）」、65 頁、2012 年を一部改変

スライド 112　手順⑪吸引カテーテルを洗浄する

手順⑪吸引カテーテルを洗浄する

○吸引カテーテルの外側を、アルコール綿で先端に向かって拭きとる。

○吸引カテーテルと接続管の内腔を洗浄水等で洗い流す。

出典）厚生労働省 平成 24 年度喀痰吸引等指導者講習事業「喀痰吸引等研修テキスト 第三号研修（特定の者対象）」、66 頁、2012 年を一部改変

手順 12
吸引器のスイッチを切る スライド113

　吸引カテーテルを持つ手とは反対の手、すなわち非利き手で、吸引器の電源スイッチを切ります。

スライド113 手順⑫吸引器のスイッチを切る

手順⑫吸引器のスイッチを切る

○非利き手で、吸引器のスイッチを切る。

出典）厚生労働省 平成24年度喀痰吸引等指導者講習事業「喀痰吸引等研修テキスト
　　　第三号研修（特定の者対象）」、66頁、2012年を一部改変

手順 13
吸引カテーテルを保管容器に戻す
スライド114

　吸引カテーテルを接続管からはずし、衛生的に保管容器に戻します。

スライド114 手順⑬吸引カテーテルを保管容器に戻す

手順⑬吸引カテーテルを保管容器に戻す

○吸引カテーテルを接続管からはずし、衛生的に
　保管容器に戻す。

手順 14
対象者への確認、体位・環境の調整
スライド115

　手袋をはずし、セッシを使用した場合は元に戻します。

　対象者に吸引が終わったことを告げ、喀痰がとり切れたかを確認します。

　その後、安楽な姿勢に整え、環境の調整を行います。

スライド115 手順⑭対象者への確認、体位・環境の調整

手順⑭対象者への確認、体位・環境の調整

○手袋をはずす。セッシを元に戻す。

○対象者に吸引が終わったことを告げ、喀痰がとり
　切れたかを確認する。

○体位や環境を整える。

手順 15
対象者を観察する スライド116

対象者の顔色、呼吸状態、吸引物の量や性状などを観察します。

経鼻経管栄養を行っている場合は、吸引後の口腔内に栄養チューブが出ていないかを確認します。

スライド116 手順⑮対象者を観察する

> 手順⑮対象者を観察する
>
> ○対象者の顔色、呼吸状態、吸引物の量や性状等を観察する。
>
> ○経鼻経管栄養を行っている場合、吸引後の口腔内に栄養チューブが出ていないか確認する。

手順 16
「流水と石けん」による手洗いをする
スライド117

ケア後の手洗いとして、流水と石けんで手洗いを行います。速乾性擦式手指消毒剤での手洗いも可能ですが、流水で洗える環境にある場合には流水で洗うほうを優先させます。

スライド117 手順⑯「流水と石けん」による手洗いをする

> 手順⑯「流水と石けん」による手洗いをする
> ○「流水と石けん」による手洗いをする。

出典）厚生労働省 平成24年度喀痰吸引等指導者講習事業「喀痰吸引等研修テキスト 第三号研修（特定の者対象）」、89頁、2012年を一部改変

報告、片付け、記録 スライド118

最後に、報告、片付け、記録 を行います。

指導看護師に対し、吸引の開始時間、吸引物の性状・量、吸引前後の対象者の状態などを報告します。ヒヤリ・ハット、アクシデントがあれば、あわせて報告します。

吸引びんの廃液量が70〜80％になる前に廃液を捨てます。

保管容器や洗浄水等は、適宜交換します。

実施記録を書きます。ヒヤリ・ハットがあれば、業務の後に記録します。

スライド118 報告、片付け、記録

> 報告、片付け、記録
>
> ○指導看護師に対し、吸引物、吸引前後の対象者の状態等を報告する。ヒヤリ・ハット、アクシデントがあれば、あわせて報告する。
>
> ○吸引びんの廃液量が70〜80％になる前に廃液を捨てる。
>
> ○保管容器や洗浄水等を、適宜交換する。
>
> ○実施記録を書く。ヒヤリ・ハットがあれば、業務の後に記録する。

<table>
<tr><td>4-6</td><td>

演習の手順
―気管カニューレ内吸引

</td></tr>
</table>

気管カニューレ内吸引の手順（単回使用の場合、乾燥法の場合） スライド119

　次は、気管カニューレ内吸引の手順です。ここでは、単回使用を基本としつつ、乾燥法で吸引カテーテルを再使用する場合の手順もあわせて説明します。

気管切開部の構造 スライド120

　まず、気管カニューレが、のどに開けられた気管切開部から、気管内に挿入されている状態をイメージしましょう。

スライド119 気管カニューレ内吸引の手順（単回使用の場合、乾燥法の場合）

気管カニューレ内吸引の手順
（単回使用の場合、乾燥法の場合）

　通常、気管カニューレ先端には、カフという柔らかい風船がついており、これを膨らませるためのチューブがついています。また最近は、このカフの上部にたまった分泌物を吸引することができるサイドチューブがついているものがよく使用されています。

　担当する対象者が使用している気管カニューレのタイプを、知っておくことが重要です。

気管カニューレの種類 スライド121

　気管カニューレの主な種類としては、ここに示すようなものがあります。

　①は、サイドチューブやカフエアチューブがついている気管カニューレです。

　②は、気管カニューレ内部に吸引カテーテルを挿入しなくてもよい内方吸引チューブが内蔵されている気管カニューレです。

　③はカフのついていない気管カニューレで、嚥下機能がよく、誤嚥の心配のない人が使用している場合があります。

　④はスピーチカニューレと呼ばれるもので、嚥下も良好で、言葉も出せる人が使用している場合があります。

　⑤は、気管切開孔の閉塞を防ぎ、気道を確保し、喀痰の吸引もできる「レティナ」と呼ばれる器具で、嚥下も言葉の機能も良好で、ただ空気の通り道を確保するために気管切開を行った人が装着している場合があります。

スライド120 気管切開部の構造

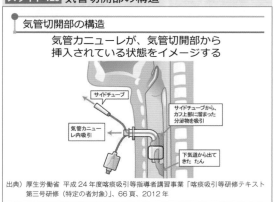

気管切開部の構造

気管カニューレが、気管切開部から
挿入されている状態をイメージする

出典）厚生労働省 平成24年度喀痰吸引等指導者講習事業「喀痰吸引等研修テキスト 第三号研修（特定の者対象）」、66頁、2012年

スライド121 気管カニューレの種類

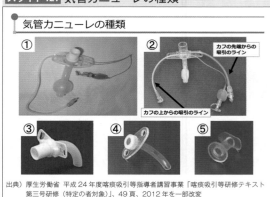

気管カニューレの種類

出典）厚生労働省 平成24年度喀痰吸引等指導者講習事業「喀痰吸引等研修テキスト 第三号研修（特定の者対象）」、49頁、2012年を一部改変

　対象者によって気管カニューレの種類は違います ので、実地研修の際は、実際に対象者が使用し ている気管カニューレでの手技を修得しましょう。

▌吸引する部位 スライド122

　皆さんに吸引していただく部位は、この気管カ ニューレ内部で、カニューレの先端から、カニュー レ内部に入ってきた喀痰を吸引します。

　なお、サイドチューブがついたタイプの気管カ ニューレでは、気管カニューレ内部の吸引の前後 で、サイドチューブからの吸引を行うことがあり ます。

スライド122 吸引する部位

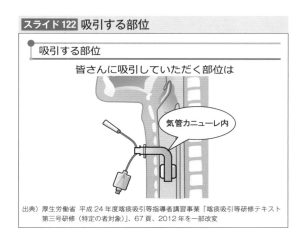

吸引する部位

皆さんに吸引していただく部位は

気管カニューレ内

出典）厚生労働省 平成24年度喀痰吸引等指導者講習事業「喀痰吸引等研修テキスト 第三号研修（特定の者対象）」、67頁、2012年を一部改変

実施準備
「流水と石けん」による手洗い、指示書の確認、体調の確認 スライド123

　まず、実施準備を行います。

　訪問時に、流水と石けんで手洗いを行います。これは、皆さんが、外から細菌などを持ち込まないためと、感染配慮のためです。速乾性擦式手指消毒剤での手洗いも可能ですが、流水で洗える環境にある場合には流水で洗うほうを優先させます。

　また、医師の指示書を確認しておきます。さらに、対象者本人や家族、対象者についての前回の記録から、体調を確認します。

　気管カニューレに人工鼻がついている場合は、はずしておくとよいでしょう。

　ここまでは、ケアの前に済ませておきます。

スライド123 実施準備：「流水と石けん」による手洗い、指示書の確認、体調の確認

実施準備：「流水と石けん」による手洗い、指示書の確認、体調の確認

○訪問時、「流水と石けん」による手洗いを済ませておく

○医師の指示書を確認する

○対象者本人・家族もしくは記録にて、体調を確認する

○気管カニューレに人工鼻がついている場合、はずしておく

ここまでは、ケアの前に済ませておきます

出典）厚生労働省 平成24年度喀痰吸引等指導者講習事業「喀痰吸引等研修テキスト 第三号研修（特定の者対象）」、89頁、2012年を一部改変

手順1
対象者の同意を得る スライド124

　対象者に対し、「痰がゴロゴロいっているので、吸引してもよろしいでしょうか」などと説明し、対象者の同意を得ます。

スライド124 手順①対象者の同意を得る

手順①対象者の同意を得る

○吸引の必要性を説明し、対象者の同意を得る。

出典）厚生労働省 平成24年度喀痰吸引等指導者講習事業「喀痰吸引等研修テキスト 第三号研修（特定の者対象）」、90頁、2012年を一部改変

手順2
環境を整え、気管カニューレ周囲を観察する スライド125

　吸引の環境を整えます。また、効果的に喀痰を吸引できる体位に調整します。

　気管カニューレの周囲の喀痰の吹き出し、皮膚の状態、固定のゆるみ、喀痰の貯留を示す呼吸音の有無などを観察します。

スライド125 手順②環境を整え、気管カニューレ周囲を観察する

手順②環境を整え、気管カニューレ周囲を観察する

○吸引の環境を整える。

○効果的に喀痰を吸引できる体位に調整する。

○気管カニューレの周囲、固定状態及び喀痰の貯留を示す呼吸音の有無を観察する。

手順3
手洗いをする　スライド126

両手を洗います。流水と石けんによる手洗い、あるいは、速乾性擦式手指消毒剤による手洗いをします。

スライド126 手順③手洗いをする

手順③手洗いをする

○流水と石けんによる手洗い、あるいは、速乾性擦式手指消毒剤による手洗いをする。

出典）厚生労働省 平成24年度喀痰吸引等指導者講習事業「喀痰吸引等研修テキスト 第三号研修（特定の者対象）」、89頁、2012年を一部改変

手順4〈単回使用の場合〉
吸引カテーテルを取り出す　スライド127

吸引カテーテルを不潔にならないように取り出します。清潔な使い捨て手袋をする前に、

1. 吸引カテーテルの包装紙を少し開き、
2. 不潔にならないように吸引台に置きます。
3. 清潔手順で使い捨て手袋をつけ、
4. 非利き手で2.の吸引カテーテルを持ちます。
5. 利き手で、清潔に吸引カテーテルを取り出します。

なお、利き手のみに手袋をする場合も、同様の手順となります。

スライド127 ＜単回使用＞手順④吸引カテーテルを取り出す

＜単回使用＞手順④吸引カテーテルを取り出す
○吸引カテーテルを不潔にならないように取り出す。

出典）厚生労働省 平成24年度喀痰吸引等指導者講習事業「喀痰吸引等研修テキスト 第三号研修（特定の者対象）」、67・68頁、2012年を一部改変

手順4〈乾燥法の場合〉
吸引カテーテルを取り出す　スライド128

まず、使い捨て手袋をします。場合によってはセッシを持ちます。

非利き手で吸引カテーテルを保管容器から取り出します。非利き手から、利き手で吸引カテーテルの接続部を持ちます。

気管カニューレ内吸引は、口腔内・鼻腔内吸引に比べて滅菌的な操作が求められるため、カテーテル先端には触らず、また先端を周囲のものにぶつけて不潔にならないよう十分注意します。

なお、利き手のみに手袋をする場合は、同様の手順で吸引カテーテルを取り出すか、利き手で直接、清潔に吸引カテーテルを取り出します。

スライド128 ＜乾燥法＞手順④吸引カテーテルを取り出す

＜乾燥法＞手順④吸引カテーテルを取り出す

○使い捨て手袋をする。場合によっては、セッシを持つ。

○非利き手で吸引カテーテルを保管容器から取り出す。

○非利き手から、利き手で吸引カテーテルの接続部を持つ。

出典）厚生労働省 平成24年度喀痰吸引等指導者講習事業「喀痰吸引等研修テキスト 第三号研修（特定の者対象）」、67・68頁、2012年を一部改変

手順5
吸引カテーテルを接続する スライド129

　吸引カテーテルを吸引器に接続した接続管につなげます。接続する際に、両手が接触しないように注意が必要です。

スライド129 手順⑤吸引カテーテルを接続する

　手順⑤吸引カテーテルを接続する

○吸引カテーテルを吸引器に接続した接続管につなげる。

出典）厚生労働省 平成24年度喀痰吸引等指導者講習事業「喀痰吸引等研修テキスト 第三号研修（特定の者対象）」、68頁、2012年を一部改変

手順6
吸引器のスイッチを入れる スライド130

　吸引カテーテルを直接手で操作する場合は、先端から約10cmくらいの所を、親指、人差し指、中指の3本でペンを持つように握ります。

　その状態で、カテーテル先端を周囲の物に触れさせないようにしながら、反対の手、すなわち非利き手で吸引器のスイッチを押します。

スライド130 手順⑥吸引器のスイッチを入れる

　手順⑥吸引器のスイッチを入れる

○非利き手で、吸引器のスイッチを押す。

出典）厚生労働省 平成24年度喀痰吸引等指導者講習事業「喀痰吸引等研修テキスト 第三号研修（特定の者対象）」、68頁、2012年を一部改変

手順7
吸引圧を確認する スライド131

　非利き手の親指で吸引カテーテルの根元を塞ぎ、吸引圧が、20kPa（キロパスカル）以下であることを確認します。

　この間も、カテーテル先端が周囲のものに絶対に触れないように注意します。

　なお、吸引を数回にわけて行うことがありますが、吸引圧の確認は毎回の吸引毎に行う必要はありません。

スライド131 手順⑦吸引圧を確認する

　手順⑦吸引圧を確認する

○非利き手の親指で吸引カテーテルの根元を塞ぎ、吸引圧が、20kPa以下であることを確認する。それ以上の場合、圧調整ツマミで調整する。

20kPa以下であることを確認

吸引カテーテル根元を親指で塞ぐ

※この写真はあくまで手技のイメージであり、実際の演習や実地研修、現場では手袋を着用します。

出典）厚生労働省 平成24年度喀痰吸引等指導者講習事業「喀痰吸引等研修テキスト 第三号研修（特定の者対象）」、69頁、2012年を一部改変

手順 8〈乾燥法の場合〉
吸引カテーテルを洗浄する スライド132

　吸引カテーテルと接続管の内腔を洗浄水等で洗い流し、吸引カテーテルの先端の水をよく切ります。

　その後、吸引カテーテルの外側を、アルコール綿で先端に向かって拭きとります。

　ただし、洗浄水等が、滅菌水や煮沸した水道水、蒸留水の場合は、アルコール綿で拭きとる手順は省くこともあります。

　なお、単回使用の場合は、手順8は必要ありません。

スライド132 **＜乾燥法の場合のみ＞手順⑧**

＜乾燥法の場合のみ＞手順⑧ ※単回使用の場合は手順⑨へ

○吸引カテーテルと接続管の内腔を洗浄水等で洗い流す。
○吸引カテーテルの先端の水をよく切る。

○吸引カテーテルの外側を、アルコール綿で先端に向かって拭きとる。

出典）厚生労働省 平成24年度喀痰吸引等指導者講習事業「喀痰吸引等研修テキスト　第三号研修（特定の者対象）」、63頁、2012年を一部改変

手順 9
吸引開始の声かけをする スライド133

　吸引の前に、「○○さん、今から気管カニューレ内部の吸引をしてもよろしいですか」と、必ず声をかけ、対象者の同意を得ます。

　たとえ、対象者が返事をできない場合や、意識障害がある場合でも同様にしてください。

スライド133 **手順⑨吸引開始の声かけをする**

手順⑨吸引開始の声かけをする

○「今から吸引してもよろしいですか？」と声をかける。

○○さん、今から気管カニューレ内部の吸引をしても、よろしいですか？

出典）厚生労働省 平成24年度喀痰吸引等指導者講習事業「喀痰吸引等研修テキスト　第三号研修（特定の者対象）」、69頁、2012年を一部改変

吸引カテーテル取扱いの注意点
スライド134

　気管カニューレ内吸引では、口腔内・鼻腔内吸引と異なり、無菌的な操作が要求されるので、滅菌された吸引カテーテルの先端約10cmの部位は、挿入前に他の器物に絶対に触れさせないように、注意してください。

スライド134 **吸引カテーテル取扱いの注意点**

吸引カテーテル取扱いの注意点

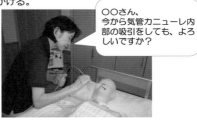

せっかく滅菌された吸引カテーテルの先端約10cmの部位は挿入前に、他の器物に絶対に触れさせない。

出典）厚生労働省 平成24年度喀痰吸引等指導者講習事業「喀痰吸引等研修テキスト　第三号研修（特定の者対象）」、69頁、2012年を一部改変

気管カニューレ内部を吸引する
スライド135

　初めから陰圧をかけて喀痰を引きながら挿入し、そのまま陰圧をかけて引き抜きながら吸引します。吸引カテーテルを引き抜く時、こよりをひねるように、左右に回転させたりしてもよいでしょう。

　1回の吸引時間は、10秒以内です。息苦しさは大丈夫かどうかなど、表情などを観察し、できるだけ短い時間で行いましょう。

吸引カテーテルの入れすぎに注意
スライド136

　吸引カテーテルを気管カニューレの先端を越えて深く挿入することは、絶対にさけてください。吸引カテーテルが深く入りすぎて、吸引カテーテルが気管の粘膜に接触すると、通常強い咳が誘発されます。

カニューレ内腔の長さを確認しておく
スライド137

　吸引カテーテルを入れすぎないようにするためには、吸引前に吸引カテーテルを気管カニューレに通してみて、カニューレ内腔の長さ（7～10cm程度）を確認しておくとよいでしょう。吸引の時、その長さだけ気管カニューレ内部に挿入すればよいわけです。

　対象者が使用している気管カニューレで確認しておくとよいでしょう。

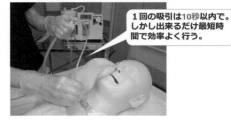

スライド135　手順⑩気管カニューレ内部を吸引する

手順⑩気管カニューレ内部を吸引する

○初めから陰圧をかけて喀痰を引きながら挿入し、そのまま陰圧をかけて引き抜きながら吸引する。

1回の吸引は10秒以内で。しかし出来るだけ最短時間で効率よく行う。

出典）厚生労働省 平成24年度喀痰吸引等指導者講習事業「喀痰吸引等研修テキスト第三号研修（特定の者対象）」、71頁、2012年を一部改変

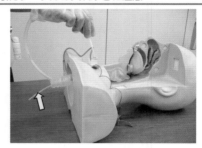

スライド136　吸引カテーテルの入れすぎに注意

吸引カテーテルの入れすぎに注意

出典）厚生労働省 平成24年度喀痰吸引等指導者講習事業「喀痰吸引等研修テキスト第三号研修（特定の者対象）」、71頁、2012年

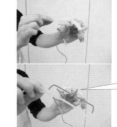

スライド137　カニューレ内腔の長さを確認しておく

カニューレ内腔の長さを確認しておく

○吸引カテーテルを気管カニューレに通してみて、カニューレ内腔の長さを確認しておく。

カニューレ内腔に相当する長さ

※この写真はあくまで手技のイメージであり、実際の演習や実地研修、現場では手袋を着用します。

出典）厚生労働省 平成24年度喀痰吸引等指導者講習事業「喀痰吸引等研修テキスト第三号研修（特定の者対象）」、67頁、2012年を一部改変

手順 11
確認の声かけをする スライド138

　吸引が終わったら、対象者に声をかけ、吸引が十分であったかどうか、再度吸引が必要かどうかを確認します。

スライド138 手順⑪確認の声かけをする

○手順⑪確認の声かけをする

○対象者に、吸引が終わったことを告げ、喀痰がとり切れたかを確認する。

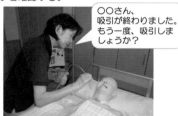

　○○さん、吸引が終わりました。もう一度、吸引しましょうか?

出典)厚生労働省 平成24年度喀痰吸引等指導者講習事業「喀痰吸引等研修テキスト第三号研修（特定の者対象）」、65頁、2012年を一部改変

手順 12
吸引カテーテルを洗浄する スライド139

　吸引が終わったら、吸引カテーテルの外側をアルコール綿（もしくは、拭き綿）で拭きとり、次に吸引カテーテルと接続管の内腔を、洗浄水等で洗い流します。

スライド139 手順⑫吸引カテーテルを洗浄する

○手順⑫吸引カテーテルを洗浄する

○吸引カテーテルの外側をアルコール綿で、先端に向かって拭きとる。

○吸引カテーテルと接続管の内腔を洗浄水等で洗い流す。

出典)厚生労働省 平成24年度喀痰吸引等指導者講習事業「喀痰吸引等研修テキスト第三号研修（特定の者対象）」、66頁、2012年を一部改変

手順 13
吸引器のスイッチを切る スライド140

　吸引カテーテルを持つ手とは反対の手、すなわち非利き手で、吸引器の電源スイッチを切ります。

スライド140 手順⑬吸引器のスイッチを切る

○手順⑬吸引器のスイッチを切る

○非利き手で、吸引器のスイッチを切る。

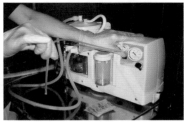

出典)厚生労働省 平成24年度喀痰吸引等指導者講習事業「喀痰吸引等研修テキスト第三号研修（特定の者対象）」、73頁、2012年を一部改変

手順 14 〈単回使用の場合〉
吸引カテーテルを破棄する スライド141

吸引カテーテルを接続管からはずし、破棄します。

なお、気管カニューレ内吸引の場合、吸引カテーテルは基本的には単回使用ですが、気管カニューレ内吸引後に、続けて口腔内もしくは鼻腔内の吸引を行う場合は、吸引カテーテルの周囲をアルコール綿で拭いて、口腔内や鼻腔内吸引に用いても構いません。ただし、その逆は絶対にしてはいけません。

スライド141 ＜単回使用＞手順⑭吸引カテーテルを破棄する

＜単回使用＞手順⑭吸引カテーテルを破棄する

○吸引カテーテルを接続管からはずし、破棄する

なお、気管カニューレ内吸引に使用した吸引カテーテルは、周囲をアルコール綿で拭いて、口腔内や鼻腔内吸引に用いても結構ですが、その逆は絶対にしないで下さい。

出典）厚生労働省 平成24年度喀痰吸引等指導者講習事業「喀痰吸引等研修テキスト 第三号研修（特定の者対象）」、72頁、2012年を一部改変

手順 14 〈乾燥法の場合〉
吸引カテーテルを保管容器に戻す
スライド142

吸引カテーテルを接続管からはずし、衛生的に保管容器に戻します。

スライド142 ＜乾燥法＞手順⑭吸引カテーテルを保管容器に戻す

＜乾燥法＞手順⑭吸引カテーテルを保管容器に戻す

○吸引カテーテルを接続管からはずし、衛生的に保管容器に戻す。

手順 15
対象者への確認、体位・環境の調整
スライド143

手袋をはずし、セッシを使用した場合は元に戻します。

対象者に吸引が終わったことを告げ、喀痰がとり切れたかを確認します。

その後、安楽な姿勢に整え、環境の調整を行います。

スライド143 手順⑮対象者への確認、体位・環境の調整

手順⑮対象者への確認、体位・環境の調整

○手袋をはずす。セッシを元に戻す。

○対象者に吸引が終わったことを告げ、喀痰がとり切れたかを確認する。

○体位や環境を整える。

手順 16
対象者を観察する スライド144

対象者の顔色、呼吸状態、吸引物の量や性状、気管カニューレ周囲の喀痰の吹き出し、皮膚の状態、固定のゆるみなどを観察します。

これ以降は、**口腔内・鼻腔内吸引の手順 16「『流水と石けん』による手洗いをする」以降**と同じです。（P101 参照）

スライド144 手順⑯対象者を観察する

手順⑯対象者を観察する

○対象者の顔色、呼吸状態、吸引物の量や性状、気管カニューレの周囲や固定状況等を観察する。

※これ以降は、口腔内・鼻腔内吸引の手順⑯「『流水と石けん』による手洗いをする」以降と同様

気管カニューレ内吸引（侵襲的人工呼吸器療法）の手順（単回使用の場合、乾燥法の場合）スライド145

　次は、侵襲的人工呼吸器療法を行っている対象者に対して行う気管カニューレ内吸引の手順です。ここでも、単回使用を基本としつつ、乾燥法で吸引カテーテルを再使用する場合の手順もあわせて説明します。

スライド145　気管カニューレ内吸引（侵襲的人工呼吸器療法）の手順（単回使用の場合、乾燥法の場合）

気管カニューレ内吸引
（侵襲的人工呼吸器療法）の手順
（単回使用の場合、乾燥法の場合）

気管切開での人工呼吸器の吸引のポイント スライド146

　気管切開での人工呼吸器を使用している対象者の場合、この写真のような状態になっています。

　したがって、気管カニューレ内吸引を行う場合、まずフレキシブルチューブのコネクターを気管カニューレからはずす必要があります。

スライド146　気管切開での人工呼吸器の吸引のポイント

気管切開での人工呼吸器の吸引のポイント

気管切開での人工呼吸器使用者の状態

フレキシブルチューブ　　コネクター　　気管カニューレ

出典）厚生労働省 平成24年度喀痰吸引等指導者講習事業「喀痰吸引等研修テキスト 第三号研修（特定の者対象）」、70頁、2012年を一部改変

フレキシブルチューブ スライド147

　人工呼吸器を使用している対象者の気管カニューレ内吸引の時に、気管カニューレからとりはずさなければならない人工呼吸器側の部品を、フレキシブルチューブと呼びます。フレックスチューブ、カテーテルマウントとも呼ばれている部品です。

　フレキシブルチューブの先端の気管カニューレとの接続部位をコネクターと呼びます。

スライド147　フレキシブルチューブ

フレキシブルチューブ

コネクター

フレックスチューブ、カテーテルマウントなどとも呼ばれている

出典）厚生労働省 平成24年度喀痰吸引等指導者講習事業「喀痰吸引等研修テキスト 第三号研修（特定の者対象）」、57頁、2012年を一部改変

実施準備
「流水と石けん」による手洗い、指示書の確認、体調の確認 スライド148

　まず、実施準備を行います。

　訪問時に、流水と石けんで手洗いを行います。これは、皆さんが、外から細菌などを持ち込まないためと、感染配慮のためです。速乾性擦式手指消毒剤での手洗いも可能ですが、流水で洗える環境にある場合には流水で洗うほうを優先させます。

　また、医師の指示書を確認しておきます。

　さらに、対象者本人や家族、対象者についての前回の記録から、体調を確認します。気管カニューレに固定ヒモが結んである場合はほどいておき、少しコネクターを緩めておいてもよいでしょう。

　ここまでは、ケアの前に済ませておきます。

手順1「対象者の同意を得る」～手順9「吸引開始の声かけをする」は、通常の気管カニューレ内吸引と同じ手順となります。（P104～P107参照）

手順10
コネクターをはずす スライド149

　人工呼吸器から空気が送り込まれ、胸が盛り上がるのを確認後、フレキシブルチューブのコネクターを気管カニューレからはずします。この時は、人工呼吸器の消音ボタンを押し、素早く利き手で吸引カテーテルを持った状態で、もう一方の手（非利き手）で、フレキシブルチューブ先端のコネクターをはずすことになります。

　そのため、場合によっては、あらかじめコネクターを少し緩めておいたり、コネクターを固定しているヒモをほどいておくなどの、吸引前の準備が必要です。

　また、コネクターをはずした時、フレキシブルチューブ内にたまった水滴が気管カニューレ内部に落ちないよう注意してください。はずしたコネクターは、きれいなタオルなどの上に置いておきます。

スライド148 実施準備：「流水と石けん」による手洗い、指示書の確認、体調の確認

> 実施準備：「流水と石けん」による手洗い、指示書の確認、体調の確認
>
> ○訪問時、流水と石けんによる手洗いを済ませておく
>
> ○医師の指示書を確認する
>
> ○対象者本人・家族もしくは記録にて、体調を確認する
>
> ○気管カニューレに固定ヒモが結んである場合はほどいておき、少しコネクターを緩めておいても良い。
>
> **ここまでは、ケアの前に済ませておきます**

出典）厚生労働省 平成24年度喀痰吸引等指導者講習事業「喀痰吸引等研修テキスト第三号研修（特定の者対象）」、89頁、2012年を一部改変

スライド149 手順⑩コネクターをはずす

> 手順⑩コネクターをはずす
>
> ※手順①「対象者の同意を得る」～⑨「吸引開始の声かけをする」は、気管カニューレ内吸引と同様。
>
> ○人工呼吸器から空気が送り込まれ、胸が盛り上がるのを確認後、フレキシブルチューブのコネクターを気管カニューレからはずす。

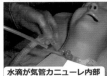

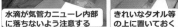

水滴が気管カニューレ内部に落ちないよう注意する　　きれいなタオル等の上に置いておく

出典）厚生労働省 平成24年度喀痰吸引等指導者講習事業「喀痰吸引等研修テキスト第三号研修（特定の者対象）」、70頁、2012年を一部改変

手順 11
気管カニューレ内部を吸引する
スライド150

通常の気管カニューレ内吸引と同様に、初めから陰圧をかけて喀痰を引きながら挿入し、そのまま陰圧をかけて引き抜きながら吸引します。

吸引カテーテルを引き抜く時、こよりをひねるように、左右に回転させたりしてもよいでしょう。

1回の吸引時間は、10秒以内です。息苦しさは大丈夫かどうかなど、表情などを観察し、できるだけ短い時間で行いましょう。

手順 12
コネクターを素早く接続する スライド151

吸引が終わったら、すぐに、気管カニューレにフレキシブルチューブ先端のコネクターを接続します。この時フレキシブルチューブ内にたまった水滴をはらい、気管カニューレ内部に落ちないよう注意してください。

そして、正しく接続できているか人工呼吸器の作動状況や状態の確認を行います。

手順 13
確認の声かけをする スライド152

吸引が終わったら、対象者に声をかけ、吸引が十分であったかどうか、再度吸引が必要かどうかを確認します。

スライド150 手順⑪気管カニューレ内部を吸引する

● 手順⑪気管カニューレ内部を吸引する

○ 1回の吸引は 10秒以内に、できるだけ短時間で、しかし、確実に効率よく吸引することを心がける。

> 1回の吸引は10秒以内で。しかし、できるだけ最短時間で効率よく行う。

出典）厚生労働省 平成24年度喀痰吸引等指導者講習事業「喀痰吸引等研修テキスト 第三号研修（特定の者対象）」、71頁、2012年を一部改変

スライド151 手順⑫コネクターを素早く接続する

● 手順⑫コネクターを素早く接続する

○吸引後、フレキシブルチューブ先端のコネクターを、すぐに気管カニューレに接続する。

重要

> この時フレキシブルチューブ内にたまった水滴をはらい、気管カニューレ内部に落ちないように注意する。

出典）厚生労働省 平成24年度喀痰吸引等指導者講習事業「喀痰吸引等研修テキスト 第三号研修（特定の者対象）」、72頁、2012年を一部改変

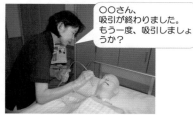

スライド152 手順⑬確認の声かけをする

● 手順⑬確認の声かけをする

○対象者に、吸引が終わったことを告げ、喀痰がとり切れたかを確認する。

> ○○さん、吸引が終わりました。もう一度、吸引しましょうか？

出典）厚生労働省 平成24年度喀痰吸引等指導者講習事業「喀痰吸引等研修テキスト 第三号研修（特定の者対象）」、65頁、2012年を一部改変

手順 14
吸引カテーテルを洗浄する スライド 153

　吸引が終わったら、吸引カテーテルの外側をアルコール綿（もしくは、拭き綿）で拭きとり、次に吸引カテーテルと接続管の内腔を、洗浄水等で洗い流します。

スライド 153 手順⑭吸引カテーテルを洗浄する

手順⑭吸引カテーテルを洗浄する

○吸引カテーテルの外側をアルコール綿で、先端に向かって拭きとる。

○吸引カテーテルと接続管の内腔を洗浄水等で洗い流す。

出典）厚生労働省 平成 24 年度喀痰吸引等指導者講習事業「喀痰吸引等研修テキスト　第三号研修（特定の者対象）」、72 頁、2012 年を一部改変

手順 15
吸引器のスイッチを切る スライド 154

　吸引カテーテルを持つ手とは反対の手、すなわち非利き手で、吸引器の電源スイッチを切ります。

スライド 154 手順⑮吸引器のスイッチを切る

手順⑮吸引器のスイッチを切る

○非利き手で、吸引器のスイッチを切る。

出典）厚生労働省 平成 24 年度喀痰吸引等指導者講習事業「喀痰吸引等研修テキスト　第三号研修（特定の者対象）」、73 頁、2012 年を一部改変

手順 16〈単回使用の場合〉
吸引カテーテルを破棄する スライド 155

　吸引カテーテルを接続管からはずし、破棄します。

スライド 155 ＜単回使用＞手順⑯吸引カテーテルを破棄する

＜単回使用＞手順⑯吸引カテーテルを破棄する

○吸引カテーテルを接続管からはずし、破棄する

出典）厚生労働省 平成 24 年度喀痰吸引等指導者講習事業「喀痰吸引等研修テキスト　第三号研修（特定の者対象）」、72 頁、2012 年を一部改変

手順16〈乾燥法の場合〉
吸引カテーテルを保管容器に戻す
スライド156

　吸引カテーテルを接続管からはずし、衛生的に保管容器に戻します。

スライド156 ＜乾燥法＞手順⑯吸引カテーテルを保管容器に戻す

＜乾燥法＞手順⑯吸引カテーテルを保管容器に戻す

○吸引カテーテルを接続管からはずし、衛生的に保管容器に戻す。

手順17
対象者への確認、体位・環境の調整
スライド157

　手袋をはずし、セッシを使用した場合は元に戻します。

　対象者に吸引が終わったことを告げ、喀痰がとり切れたかを確認します。

　人工呼吸器が正常に作動していること、気道内圧、酸素飽和度などをチェックします。

　その後、安楽な姿勢に整え、環境の調整を行います。

スライド157 手順⑰対象者への確認、体位・環境の調整

手順⑰対象者への確認、体位・環境の調整

○手袋をはずす。セッシを元に戻す。

○対象者に吸引が終わったことを告げ、喀痰がとり切れたかを確認する。

○人工呼吸器が正常に作動していること、気道内圧、酸素飽和度等をチェックする。

○体位や環境を整える。

手順18
対象者を観察する スライド158

　対象者の顔色、呼吸状態、吸引物の量や性状、気管カニューレ周囲の喀痰の吹き出し、皮膚の状態、固定のゆるみなどを観察します。

これ以降は、**口腔内・鼻腔内吸引の手順16「『流水と石けん』による手洗いをする」以降**と同じです。（P101 参照）

スライド158 手順⑱対象者を観察する

手順⑱対象者を観察する

○対象者の顔色、呼吸状態、吸引物の量や性状、気管カニューレの周囲や固定状況等を観察する。

※これ以降は、口腔内・鼻腔内吸引の手順⑯「『流水と石けん』による手洗いをする」以降と同様

気管カニューレ内吸引の手順の追加事項 スライド159

気管カニューレ内吸引の手順について、補足説明をします。

1回の吸引時間は、息をとめていられる10秒以内に終わるようにしますが、喀痰が多い場合など、一度で取り切れないときは、低酸素にならないよう一度呼吸器に接続し、空気が送り込まれ呼吸が整ってから、再度行うようにします。

一部の人工呼吸器使用者において、低酸素にならないように、吸引前後にアンビューバッグでの換気をしっかり行っている場合があるようですが、加圧が過度にならないよう注意してください。

いずれにせよ医療職の指導のもと、対象者に適した方法で行ってください。

吸引中に引ける吸引カテーテルの色や、吸引びんにたまった喀痰の量や性状、色を観察し、先に説明したような異常があれば、看護師や医師に連絡しましょう。

吸引後の片づけのポイント スライド160

吸引後の片づけのポイントを説明します。

片づけは、次回の使用がすぐにでき、対象者を待たせずに清潔にケアを行えるよう、きちんと行いましょう。消毒液や洗浄用の水の残量が少ないときには、つぎ足すのではなく、交換しておきましょう。アルコール綿なども補充しておきましょう。

吸引では、ベッド周囲をカテーテルの水滴や分泌物などで汚染しがちです。もう一度周囲を見て、これらのものを拭き取っておきましょう。

吸引された喀痰や消毒液、水は、吸引びんにたまります。上方までたまると、吸引器に逆流したり、吸引できなくなりますので、ある程度たまったら捨てるようにしましょう。捨てる場所は、在宅の場合トイレなどの下水道に流すのが一般的ですが、事前に確認しておきましょう。

スライド159　気管カニューレ内吸引の手順の追加事項

スライド160　吸引後の片づけのポイント

4-7 ヒヤリ・ハット、アクシデント

最後に、吸引をした後の確認報告についてです。

先に説明したように、吸引は対象者にとって必要なものですが、少なからず苦痛が伴います。方法に誤りがあると、対象者にさらなる苦痛と危険を及ぼしてしまうことにもなりかねません。吸引した後には、対象者の状態が変化していないかよく観察をし、「いつもと違う変化」があれば必ず、医療職に報告するようにしましょう。

事例1
ヒヤリ・ハット、アクシデントの実際①
スライド 161

ここでは、吸引の際に起こりがちなヒヤリ・ハットの事例を紹介します。吸引中に顔色が悪くなった事例です。パルスオキシメーターを着けている方では、酸素飽和度が下がっているような事例です。

低酸素になった状態ですが、この原因として
・吸引している時間が長引いた
・吸引圧を高くして吸引した
という報告がありました。

この際、吸引を中止して様子を観察したところ、ほどなく顔色がよくなり、表情も落ち着いたとしたら「ヒヤリ・ハット」として報告します。顔色が戻らず表情も苦しそうで回復しなかった場合は、低酸素状態に陥ったのですからアクシデントとして報告します。

事例2
ヒヤリ・ハット、アクシデントの実際②
スライド 162

次に、吸引中に嘔気（おうき）がみられた事例です。嘔気とは吐きそうになるような様子がみられた時です。原因として、
・吸引している時間が長引いた
・奥までカテーテルを入れすぎた
・食後、時間をおかずに吸引した
という報告がありました。

この際、吸引を中止して様子を観察したところ、嘔気がおさまり状態が安定したのであればヒヤリ・ハットとして報告します。顔色が悪くなり嘔吐したのであれば、アクシデントとして報告します。事実を報告することで、次のミスを防ぐ方策を考え対処することができます。いつもと違うことが起こったら必ず報告するようにしましょう。

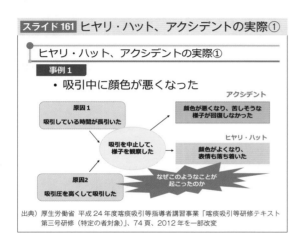

スライド 161 ヒヤリ・ハット、アクシデントの実際①

出典）厚生労働省 平成24年度喀痰吸引等指導者講習事業「喀痰吸引等研修テキスト 第三号研修（特定の者対象）」、74頁、2012年を一部改変

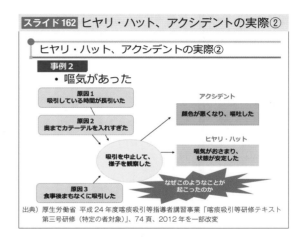

スライド 162 ヒヤリ・ハット、アクシデントの実際②

出典）厚生労働省 平成24年度喀痰吸引等指導者講習事業「喀痰吸引等研修テキスト 第三号研修（特定の者対象）」、74頁、2012年を一部改変

介護職員等が医療職に連絡をとる タイミング スライド163

吸引において、介護職員等が医療職に連絡をとるタイミングとしては、

- ・吸引をいくら行っても、喀痰が引ききれず、対象者が苦しい表情を呈している場合
- ・パルスオキシメーターで、なかなか酸素飽和度が90％以上にならない場合
- ・いつもと違う意識障害（表情がボーッとしている、呼びかけに反応がないなど）やチアノーゼ（口唇や爪が青紫色）がみられる場合
- ・吸引後、人工呼吸器回路をつけた時、いつもより気道内圧が高い状態が持続する場合
- ・介護職員等・家族ともに、いつもとは違う対象者の様子に不安を感じたとき

などが挙げられます。

緊急連絡先のベッドサイド表示 スライド164

まさかの緊急時にそなえて、在宅の場合は、訪問看護ステーション、主治医、専門医、人工呼吸器供給会社など、緊急連絡先の順序を決めて、対象者のベッドサイドや電話台のところにメモをおいておくことも重要です。分の単位で状態が悪化するようであれば、医師への連絡とともに救急搬送も要請します。

スライド163 介護職員等が医療職に連絡をとるタイミング

介護職員等が医療職に連絡をとるタイミング

- 吸引をいくら行っても、喀痰を引ききれず、対象者が苦しい表情を呈している場合。
- パルスオキシメーターで、なかなか酸素飽和度が90％以上にならない場合。
- いつもと違う意識障害やチアノーゼ（口唇や爪が青紫色）がみられる場合。
- 吸引後、人工呼吸器回路をつけた時、いつもより気道内圧が高い状態が持続する場合。
- 介護職員等・家族ともに、いつもとは違う対象者の様子に不安を感じたとき。

出典）厚生労働省 平成24年度喀痰吸引等指導者講習事業「喀痰吸引等研修テキスト 第三号研修（特定の者対象）」、74頁、2012年を一部改変

スライド164 緊急連絡先のベッドサイド表示

緊急連絡先のベッドサイド表示

緊急連絡先の順序を決めて、対象者のベッドサイドや電話台のところにメモをおいておく。

＜例＞

1⇒訪問看護ステーション（在宅の場合）

2⇒主治医あるいは専門医のいる病院、人工呼吸器供給会社の連絡先もメモしておく。

　また、気管切開での人工呼吸器使用者の場合、誰がアンビューバックを押しながら、誰が緊急連絡するのかの役割分担を決めておくことも必要です。分の単位で状態が悪化するようであれば、医師への連絡とともに救急搬送も要請します。

出典）厚生労働省 平成24年度喀痰吸引等指導者講習事業「喀痰吸引等研修テキスト 第三号研修（特定の者対象）」、75頁、2012年を一部改変

5 経管栄養

食と排泄（消化）について スライド165

最初に、食と排泄（消化）について、説明します。

人は生きていく上で、食べ物を消化し、その中の栄養成分や水分を吸収する必要があります。

また、その時、腸から病原細菌や毒素が、腸管の粘膜上皮に入ってくると、異物と認識されて抗体を産生して生体を防御するという"腸管免疫系"と呼ばれる大事な免疫機構も腸には存在しています。

食べ物の消化・吸収ができなくなると スライド166

このように大事な腸管の機能が障害されると、活動力が低下し、エネルギーが減少し、気力の低下、筋肉のやせ、筋力の低下、床ずれができやすくなる、神経の伝導障害、頭がぼんやりするなどの症状がみられます。

また、先ほど述べた免疫力の低下により、感染症にかかりやすくなります。

したがって、人は継続して腸管から消化吸収を行うことが、求められるわけです。

栄養補給の方法 スライド167

もし、何らかの原因で口から食事を摂取することができなくなったり、不十分になった場合には、消化管機能が障害されるため、食事の楽しみが奪われる結果となりますが、何らかの方法で栄養補給をする必要があります。

もし消化管機能自体が正常であれば、経管栄養を行うのが最良ですが、消化管の異常をきたしている場合には、末梢静脈や中心静脈から経静脈栄養を行わざるを得ません。

スライド166 食べ物の消化・吸収ができなくなると

食べ物の消化・吸収ができなくなると

● **活動力の低下**
　　　エネルギーが減少し、
　　　気力の低下
　　　筋肉のやせ、筋力の低下
　　　床ずれができやすくなる
　　　神経の伝導障害
　　　頭がぼんやりする

● **免疫力の低下**
　　　感染症にかかりやすい

出典）厚生労働省 平成24年度喀痰吸引等指導者講習事業「喀痰吸引等研修テキスト 第三号研修（特定の者対象）」、80頁、2012年

スライド165 食と排泄（消化）について

食と排泄（消化）について

● 食べ物を消化し、その中の栄養成分や水分を吸収する

● 腸から病原細菌や毒素が、腸管の粘膜上皮に入ってくると、異物と認識されて抗体を産生して生体を防御する"腸管免疫系"が働く。

出典）厚生労働省 平成24年度喀痰吸引等指導者講習事業「喀痰吸引等研修テキスト 第三号研修（特定の者対象）」、80頁、2012年

スライド167 栄養補給の方法

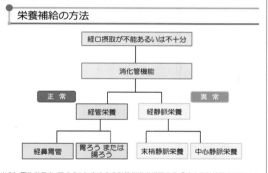

出典）厚生労働省 平成24年度喀痰吸引等指導者講習事業「喀痰吸引等研修テキスト 第三号研修（特定の者対象）」、80頁、2012年

経管栄養が可能な場合、鼻から食道を通って胃まで細い管を入れて、そこから栄養剤を入れる経鼻胃管からの経管栄養が、これまでは主流でしたが、最近は胃ろう、または、頻度は少ないのですが腸ろうといって、お腹の壁から胃あるいは腸を貫通する穴をつくって、そこから経管栄養を注入する方法も取られるようになってきています。

経管栄養法の利点 スライド168

繰り返しになりますが、消化管が正常ならば、経静脈栄養よりも経管栄養の方が、生理的で、また、多くの利点も持っています。

すなわち、経管栄養の方が、消化管の運動や消化液の分泌などの消化管機能を促進し、腸管免疫の賦活による全身免疫状態の改善にもつながるという利点です。

これによって、栄養状態を改善して、褥瘡の予防になったり、ひいては肺炎の予防にもなるのです。

経管栄養法の注意点 スライド169

経管栄養は、以上のような利点がありますが、注意する点もあります。特に、寝たきりで人工呼吸器を使用している対象者の場合、年齢や消費カロリーに応じた、適正な量と内容の栄養剤の注入が必要となります。

過量の栄養を与えると、肥満、高血糖から糖尿病、高脂血症、脂肪肝などの原因となり、あらた

な合併症を招くことがあります。

経管栄養法 スライド170

この図は、各種経管栄養で、どのように管が体の中に挿入されているかを示しています。

これ以外では、最近は首の付け根に穴を開け、食道から胃までチューブを入れる経皮経食道胃管術（PTEG）という方法もありますが、腹部に穴を開けて胃に管を入れる経皮内視鏡的胃ろう造設術（PEG）という方法の方が一般的です。しかし、胃をすでに切除した人や、重症心身障害児などの小児の場合、胃ろうをつくることが困難であり、経鼻胃管を多く使用しています。

いろいろな原因で、胃ろう造設ができない場合（胃を手術している、胃に進行癌がある、胃の変形が強い等）、腸ろうが造設されます。

腸ろうには、胃ろうの中を通すタイプと、ろう

スライド169 経管栄養法の注意点

経管栄養法の注意点

● 特に、寝たきりで人工呼吸器を使用している対象者の場合、年齢や消費カロリーに応じた、適正な量と内容の栄養剤の注入が必要となる。

　　肥満、高血糖から糖尿病、高脂血症、脂肪肝等の原因となる。

出典）厚生労働省 平成24年度喀痰吸引等指導者講習事業「喀痰吸引等研修テキスト 第三号研修（特定の者対象）」、81頁、2012年

スライド168 経管栄養法の利点

経管栄養法の利点

● 経静脈栄養に比べて、消化管の運動や消化液の分泌などの消化管機能を促進し、腸管免疫の賦活による全身免疫状態の改善にもつながるという利点がある。

→　栄養状態の改善
　　褥瘡（じょくそう：床ずれのこと）の予防
　　肺炎の予防

出典）厚生労働省 平成24年度喀痰吸引等指導者講習事業「喀痰吸引等研修テキスト 第三号研修（特定の者対象）」、81頁、2012年

スライド170 経管栄養法

経管栄養法

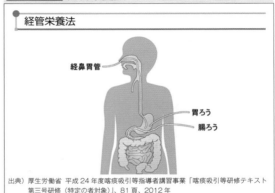

経鼻胃管

胃ろう
腸ろう

出典）厚生労働省 平成24年度喀痰吸引等指導者講習事業「喀痰吸引等研修テキスト 第三号研修（特定の者対象）」、81頁、2012年

孔に直接バルーン型の腸ろうチューブを入れる場合（スライド170参照）、外科的に直接腸ろうをつくる場合の3種類があります。腸ろうは胃ろうより細く長いチューブとなるので、詰まらないようにする管理が必要となります。

経管栄養が必要となる病態・病気
スライド171

経管栄養が必要になる病態や病気には、次のようなものが挙げられます。

すなわち、嚥下・摂食障害がある状態として、脳血管障害、認知症などで自発的に摂食できない場合、神経筋疾患で、嚥下・摂食困難または不能な場合、頭部、顔面外傷のための嚥下・摂食困難な場合、食道穿孔などです。

また摂食はできても、誤嚥性肺炎を繰り返す場合も必要となります。

さらに、クローン病などの炎症性腸疾患の場合にも、栄養状態の改善だけでなく、腸管の安静と食事からの刺激を取り除くことで腹痛や下痢などの症状の改善と消化管病変の改善などを目的として行われます。

経鼻胃管と胃ろうを介する経管栄養法の利点と欠点
スライド172

それでは、これまで長い間用いられてきた経鼻胃管による経管栄養法と、最近増加してきた胃ろうからの経管栄養法を比べて、それぞれの方法の利点と欠点を見てみましょう。

まず経鼻胃管は、挿入が簡便という利点がありますが、挿入状態での違和感があること、外見上、重篤感があること、鼻孔から胃まで挿入が困難な対象者もいること、1～2週間毎に交換が必要であること、管が胃ろうよりも細いので、栄養剤などが詰まりやすいこと、抜けやすく、抜けると誤嚥などの重大な事故につながりやすいことなどが挙げられます。

一方、胃ろうは、顔の外見がすっきりしていること、抜けにくいこと、胃ろうボタンやチューブの交換が4～5ヶ月毎でよいことなどが利点としてありますが、欠点として造設時、手術が必要なこと、合併症として皮膚のトラブルや腹膜炎などのリスクがあることなどがあります。

胃の位置と構造 **スライド173**

皆さんは、胃がおなかのどのあたりにあるかご存知ですか？　人によって若干異なりますが、通常みぞおちのあたりから、左上腹部のあたりにあります。

経鼻胃管は、この胃の内部まで挿入されていなければいけません。また、胃ろうは、通常胃の内径が一番大きい部分、胃の胃体部という所に腹壁から穴を開ける手術を胃カメラを用いて行います。したがって多くの方は、胃ろうは、おへその左上あたりにつくられていることが多いでしょう。

スライド171 経管栄養が必要となる病態・病気

経管栄養が必要となる病態・病気

- **嚥下・摂食障害**
  脳血管障害、認知症等で自発的に摂食できない
  神経筋疾患で、嚥下・摂食困難または不能
  頭部、顔面外傷のための嚥下・摂食困難
  食道穿孔　など
- **繰り返す誤嚥性肺炎**
  摂食できるが誤嚥を繰り返す
- **炎症性腸疾患**
  クローン病など
- **その他**

出典）厚生労働省 平成24年度喀痰吸引等指導者講習事業「喀痰吸引等研修テキスト 第三号研修（特定の者対象）」、82頁、2012年

スライド172 経鼻胃管と胃ろうを介する経管栄養法の利点と欠点

経鼻胃管と胃ろうを介する経管栄養法の利点と欠点

経鼻胃管
- ○挿入が簡便
- ●挿入状態での違和感がある
- ●外見上、重篤感がある
- ●鼻孔から胃まで挿入が困難な対象者もいる
- ●1～2週間毎交換が必要
- ●管が胃ろうよりも細いので、栄養剤等が詰まりやすい
- ●抜けやすく、抜けると重大な事故につながりやすい

胃ろう
- ○顔の外見がすっきりしている
- ○抜けにくい
- ○胃ろうボタンやチューブの交換が4～5ヶ月毎でよい
- ●造設時、手術が必要
- ●合併症（皮膚のトラブルや腹膜炎等）のリスク

出典）厚生労働省 平成24年度喀痰吸引等指導者講習事業「喀痰吸引等研修テキスト 第三号研修（特定の者対象）」、82頁、2012年

胃ろうとは スライド174

　胃ろうからの経管栄養では、まず腹部の外側から胃の内部に栄養を入れるための管を通す小さな穴をつくります。この穴を「ろう孔」といいます。

　時間がたつと、胃はこの「ろう孔」のところで腹壁の内側にぴったりくっついた状態となり、胃の穴からお腹の中に栄養剤が漏れていくことはありません。もし漏れるとお腹の中に細菌がばらまかれた状態になるので、腹膜炎を起こし、強い腹痛を起こします。

　いったん胃ろうが完成すれば、ぴったりくっついた胃は腹壁からはがれることはありません。

胃ろうカテーテルの種類 スライド175

　胃ろうカテーテルにはいくつかの種類がありま

す。体の外に見えている形状として、チューブが長くついているタイプを「チューブ型」、チューブがないタイプを「ボタン型」といいます。ボタン型の場合は、専用の接続チューブを介して栄養ラインをつなぎます。

　胃の中にある、チューブが抜け落ちないようについているストッパーの形状で、バルーンがついているタイプを「バルーンタイプ」、バルーンではないものを「バンパータイプ」といいます。

　バルーンの方がバンパーより抜けやすいといわれています。バルーンタイプは一般的に注射器で蒸留水を注入する注水口バルブがあります。注水する蒸留水の量が印字してあり、バルーン水は必ず注射用蒸留水を使用します。バルーン水は自然に抜けることが多いので、1～2週間に一度、看護師が入れ替えます。

　バルーンタイプとバンパータイプのチューブ交換の時期は、異なります。バルーンなら1～2ヶ月に一度、バンパーならおよそ4～6ヶ月に一度、医師が交換します。

　交換後すぐには、出血やチューブが抜けるなどのトラブルを起こすことがあります。交換後、出血が続くようであれば医師や看護師に相談しましょう。

スライド173 胃の位置と構造

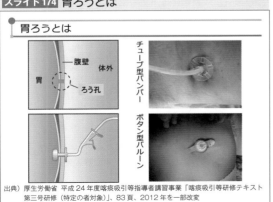

胃の位置と構造

食道／噴門／胃体上部／幽門／胃体中部／胃体部／胃体下部／幽門前庭部／十二指腸

出典）厚生労働省 平成24年度喀痰吸引等指導者講習事業「喀痰吸引等研修テキスト 第三号研修（特定の者対象）」、82頁、2012年

スライド174 胃ろうとは

胃ろうとは

腹壁／体外／胃／ろう孔／チューブ型バンパー／ボタン型バルーン

出典）厚生労働省 平成24年度喀痰吸引等指導者講習事業「喀痰吸引等研修テキスト 第三号研修（特定の者対象）」、83頁、2012年を一部改変

スライド175 胃ろうカテーテルの種類

胃ろうカテーテルの種類

ボタン型バンパー／チューブ型バンパー／ボタン型バルーン／チューブ型バルーン

出典）厚生労働省 平成24年度喀痰吸引等指導者講習事業「喀痰吸引等研修テキスト 第三号研修（特定の者対象）」、83頁、2012年

胃ろうの日常管理 スライド176

胃ろうの日常管理について説明します。

胃ろう周囲の皮膚の管理については、発赤や湿潤などの炎症所見がなければ処置は不要です。場合によっては、ティッシュをボタン周囲に巻き付けておく場合も見られます。

入浴については、胃ろう部に感染の徴候がなければ、そのまま入浴可能です。もし発赤などの感染徴候があれば、フィルムなどで保護して入ってください。

経口摂取をしていなくても、歯磨きなどの口腔ケアは必要です。1日3回歯ブラシやスポンジブラシを使って口腔内の汚れを除去します。同時に口腔粘膜も適当な圧をかけて清拭します。

経管栄養のリスク スライド177

私たちの身体は、口から咽頭までが1本の管で、その先の喉頭で食道と、肺へ空気を送る気管に分岐します。主に液状の栄養剤は胃にたまり、嘔吐や圧迫によって食道を逆流しやすくなります。

したがって、経管栄養を行っている対象者は、栄養剤が食道を逆流し気管に垂れこむことによって誤嚥性肺炎を起こしやすくなります。

栄養剤が食道を逆流しやすくなる理由として、高齢者は胃の入口である噴門がゆるんでしまうことや、食道裂孔ヘルニアといって、胃の上部が食道裂孔という穴から上の方へ飛び出すことによって、逆流防止機構が弱くなっていることが挙げら

れます。

また栄養剤を嘔吐しやすい原因として、①胃腸の蠕動運動が低下していたり、②胃の出口である幽門の狭窄があると、栄養剤が長時間胃の中に停滞したりガスがたまりやすいことが考えられます。

さらに、経鼻胃管の場合、管の先端が食道内まで抜けてしまっている場合などでは、栄養剤が逆流する危険性が高くなります。

気管に栄養剤が流れ込むと、通常強いむせ込みがおこります。

液体栄養剤と半固形栄養剤（1）スライド178

経管栄養剤は、液体か、ゼリー状の半固形状態になっているかの違いで、液体栄養剤と半固形栄養剤に分けられます。

多くの対象者は、液体栄養剤を使用しています

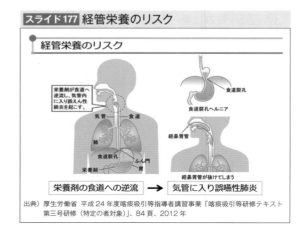

スライド177 経管栄養のリスク

出典）厚生労働省 平成24年度喀痰吸引等指導者講習事業「喀痰吸引等研修テキスト 第三号研修（特定の者対象）」、84頁、2012年

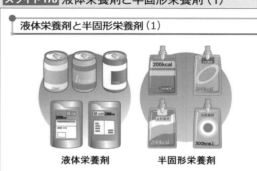

スライド178 液体栄養剤と半固形栄養剤（1）

液体栄養剤　　　半固形栄養剤

出典）厚生労働省 平成24年度喀痰吸引等指導者講習事業「喀痰吸引等研修テキスト 第三号研修（特定の者対象）」、84頁、2012年

スライド176 胃ろうの日常管理

胃ろうの日常管理

- **胃ろう周囲の皮膚**
  発赤や湿潤などの炎症所見がなければ処置不要

- **入浴**
  胃ろう部に感染の徴候がなければ、そのまま入浴
  発赤等の感染徴候があれば、フィルムなどで保護

- **口腔ケア**
  経口摂取をしていなくても、歯磨き等の口腔ケアは必要。1日3回歯ブラシ、スポンジブラシで

出典）厚生労働省 平成24年度喀痰吸引等指導者講習事業「喀痰吸引等研修テキスト 第三号研修（特定の者対象）」、84頁、2012年

が、誤嚥を起こしやすいなどの理由で、最近ではゼリー状の半固形栄養剤を用いる対象者も増えてきました。

液体栄養剤と半固形栄養剤（2）
スライド179

表に、液体栄養剤と半固形栄養剤の利点、欠点をまとめてみました。

液体栄養剤、半固形栄養剤ともに、医療保険の適応の栄養剤があり、対象者の経済的負担も軽くなっています。

半固形栄養剤は、消化吸収に関する生理的な面、安全面、下痢の有無、注入の簡便性、注入時間などで、いずれも液体栄養剤よりまさっています。

子どもの経管栄養の注意点（1）
スライド180

ここで、子どもの経管栄養の注意点について述

べます。

栄養剤の注入中に咳き込んだり、吸引したりすると、嘔吐して誤嚥の危険性があります。注入前は、排たんを十分に行い、呼吸状態を整えておく必要があります。

鼻腔から胃を経由して腸内まで通し、経管栄養を行うEDチューブからの注入は、注入ポンプで長時間にわたって行われるため、自由な移動や行動が制限されます。ケア時間を調整し、生活リズムを乱さないようにする必要があります。

もしチューブ挿入の際につけた印より、少しでも抜けている場合、嘔吐や逆流がおきる可能性が高いため、すぐに医療職に連絡し指示に従ってください。

子どもの経管栄養の注意点（2）
スライド181

ろう孔とろう孔周囲の皮膚を清潔に保つため、微温湯と石けんを使って洗浄が必要となります。

また、カテーテルが衣服で覆われて見えにくいため、誤って引っ張って抜けることがあります。その場合、直ちに医療職に連絡する必要があります。

胃ろうボタンの破損や逆流防止弁不良、身体の成長、腹式呼吸で腹壁とボタンとのずれが生じたり、泣いて腹圧が高まったり、だっこなどの体位でカテーテルが移動して栄養剤が漏れてくることもあるので、常に観察しておくことが重要です。

スライド179 液体栄養剤と半固形栄養剤（2）

液体栄養剤と半固形栄養剤（2）

栄養剤	液体栄養剤	半固形栄養剤
注入方法	通常間欠的注入方法	短時間注入法
生理的	○	◎
安全性	△	◎
誤嚥性肺炎	△	◎
スキントラブル	△	◎
下痢	△	◎
簡便性	○	◎
注入時間	○	◎
医療保険	医療保険適応	医療保険適応
経済的負担		

◎ とくに有利、 ○ 有利、 △ どちらともいえない

出典）厚生労働省 平成24年度喀痰吸引等指導者講習事業「喀痰吸引等研修テキスト 第三号研修（特定の者対象）」、85頁、2012年を一部改変

スライド180 子どもの経管栄養の注意点（1）

子どもの経管栄養の注意点（1）

- 栄養剤の注入中に咳き込んだり、吸引したりすると、嘔吐して誤嚥の危険がある。注入前は、排痰を十分に行い、呼吸状態を整えておく必要がある。
- 鼻腔から胃を経由して腸内まで通し、経管栄養を行うEDチューブからの注入は、注入ポンプで長時間にわたって行われるため、自由な移動や行動が制限される。
- ケア時間を調整し、生活リズムを乱さないようにする。
- チューブ挿入の際につけた印より、少しでも抜けている場合、すぐに医療職に連絡し指示に従う。

出典）厚生労働省 平成24年度喀痰吸引等指導者講習事業「喀痰吸引等研修テキスト 第三号研修（特定の者対象）」、85頁、2012年

スライド181 子どもの経管栄養の注意点（2）

子どもの経管栄養の注意点（2）

- ろう孔とろう孔周囲の皮膚を清潔に保つため、微温湯と石けんを使って洗浄が必要となる。
- カテーテルが衣服で覆われて見えにくいため、誤って引っ張って抜けることがある。抜けたら直ちに医療職に連絡する。
- 胃ろうボタンの破損や逆流防止弁の不良、身体の成長、腹式呼吸で腹壁とボタンとのずれが生じたり、泣いて腹圧が亢進したり、だっこなどの体位でカテーテルが移動して栄養剤がもれてくることがあるので観察が重要。

出典）厚生労働省 平成24年度喀痰吸引等指導者講習事業「喀痰吸引等研修テキスト 第三号研修（特定の者対象）」、85頁、2012年

経管栄養の必要物品（1） スライド182

ここであらためて、この研修内で使用する用語を、確認したいと思います。

半固形栄養剤を注入したり、白湯を直接胃ろうに注入するとき、通常の注射器よりも筒先が大きい注射器を使います。これをカテーテルチップ型シリンジと呼んでいます。

また、液体栄養剤の滴下速度を見ることができる経管栄養セットの途中についている部位を、滴下筒と呼びます。

また、滴下筒の滴下速度を調節する器具をクレンメと呼びます。ローラーを押し下げると、管が狭くなり、滴下速度が低下します。

経管栄養の必要物品（2） スライド183

左の図は、液体栄養剤注入用のセットです。経管栄養セットをつないだ注入用ボトル（バッグ）内に、液体栄養剤を入れ、高いところにつるして、速度を調節しながら注入します。

右は、半固形栄養剤を注入する時のセットです。半固形栄養剤用接続チューブを胃ろうボタンにつなげて、半固形栄養剤のバッグを両手で適切な圧で押しながら注入します。他にも、カテーテルチッ

プ型シリンジを用いて行う方法や、加圧バッグを使用する方法などがあります。

経管栄養の手順 スライド184

それでは、経管栄養の手順について説明します。

まず、経管栄養を準備する前に、今から経管栄養を入れてよいか、食事を開始してよいかを、対象者に確認します。

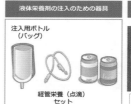

スライド183 経管栄養の必要物品（2）

経管栄養の必要物品（2）

液体栄養剤の注入のための器具	半固形栄養剤の注入のための器具
注入用ボトル（バッグ）／経管栄養（点滴）セット	アダプター／半固形栄養剤用接続チューブ／加圧バッグ

出典）厚生労働省 平成24年度喀痰吸引等指導者講習事業「喀痰吸引等研修テキスト 第三号研修（特定の者対象）」、86頁、2012年を一部改変

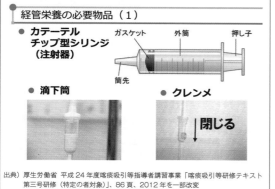

スライド182 経管栄養の必要物品（1）

経管栄養の必要物品（1）

● カテーテルチップ型シリンジ（注射器）
ガスケット　外筒　押し子　筒先

● 滴下筒　● クレンメ
閉じる

出典）厚生労働省 平成24年度喀痰吸引等指導者講習事業「喀痰吸引等研修テキスト 第三号研修（特定の者対象）」、86頁、2012年を一部改変

スライド184 経管栄養の手順

経管栄養の手順

経管栄養を用意する前に

経管栄養を入れて良いかを、まず確認しましょう

出典）厚生労働省 平成24年度喀痰吸引等指導者講習事業「喀痰吸引等研修テキスト 第三号研修（特定の者対象）」、86頁、2012年

経管栄養の中止要件 スライド185

経管栄養を中止する要件としては、

- ・もともと意識障害がある人を除いては、いつもとちがった意識障害がある場合
- ・対象者の通常体温以上の発熱、38度以上の発熱がある場合
- ・酸素飽和度の低下（パルスオキシメーターで90％以下など）がみられる場合

ただし、遷延性意識障害（せんえんせいいしきしょうがい）の対象者の場合、介護職員が行っている通常の体位変換で、喀痰が出やすくなり、改善する場合があります。他にも、

- ・普段より明らかな血圧の低下がみられる場合
- ・各種消化器症状（すなわち嘔吐、腹痛や腹部違和感、腹部の張り、水様便、黒色便、血便等）がみられる場合
- ・胃ろう部から、胃内容物が大量に漏れる場合
- ・対象者が、経管栄養の中止を希望する場合

などがあります。

いつもとは違う、これらの状態がみられる場合は、時間をおかず、いったん注入を中止し、対象者や家族、医療職に相談し、指示をうけてください。

スライド185 経管栄養の中止要件

経管栄養の中止要件

- もともと意識障害がある人を除いては、いつもとちがった意識障害がある場合
- 対象者の通常体温以上の発熱、38度以上の発熱
- 酸素飽和度の持続的な低下（パルスオキシメーターで90％以下）　ただし、遷延性意識障害の対象者の場合、体位変換や嘔吐を誘発しないような背中の軽打が有効との、現場の報告もある。
- 血圧の低下（医療職と中止の値の取り決めをする）
- 各種消化器症状（嘔吐、腹痛や腹部違和感、腹部の張り、水様便、黒色便、血便　等）
- 胃ろう部から、胃内容物が大量に漏れる
- 対象者が、経管栄養の中止を希望
- → 対象者、家族、医療職に相談する

出典）厚生労働省 平成24年度喀痰吸引等指導者講習事業「喀痰吸引等研修テキスト 第三号研修（特定の者対象）」、87頁、2012年

演習の手順―胃ろう（滴下型の液体栄養剤）

基本研修の演習で行う手順を示すスライドショーを見ます スライド186

　それではここから、実際に基本研修の演習で行う経管栄養の注入手順を説明します。

　皆さんは DVD またはスライドショーをご覧ください。その後で皆さんに演習をしていただくことになります。

　基本研修では、実際に対象者の胃ろうから注入する演習ができないため、これから説明するすべてのステップを演習することはできないでしょう。準備できる必要な物品や環境などを考慮し、適宜アレンジして行ってください。

　液体栄養剤（あるいは代用の粘度のある液体）を高いところにつるし、滴下速度を調整しながら注入する体験は、流し台や洗面器などに液体を流しながら行ってください。半固形栄養剤を準備できれば、実際に注入する感触を経験していただくのがよいですが、かわりに市販のゼリー飲料をカテーテルチップ型シリンジで注入することで代用してもよいでしょう。

※　解説文中に記載されている DVD・スライドショーについては、三菱 UFJ リサーチ＆コンサルティング株式会社「介護職員による喀痰吸引等のテキスト等の作成に係る調査研究」（https://www.murc.jp/sp/1509/houkatsu/houkatsu_07.html）中の「喀痰吸引等研修テキスト第三号研修（特定の者対象）PPT スライド」「喀痰吸引等研修テキスト第三号研修（特定の者対象）研修動画」をご参照ください（2019 年 12 月 4 日）。

胃ろうによる経管栄養の手順（滴下型の液体栄養剤の場合） スライド187

　それでは、胃ろうから滴下型の液体栄養剤を注入する場合の手順を説明します。

スライド186 基本研修の演習で行う手順を示すスライドショーを見ます

**基本研修の演習で行う手順を示す
スライドショーを見ます
（約30分）**

スライド187 胃ろうによる経管栄養の手順（滴下型の液体栄養剤の場合）

**胃ろうによる経管栄養の手順
（滴下型の液体栄養剤の場合）**

実施準備
「流水と石けん」による手洗い、指示書の確認、体調の確認 スライド188

まず、実施準備を行います。

訪問時に、流水と石けんで手洗いを行います。これは、皆さんが、外から細菌などを持ち込まないためと、感染配慮のためです。速乾性擦式手指消毒剤での手洗いも可能ですが、流水で洗える環境にある場合には流水で洗うほうを優先させます。

また、医師の指示書を確認しておきます。さらに、対象者本人や家族、前回の対象者についての記録から、体調を確認します。

対象者本人に対しては、いつもの状態と変わりがないか確認しましょう。腹痛などの腹部症状に関する訴えや38度以上の発熱、腹部の張り、連続した水様便、いつもと違う活気や元気のなさなどの有無について確認します。これらの症状がある時には、対象者、担当看護師、家族に相談します。また、意識のない対象者については、ご家族や医療職に注入してよいか、判断をあおぎます。

前回の記録からは、嘔気や嘔吐、下痢、熱、意識状態などを確認しておくとよいでしょう。ここまでは、ケアの前に済ませておきます。

手順1
注入の依頼を受ける／意思を確認する
スライド189

対象者本人から注入の依頼を受けるか、対象者の意思を確認します。

具体的には、「今から栄養剤を胃ろうから入れてもよいですか？」と尋ね、意思を確認します。

対象者が食事を拒否する場合や対象者の体調などによって、栄養剤の注入を中止・延期する場合には、水分をどうするかを対象者あるいは看護師に確認しましょう。

スライド188 実施準備：「流水と石けん」による手洗い、指示書の確認、体調の確認

実施準備：「流水と石けん」による手洗い、指示書の確認、体調の確認

○訪問時、「流水と石けん」による手洗いを済ませておく
○医師の指示書を確認する
○対象者本人・家族もしくは記録にて、体調を確認する

ここまでは、ケアの前に済ませておきます

出典）厚生労働省 平成24年度喀痰吸引等指導者講習事業「喀痰吸引等研修テキスト 第三号研修（特定の者対象）」、89頁、2012年を一部改変

スライド189 手順①注入の依頼を受ける／意思を確認する

手順①注入の依頼を受ける／意思を確認する

○対象者本人から注入の依頼を受ける。あるいは、対象者の意思を確認する。

＊対象者の意思と同意の確認を行う。

出典）厚生労働省 平成24年度喀痰吸引等指導者講習事業「喀痰吸引等研修テキスト 第三号研修（特定の者対象）」、90頁、2012年を一部改変

手順2
必要物品、栄養剤を用意する スライド190

経管栄養セット、液体栄養剤、白湯、カーテルチップ型シリンジ、トレイ、注入用ボトルを高いところにつるすS字型フックあるいはスタンドなどを用意します。

注入用ボトルは、清潔であるか、乾燥しているか、を確認します。

栄養剤は、種類、量を確認します。

栄養剤は温度に注意しましょう。目安は、常温から人肌くらいの温度ですが、医師の指示や家族の方法に従いましょう。熱すぎるとやけどのおそれがあり、冷たすぎると下痢などを起こしてしまう可能性があります。冷蔵庫から取り出したものや、冷たい食品は避けなければなりません。好みによっては、湯せんする場合もあります。白湯は指示量を確認します。

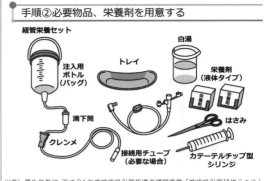

スライド190 手順②必要物品、栄養剤を用意する

手順②必要物品、栄養剤を用意する

経管栄養セット / 注入用ボトル（バッグ） / トレイ / 白湯 / 栄養剤（液体タイプ） / 滴下筒 / クレンメ / 接続用チューブ（必要な場合） / カーテルチップ型シリンジ / はさみ

出典）厚生労働省 平成24年度喀痰吸引等指導者講習事業「喀痰吸引等研修テキスト第三号研修（特定の者対象）」、90頁、2012年を一部改変

手順3
体位を調整する スライド191

対象者が望むいつもの決められた体位に調整します。ベッドの頭側を上げる、あるいは車イスや安楽なソファーなどに移乗することもあります。上体を起立させることは、栄養剤の逆流を防止し、十二指腸への流れがスムーズになります。

頭を高くした時などは、顔色は蒼白になっていないか観察します。もし、顔色が蒼白になったり、変わったことがあれば、対象者の気分を聞き、望む体位に変えるようにしましょう。本人が希望や変化を訴えられない場合は、体位を変えるたびに脈や血圧を調べます。

また注入中しばらく同じ体位を保つ事になるので、体位の安楽をはかる必要があります。それには、無理な体位にしないことが大切で、臀部などに高い圧がかかっていないか、胃部を圧迫するような体位ではないかなどに配慮することが重要です。

スライド191 手順③体位を調整する

手順③体位を調整する

○対象者が望むいつもの決められた体位に調整する。（ベッドの頭側を上げる、あるいは車イスや安楽なソファーなどに移乗することもある）

○体位の安楽をはかる。

出典）厚生労働省 平成24年度喀痰吸引等指導者講習事業「喀痰吸引等研修テキスト第三号研修（特定の者対象）」、91頁、2012年を一部改変

手順4
栄養剤を注入用ボトルに入れる
スライド192

まず、経管栄養セットのクレンメを閉めます。

注入内容を確認し、不潔にならないように、栄養剤を注入用ボトルに入れます。

注入用ボトルを高いところにつるします。

滴下筒を指でゆっくり押しつぶして、滴下筒内の3分の1から2分の1程度に栄養剤を充填します。こうすれば、滴下筒内の滴下の様子が確認でき、注入速度を調整できます。

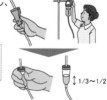
手順5
栄養剤を満たす スライド193

クレンメを緩め、経管栄養セットのラインの先端まで栄養剤を満たしたところで、ただちにクレンメを閉じます。これは、チューブ内に残っている空気が胃袋に入らないようにするためです。

その際にも、チューブ先端が不潔にならないように十分注意しましょう。

手順6
胃ろうチューブを観察する スライド194

胃ろうチューブの破損や抜けがないか、固定の位置を目視で観察します。胃ろうから出ているチューブの長さに注意し、チューブが抜けているようでしたら医療職に連絡・相談します。あらかじめ、連絡先や方法を取り決めておくとよいでしょう。

また、胃ろう周囲の観察は毎回行ってください。

・チューブに破損がないか
・ボタン型などで、ストッパーが皮膚の一箇所へくいこんで圧迫がないか
・誤注入を避けるため、胃ろうチューブであること、

などを確認します。

手順7
胃ろうチューブと経管栄養セットをつなぐ スライド195

　ボタン型胃ろうカテーテルに連結した接続用チューブの栓、あるいはチューブ型胃ろうカテーテルの栓を開けた際にしばらくそのまま待って胃内のガスを自然に排出できるように促します。また、胃内に残った栄養剤の戻りが無いか確認します。

　透明で薄い黄色の胃液が少し戻ってくるだけなら心配ないことが多いのですが、チューブの栓を開けると勢いよく栄養剤などの液が戻ってくるような場合は、胃腸の調子が悪いために、前回注入した栄養剤や胃液などが多量にたまっている可能性があります。この場合は、注入を中止するか、注入量を減らすなどの対応が必要になりますので、注入を始める前に医療職と相談してください。

　戻ってきた液が、栄養剤の色や透明でなく、褐色、黄色、緑色の時にも、胃や腸の問題がある可能性がありますので、医療職と相談しましょう。

　注入用ボトルを所定の位置につるします。この時、対象者本人のものであることを改めて確認します。特にデイサービスの事業所などで、複数の対象者に同時に注入を行う場合は、丁寧に確認するようにしましょう。

　胃ろうチューブの先端と経管栄養セットのラインの先端を、アルコール綿などで拭いてから接続します。誤注入を避けるため、胃ろうチューブであることを再度確認しましょう。

手順8
クレンメを緩めて滴下する スライド196

　意識障害のあるなしに関わらず、対象者本人に注入開始について必ず声をかけます。

　クレンメをゆっくり緩めて滴下を開始します。滴下筒の滴下で注入速度を調整します。1時間に200ml程度の速度で注入する場合は、1分間で60滴、10秒で10滴となります。1時間に300ml程度の速度で注入する場合は、1分間に90滴、10秒で15滴となります。胃ろうをつくって間もないときは、1時間に100mlの速度で注入し、嘔吐

スライド195 手順⑦胃ろうチューブと経管栄養セットをつなぐ

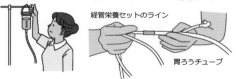

- 手順⑦胃ろうチューブと経管栄養セットをつなぐ
○注入前に胃内のガスの自然な排出を促し、胃液や前回注入した栄養剤などが戻ってこないか確認する。
○注入用ボトルを所定の位置につるす。
○胃ろうチューブの先端と経管栄養セットのラインの先端を、アルコール綿などで拭いてから接続する。

経管栄養セットのライン

胃ろうチューブ

出典）厚生労働省 平成24年度喀痰吸引等指導者講習事業「喀痰吸引等研修テキスト　第三号研修（特定の者対象）」、92頁、2012年を一部改変

スライド196 手順⑧クレンメを緩めて滴下する

- 手順⑧クレンメを緩めて滴下する
○注入を開始することを対象者に伝える。
○クレンメをゆっくりと緩める。
○滴下筒の滴下で注入速度を調整して医師から指示された速度にして滴下する。
「1分間に60滴→10秒で10滴→1時間で200ml」
「1分間に90滴→10秒で15滴→1時間で300ml」
○注入開始時刻を記録する。

＊注入の速度が速いと、胃食道逆流による嘔吐や喘鳴・呼吸障害を起こしたり、ダンピング症状（頻脈など）、下痢などを起こすことがあるので適切な速さで注入する。
＊体位によって注入速度が変わるので、体位を整えた後には必ず滴下速度を確認する。

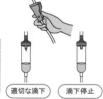

適切な滴下　　滴下停止

出典）厚生労働省 平成24年度喀痰吸引等指導者講習事業「喀痰吸引等研修テキスト　第三号研修（特定の者対象）」、92頁、2012年を一部改変

がなく滴下がスムーズであれば、1時間に200ml程度の速度で注入します。

演習では、1時間に約200mlの速度に調整してみてください。実際の現場では、医療職が指示する許容範囲内で対象者の状態や好みに合わせて注入速度を調整してください。

注入開始時刻を記録します。注入中は、胃ろう周囲から栄養剤の漏れがないかを確認します。

注入の速度が速いと、胃食道逆流による嘔吐や喘鳴・呼吸障害を起こしたり、ダンピング症状、下痢などを起こすことがあるので、医師から指示された適切な速さで注入するようにしましょう。また、体位によって注入速度が変わるので体位を整えた後には必ず滴下速度を確認しましょう。

■ ダンピング症候群への注意　スライド197

「ダンピング症候群」とは、栄養剤が急速に胃腸に送り込まれた場合に起こる症状です。

頻脈、低血圧などが出現します。栄養剤が急速に小腸に流れ込むことにより、浸透圧で体の水分が腸に集まり、一時的に循環血液量が減少することにより起こります。そのため決められた注入速度で注入することがとても重要であり、注意が必要です。

後期ダンピング症候群の症状は、低血糖による発汗、疲労感、顔面蒼白などです。栄養剤が吸収され血糖が急激に上昇し、その後インシュリンが過剰に分泌されることで低血糖を起こし、現れてくる症状です。糖水などを注入して対応したり、少量頻回注入に変更する方法もあります。

なお、ここに記載されている対応については医療職と連携を取り実施していきましょう。

スライド197　ダンピング症候群への注意

ダンピング症候群への注意

経腸栄養（特に空腸チューブでの注入）を行っている場合、栄養剤が急速に胃腸に送り込まれることが原因でおこる病態

早期ダンピング症候群
【病態】栄養剤が急速に小腸に流れ込むと、浸透圧で体の水分が腸の中に集まり、一時的に血管内の循環血液量が減少する。
【症状】頻脈（動悸）低血圧（立ちくらみ、めまい、顔面蒼白）
【対応】頻脈にならない程度に注入速度を遅くする。

後期ダンピング症候群
【病態】栄養剤が吸収され血糖が急激に上昇すると、その後インシュリンが過剰に分泌され、低血糖を引き起こす。
【症状】低血糖による発汗、疲労感、顔面蒼白。
【対応】低血糖症状があれば、糖水などを注入。1回の注入量を減らし注入回数を増やす（少量頻回注入）

出典）日本小児神経学会社会活動委員会 北住映二・杉本健郎編「新版 医療的ケア研修テキスト 重症児者の教育・福祉・社会的生活の援助のために」クリエイツかもがわ、162頁、2015年9月（第4刷）を一部改変

手順 9
異常がないか確認する スライド198

注入中も頻回に対象者の状態を確認します。

・胃ろう周辺や接続部位から漏れていないか。

・対象者の表情は苦しそうではないか。

・下痢、嘔吐、頻脈、発汗、顔面紅潮（がんめんこうちょう）、めまいなどはないか。

・意識の変化はないか。

・息切れはないか。

・急激な滴下や滴下の停止がないか。

などを確認します。

　これらの症状がある時には、注入速度を2分の1におとしたり、一旦投与を中止し、血圧が測定できる場合は測定し、家族や医療職に連絡を取り、指示をあおぐことが必要です。

　また食事中は、できるだけリラックスできるよう、他のケアはせずに見守るようにしましょう。

手順 10
終わったら胃ろうチューブに白湯を流す
スライド 199

　滴下が終了したらクレンメを閉じ、経管栄養セットのラインをはずします。次にカテーテルチップ型シリンジに白湯を吸い、胃ろうチューブに白湯を流します。

　なお、胃ろう側のチューブ内での細菌増殖を予防する目的で、食酢を10倍程度に希釈し、カテーテルチップ型シリンジで、胃ろう側に少量注入する場合もあります。医療職や家族の指示に従いましょう。

　胃ろうがチューブ型の場合は栓をし、ボタン型の場合は専用接続用チューブをはずし、栓をします。胃ろうがチューブ型の場合、チューブを対象者が気にならない場所や介護中に引っ張られない場所に巻き取っておく場合もあります。注入が終わっても、呼吸状態、意識、嘔気、嘔吐などに注意をします。

スライド198 手順⑨異常がないか確認する

● 手順⑨異常がないか確認する

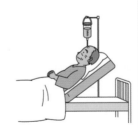

＊胃ろう周辺や接続部位から漏れていないか。
＊対象者の表情は苦しそうではないか。
＊下痢、嘔吐、頻脈、発汗、顔面紅潮、めまいなどはないか。
＊意識の変化はないか（呼びかけに応じるか）。
＊息切れはないか（呼吸が速くなっていないか）。
＊急激な滴下や滴下の停止がないか。

出典）厚生労働省 平成24年度喀痰吸引等指導者講習事業「喀痰吸引等研修テキスト　第三号研修（特定の者対象）」、93頁、2012年を一部改変

スライド199 手順⑩終わったら胃ろうチューブに白湯を流す

● 手順⑩終わったら胃ろうチューブに白湯を流す

○滴下が終了したらクレンメを閉じ、経管栄養セットのラインをはずす。

○カテーテルチップ型シリンジに白湯を吸い、胃ろうチューブ内に白湯を流す。

＊胃ろうがチューブ型の場合は、栓をする。ボタン型の場合、専用接続用チューブをはずし、栓をする。
＊胃ろうチューブの先端を対象者が気にならない場所や介護中に引っ張られない場所に巻き取っておく。

出典）厚生労働省 平成24年度喀痰吸引等指導者講習事業「喀痰吸引等研修テキスト　第三号研修（特定の者対象）」、93頁、2012年を一部改変

手順 11
体位を整える スライド200

　注入終了後しばらくは上体を挙上したまま、対象者の希望を参考に、医師や家族の指示に従い、安楽な姿勢を保ちます。特に、褥瘡発生のリスクが高い対象者の場合、高い圧がかかっている部位がないか注意しましょう。

　その後、異常がなければ、上体を下げるなど体位を整え、必要時は体位交換を再開します。

　食後2〜3時間、お腹の張りによる不快感などがないか、対象者に聞きます。その結果も参考にして、次回の注入速度や体位の工夫など、対象者と相談して対処しましょう。

報告、片付け、記録 スライド201

　最後に、報告、片付け、記録 を行います。

　指導看護師に対し、対象者の状態などを報告します。ヒヤリ・ハット、アクシデントがあれば、あわせて報告します。

　使用物品を片付けます。物品は食器と同じ取り扱い方法で洗浄します。

　実施記録を書きます。ヒヤリ・ハットがあれば、業務の後に記録します。

スライド200 手順⑪体位を整える

> ● 手順⑪体位を整える
>
> ○終了後しばらくは上体を挙上したまま、安楽な姿勢を保つ。
> ○異常がなければ、体位を整える。
> ○必要時は体位交換を再開する。
>
>
>
> ＊終了後しばらくは上体を挙上することを対象者に伝え、安楽の確認をする。
> ＊上体挙上時間が長いことによる体幹の痛みがないか、安楽な姿勢となっているか確認する。
> ＊食後2〜3時間、お腹の張りによる不快感など、対象者の訴えがあれば聞く。

出典）厚生労働省 平成24年度喀痰吸引等指導者講習事業「喀痰吸引等研修テキスト 第三号研修（特定の者対象）」、94頁、2012年を一部改変

スライド201 報告、片付け、記録

> ● 報告、片付け、記録
>
> ○指導看護師に対し、対象者の状態等を報告する。ヒヤリ・ハット、アクシデントがあれば、あわせて報告する。
> ○使用物品の後片付けを行う。
> ○実施記録を書く。ヒヤリ・ハットがあれば、業務の後に記録する。

出典）厚生労働省 平成24年度喀痰吸引等指導者講習事業「喀痰吸引等研修テキスト 第三号研修（特定の者対象）」、94頁、2012年を一部改変

演習の手順―胃ろう（半固形栄養剤）

胃ろうによる経管栄養の手順（半固形栄養剤の場合） スライド202

　次は、胃ろうから半固形栄養剤を注入する場合の手順です。

胃ろうによる経管栄養の手順（半固形栄養剤の場合）

> **胃ろうによる経管栄養の手順**
> **（半固形栄養剤の場合）**

実施準備
「流水と石けん」による手洗い、指示書の確認、体調の確認 スライド203

　まず、実施準備を行います。

　訪問時に、流水と石けんで手洗いを行います。これは、皆さんが、外から細菌などを持ち込まないためと、感染配慮のためです。速乾性擦式手指消毒剤での手洗いも可能ですが、流水で洗える環境にある場合には流水で洗うほうを優先させます。

　また、医師の指示書を確認しておきます。さらに、対象者本人や家族、前回の対象者についての記録から、体調を確認します。

　対象者本人に対しては、いつもの状態と変わりがないか確認しましょう。腹痛などの腹部症状に関する訴えや38度以上の発熱、腹部の張り、連続した水様便、いつもと違う活気や元気のなさなどの有無について確認します。これらの症状がある時には、対象者、担当看護師、家族に相談します。また、意識のない対象者については、ご家族や医療職に注入してよいか判断をあおぎます。

　前回の記録からは、嘔気や嘔吐、下痢、熱、意識状態などを確認しておくとよいでしょう。ここまでは、ケアの前に済ませておきます。

実施準備：「流水と石けん」による手洗い、指示書の確認、体調の確認

> 実施準備：「流水と石けん」による手洗い、指示書の確認、体調の確認
>
> ○訪問時、「流水と石けん」による手洗いを済ませておく
> ○医師の指示書を確認する
> ○対象者本人・家族もしくは記録にて、体調を確認する
>
>
>
> ここまでは、ケアの前に済ませておきます

出典）厚生労働省 平成24年度喀痰吸引等指導者講習事業「喀痰吸引等研修テキスト 第三号研修（特定の者対象）」、89頁、2012年を一部改変

手順 1
注入の依頼を受ける／意思を確認する
スライド 204

　対象者本人から注入の依頼を受けるか、対象者の意思を確認します。

　具体的には、「今から栄養剤を胃ろうから入れてもよいですか？」と尋ね、意思を確認します。

　対象者が食事を拒否する場合や対象者の体調などによって、栄養剤の注入を中止・延期する場合には、水分をどうするかを対象者あるいは看護師に確認しましょう。

スライド204 手順①注入の依頼を受ける／意思を確認する

> 手順①注入の依頼を受ける／意思を確認する
>
> ○対象者本人から注入の依頼を受ける。あるいは、対象者の意思を確認する。
>
> ＊対象者の意思と同意の確認を行う。

出典）厚生労働省 平成24年度喀痰吸引等指導者講習事業「喀痰吸引等研修テキスト 第三号研修（特定の者対象）」、90頁、2012年を一部改変

手順 2
必要物品、栄養剤を用意する　スライド205

　半固形栄養剤を胃ろうから注入する場合の必要物品は、液体栄養剤よりもシンプルです。バッグに入った半固形栄養剤と補水液、トレイ、必要に応じて胃ろうボタンと接続するための接続用チューブなどが必要となります。

　栄養剤は、種類、量を確認します。栄養剤は温度に注意しましょう。目安は、常温から人肌くらいの温度ですが、医師の指示や家族の方法に従いましょう。半固形栄養剤は40度以上に熱すると液体状に変化する場合もあるので、特に注意が必要です。また、冷たすぎると下痢などを起こしてしまう可能性があります。冷蔵庫から取り出したものや、冷たい食品は避けなければなりません。好みによっては、湯せんする場合もあります。

　白湯は指示量を確認します。白湯はとろみをつける場合や、栄養剤と時間差を置いて注入する場合があります。あらかじめ指示内容を確認しましょう。

　カテーテルチップ型シリンジを使う場合は、半固形栄養剤をシリンジで吸い取っておくとよいでしょう。

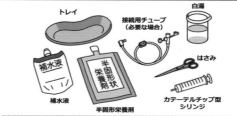

スライド205 手順②必要物品、栄養剤を用意する

> 手順②必要物品、栄養剤を用意する
>
> トレイ　接続用チューブ（必要な場合）　白湯　はさみ　補水液　半固形栄養剤　カテーテルチップ型シリンジ
>
> ＊カテーテルチップ型シリンジを用いる場合は、半固形栄養剤をシリンジで吸い取っておく

出典）厚生労働省 平成24年度喀痰吸引等指導者講習事業「喀痰吸引等研修テキスト 第三号研修（特定の者対象）」、94頁、2012年を一部改変

手順3
体位を調整する スライド206

　対象者が望むいつもの決められた体位に調整します。ベッドの頭側を上げる、あるいは車イスや安楽なソファーなどに移乗することもあります。

　上体を起立させることは、栄養剤の逆流を防止し、十二指腸への流れがスムーズになります。

　頭を高くした時などは、顔色は蒼白になっていないか観察します。もし、顔色が蒼白になったり、変わったことがあれば、対象者の気分を聞き、望む体位に変えるようにしましょう。本人が希望や変化を訴えられない人の場合は、体位を変えるたびに脈や血圧を調べます。

　また注入中しばらく同じ体位を保つ事になるので、体位の安楽をはかる必要があります。それには、無理な体位にしないことが大切で、臀部などに高い圧がかかっていないか、胃部を圧迫するような体位ではないかなどに配慮することが重要です。

手順4
胃ろうチューブを観察する スライド207

　胃ろうチューブの破損や抜けがないか、固定の位置を目視で観察します。胃ろうから出ているチューブの長さに注意し、チューブが抜けているようでしたら、医療職に連絡・相談します。あらかじめ、連絡先や方法を取り決めておくとよいでしょう。

　また、胃ろう周囲の観察は毎回行ってください。
・チューブに破損がないか
・ボタン型などで、ストッパーが皮膚の一箇所へくいこんで圧迫がないか
・誤注入を避けるため、胃ろうチューブであること
などを確認します。

スライド206 手順③体位を調整する

○対象者が望むいつもの決められた体位に調整する。
（ベッドの頭側を上げる、あるいは車イスや安楽なソファーなどに移乗することもある）

○体位の安楽をはかる。

出典）厚生労働省 平成24年度喀痰吸引等指導者講習事業「喀痰吸引等研修テキスト 第三号研修（特定の者対象）」、91頁、2012年を一部改変

スライド207 手順④胃ろうチューブを観察する

手順④胃ろうチューブを観察する

○胃ろうチューブの破損や抜けがないか、固定の位置（胃ろうから出ているチューブの長さ）を目視で観察する。

○胃ろう周囲の観察を行う。

＊固定の確認は、看護師や家族が行う

出典）厚生労働省 平成24年度喀痰吸引等指導者講習事業「喀痰吸引等研修テキスト 第三号研修（特定の者対象）」、92頁、2012年を一部改変

手順5
胃ろうチューブと半固形栄養剤をつなぐ
スライド208

　ボタン型胃ろうカテーテルに連結した接続用チューブの栓、あるいはチューブ型胃ろうカテーテルの栓を開けた際にしばらくそのまま待って、胃内のガスを自然に排出できるよう促します。また、胃内に残った栄養剤の戻りがないか確認します。

　透明で薄い黄色の胃液が少し戻ってくるだけなら心配ないことが多いのですが、チューブの栓を開けると勢いよく栄養剤などの液が戻ってくるような場合は、胃腸の調子が悪いために、前回注入した栄養剤や胃液などが多量にたまっている可能性があります。この場合は、注入を中止するか、注入量を減らすなどの対応が必要になりますので、注入を始める前に医療職と相談してください。

　戻ってきた液が、栄養剤の色や透明でなく、褐色、黄色、緑色の時にも、胃や腸の問題がある可能性がありますので、医療職と相談しましょう。

　胃ろうチューブの先端をアルコール綿などで拭き、胃ろうチューブと半固形栄養剤のバッグないし半固形栄養剤を吸ったカテーテルチップ型シリンジをつなぎます。誤注入を避けるため、胃ろうチューブであることを再度確認しましょう。

手順6
半固形栄養剤を注入する　スライド209

　意識障害があるなしに関わらず、対象者本人に注入開始について必ず声をかけます。

　半固形栄養剤のバッグを、両手で適切な圧で押しながら注入します。手にかかる圧力を確認しながら、布を絞り込むようにして、300〜600mlを15分程度の時間で注入します。圧をかけて注入するので、胃ろう周囲からの栄養剤の漏れや過剰な圧により接続部がはずれないかを確認しましょう。

　なお、半固形栄養剤の注入方法は、他にもカテーテルチップ型シリンジを用いて行う方法や、加圧バッグを使用する方法などがあります。

スライド208　手順⑤胃ろうチューブと半固形栄養剤をつなぐ

　手順⑤胃ろうチューブと半固形栄養剤をつなぐ
- 〇注入前に胃内のガスの自然な排出を促し、胃液や前回注入した栄養剤などが戻ってこないか確認する。
- 〇胃ろうチューブの先端をアルコール綿などで拭き、胃ろうチューブと半固形栄養剤のバッグないし、半固形栄養剤を吸ったカテーテルチップ型シリンジをつなぐ

出典）厚生労働省 平成24年度喀痰吸引等指導者講習事業「喀痰吸引等研修テキスト第三号研修（特定の者対象）」、92・128頁、2012年を一部改変

スライド209　手順⑥半固形栄養剤を注入する

　手順⑥半固形栄養剤を注入する
- 〇注入を開始することを対象者に伝える。
- 〇半固形栄養剤のバッグないしカテーテルチップ型シリンジの内筒を、適切な圧で押しながら注入する。必要時は加圧バッグを使用する。

　＊手にかかる圧力を確認しながら、布を絞り込むようにして、300〜600mlを15分程度の時間で注入する。

出典）厚生労働省 平成24年度喀痰吸引等指導者講習事業「喀痰吸引等研修テキスト第三号研修（特定の者対象）」、95頁、2012年を一部改変

手順7
異常がないか確認する スライド210

注入中も頻回に対象者の状態を確認します。

・半固形栄養剤が接続部位から漏れていないか。

・対象者の表情は苦しそうではないか。

・下痢、嘔吐、頻脈、発汗、顔面紅潮、めまいなどはないか。

・意識の変化はないか。

・息切れはないか。

などを確認します。

これらの症状がある時には、注入速度を2分の1におとしたり、一旦投与を中止し、血圧が測定できる場合は測定し、家族や医療職に連絡を取り、指示を仰ぐことが必要です。

また食事中は、できるだけリラックスできるよう、他のケアはせずに見守るようにしましょう。

手順8
終わったら胃ろうチューブに白湯を流す
スライド211

半固形栄養剤は粘度が高く、胃ろうチューブや胃ろうボタンの内腔に詰まり易いため、栄養剤の注入が終わったら、必ずカテーテルチップ型シリンジを使って白湯を注入し、チューブ内の栄養剤を流します。この時、白湯の量は、洗い流す程度の5〜10ml程度がよいでしょう。白湯はとろみをつける場合や、栄養剤と時間差を置いて注入する場合があります。あらかじめ指示内容を確認しましょう。

これ以降の手順については、**胃ろう（滴下型の液体栄養剤）の手順11「体位を整える」以降**と同じです。（P135参照）

なお、対象者の状態によっては、安静を必要としない方もいらっしゃいます。

スライド210 手順⑦異常がないか確認する

> ● 手順⑦異常がないか確認する
>
> ＊半固形栄養剤が接続部位から漏れていないか。
> ＊対象者の表情は苦しそうではないか。
> ＊下痢、嘔吐、頻脈、発汗、顔面紅潮、めまいなどはないか。
> ＊意識の変化はないか（呼びかけに応じるか）。
> ＊息切れはないか（呼吸が速くなっていないか）。

出典）厚生労働省 平成24年度喀痰吸引等指導者講習事業「喀痰吸引等研修テキスト 第三号研修（特定の者対象）」、93頁、2012年を一部改変

スライド211 手順⑧終わったら胃ろうチューブに白湯を流す

> ● 手順⑧終わったら胃ろうチューブに白湯を流す
>
> ○注入が終了したら、カテーテルチップ型シリンジに白湯を吸い、胃ろうチューブ内に白湯を注入し、チューブ内の栄養剤を流す。
>
> ※これ以降は、胃ろう（液体栄養剤）の手順⑪「体位を整える」以降と同様

出典）厚生労働省 平成24年度喀痰吸引等指導者講習事業「喀痰吸引等研修テキスト 第三号研修（特定の者対象）」、95頁、2012年を一部改変

5-5 演習の手順―経鼻経管栄養

経鼻経管栄養の手順
（滴下型の液体栄養剤の場合） スライド212

次は、経鼻胃管からの液体栄養剤の注入の手順です。

スライド212 経鼻経管栄養の手順（滴下型の液体栄養剤の場合）

経鼻経管栄養の手順
（滴下型の液体栄養剤の場合）

経鼻胃管からの液体栄養剤の注入の手技は、基本的には胃ろうからの注入方法と変わりはありません。

実施準備～手順5「栄養剤を満たす」は、胃ろう（滴下型の液体栄養剤）と同じ手順となります。（P129～131 参照）

手順6
経鼻胃管を観察する スライド213

経鼻胃管の破損や抜けがないか、固定の位置を観察します。

経鼻胃管は、鼻孔から胃の中まで細い管が挿入されているため、何らかの原因で抜けてしまうと、先端が胃の中にない状態に気付かず注入を開始した場合、誤嚥などの重大な事故につながりかねません。したがって、注入前に、管の先端が胃の中にあることを十分確かめておくことが必要です。

その方法として、鼻孔のところにテープで固定されたチューブの根元に印を付けておき、その印より外にチューブの抜けがないかを確認します。

意思を伝えることができる対象者であれば、チューブが抜けかかっている感じがないか聞きます。さらに、口を開くことができる場合、のどにチューブがまっすぐ通っており、とぐろを巻いていないことを確認します。

皆さんはこれらを必ず十分に確認し、もし抜けかかっているようであれば、注入をせずに医療職に連絡します。

スライド213 手順⑥経鼻胃管を観察する

手順⑥経鼻胃管を観察する

※実施準備～手順⑤「栄養剤を満たす」は、胃ろう（液体栄養剤）と同様
○経鼻胃管の破損や抜けがないか、固定の位置を観察する。
○必ずチューブの先端が胃内に届いていることを確認する。
　✓ 鼻孔のところのテープで固定されたチューブの根元に印をつけておき、その印より外にチューブの抜けがないか確認する。
　✓ 対象者にチューブが抜けかかっている感じがないか聞く。
　✓ 口を開くことが出来る場合、のどにチューブがまっすぐ通っており、とぐろを巻いていないことを確認する。

重要 抜けかかっているようだったら、注入をせず、医療職に連絡する。

出典）厚生労働省 平成24年度喀痰吸引等指導者講習事業「喀痰吸引等研修テキスト 第三号研修（特定の者対象）」、95頁、2012年を一部改変

医療職は、これらの観察に加えて、経鼻胃管に勢いよく少量の空気をシリンジで注入し、胃内のガスの音を聴診器で確認したり、注入前に経鼻胃管からシリンジで内容物を吸引すると、胃液などが引かれることなどで、管の先端が胃内にあることを確認しておく必要があります。

最後に、経鼻胃管は、一般に、胃ろうチューブや胃ろうボタンの内腔より細いため、粘度の高いものを注入すると、胃ろうにくらべて詰まりやすいことも知っておく必要があります。

手順7
注入用ボトルと経鼻胃管を接続します
スライド214

胃管の栓を開けた際にしばらくそのまま待って胃内のガスを自然に排出できるよう促します。

その際に胃管から、透明で薄い黄色の胃液や栄養剤が少し戻ってくるだけなら心配ないことが多いのですが、勢いよく栄養剤などの液が戻ってくる、もしくは嘔吐するような場合は、胃腸の調子が悪いために、前回注入した栄養剤や胃液などが多量にたまっている可能性があります。この場合は、注入を中止するか、注入量を減らすなどの対応が必要になりますので、注入を始める前に医療職と相談してください。

戻ってきた液が、栄養剤の色や透明でなく、褐色、黄色、緑色の時にも、胃や腸の問題がある可能性がありますので、医療職と相談しましょう。

注入用ボトルを所定の位置につるします。この時、対象者本人のものであることを改めて確認します。特にデイサービスの事業所などで、複数の対象者に同時に注入を行う場合は、丁寧に確認するようにしましょう。経鼻胃管の先端と経管栄養セットのラインの先端を、アルコール綿などで拭いてから接続します。誤注入を避けるため、経鼻胃管であることを再度確認しましょう。

これ以降の手順については、**胃ろう（滴下型の液体栄養剤）の手順8「クレンメを緩めて滴下する」以降**と同じです。（P132参照）

スライド214 手順⑦注入用ボトルと経鼻胃管を接続する

○**手順⑦注入用ボトルと経鼻胃管を接続する**

○注入前に胃内のガスの自然な排出を促し、胃液や前回注入した栄養剤などが戻ってこないか確認する。

○注入用ボトルを所定の位置につるす。

○経鼻胃管の先端と経管栄養セットのラインの先端を、アルコール綿などで拭いてから接続する。

※これ以降は、胃ろう（液体栄養剤）の手順⑧「クレンメを緩めて滴下する」以降と同様。

経管栄養セットのライン

経鼻胃管

（出典）厚生労働省 平成24年度喀痰吸引等指導者講習事業「喀痰吸引等研修テキスト 第三号研修（特定の者対象）」、92頁、2012年を一部改変

5-6 緊急時対応

緊急時の対応方法（1）スライド215

参考までに、栄養剤注入中に発生しうるいくつかの問題点と、それに対する緊急時の対応方法について説明します。

まず、胃ろう周囲から栄養剤が漏れた場合です。原因としては、チューブがろう孔径に比べて細すぎる、胃の出口である幽門の狭窄がある、消化管の蠕動運動の低下などで胃の内圧が上昇している場合などが考えられます。介護職員等は、注入をただちに中止し、家族や医療職に連絡をとり、相談しましょう。

なお、医療職は、

- 注入を中止し、胃ろうカテーテルの注入側のキャップを開放して、胃内の栄養剤を膿盆（のうぼん）などに受けて減圧する
- 体位の工夫として、上体をベッドアップし、頭部をやや前屈位にし、胃部を圧迫する体位をさける
- 経管栄養の滴下速度を下げる

などを行います。

緊急時の対応方法（2）スライド216

次は、栄養剤の滴下が止まった場合です。

原因としては、チューブがつまったり、胃の内圧が高まっていることが考えられます。介護職員等は、注入を停止し、家族や医療職に連絡をとり相談しましょう。医療職は、

- 体位の調整
- チューブのミルキングという、管を指でもむなどして、チューブの中につまった物を軟らかくし、流れやすくする処置をする
- 嘔気や嘔吐がなければ、カテーテルチップ型シリンジに10mlほど白湯を吸い、経鼻胃管や胃ろうカテーテル内に注入する

などを行います。なお、3点目の白湯の注入については、対象者の状態に変化がない場合は、医療職の指示に従って介護職員等が実施する可能性があります。

緊急時の対応方法（3）スライド217

次は、胃ろうボタンや胃ろうチューブが引っ張られて抜けた場合です。

原因として、胃の中にあるバルーンやバンパーの破損などがあった時に、引っ張る力が加わって抜けることがあります。介護職員等は、注入をただちに中止し、家族や医療職に連絡をとり相談しましょう。

なお、医療職は、胃ろうが閉鎖しないように、吸引カテーテルや新しい膀胱留置カテーテルなどを胃ろうに挿入しておいて、医師に連絡をとる必要があります。そのまま放置しておくと、ろう孔

スライド215 緊急時の対応方法（1）

> **緊急時の対応方法（1）**
>
> **胃ろう周囲から栄養剤が漏れた場合**
> ◆原因
> ・チューブがろう孔径に比べて細すぎる
> ・胃の出口である幽門の狭窄がある
> ・消化管の蠕動運動の低下などで胃の内圧上昇
> ◆介護職員等の対応
> 1）注入をただちに中止し、家族や医療職に連絡をとり相談する
> ◆医療職の対応
> 1）注入を中止し、胃ろうカテーテルの注入側キャップを開放して、胃内の栄養剤を膿盆などに受けて減圧
> 2）体位の工夫：上体をベッドアップし、頭部をやや前屈位に、胃部を圧迫する体位をさける
> 3）経管栄養の滴下速度を下げる
>
> 出典）厚生労働省 平成24年度喀痰吸引等指導者講習事業「喀痰吸引等研修テキスト　第三号研修（特定の者対象）」、87頁、2012年を一部改変

スライド216 緊急時の対応方法（2）

> **緊急時の対応方法（2）**
>
> **栄養剤の滴下が止まった場合**
> ◆原因
> チューブがつまる、胃の内圧が高い
> ◆介護職員等の対応
> 1）注入を停止し、家族や医療職に連絡をとり相談する
> ◆医療職の対応
> 1）体位の調整
> 2）チューブのミルキング
> 3）嘔気や嘔吐がなければ、カテーテルチップ型シリンジに10mlほど白湯を吸い、経鼻胃管や胃ろうカテーテル内に注入する
>
> ※3）は、対象者の状態に変化がない場合は、医療職の指示に従って介護職員等が実施する可能性がある。
>
> 適切な滴下　　滴下停止
>
> 出典）厚生労働省 平成24年度喀痰吸引等指導者講習事業「喀痰吸引等研修テキスト　第三号研修（特定の者対象）」、88頁、2012年を一部改変

がふさがって、胃ろうボタンやチューブを入れようとしても、入らないことがあるためです。

　このケースは、緊急での対応が必要になりますので、あわてないように、あらかじめ多職種で連携し、対処の方法を共有しておきましょう。

緊急時の対応方法（4）スライド218

　最後は、嘔吐があった場合です。原因としては、
- 経鼻胃管が抜けかけて、先端が胃より上部に位置している
- 噴門の弛緩、幽門の狭窄・胃や消化関係の蠕動運動の低下による胃の膨満
- 口腔・鼻腔内吸引時による咽頭の刺激

などが考えられます。介護職員等は、注入をただちに中止し、顔を横に向けて、口腔内の吐物を吐き出させます。可能であれば側臥位をとらせましょう。そして、家族や医療職に連絡をとり相談します。

　医療職は、
- 栄養剤の注入を中止して、栄養剤の接続部を開放し、栄養剤を膿盆などに排出させ減圧する
- 顔を横に向けて口腔内の吐物を吐き出させ、咽頭を刺激しないように口腔内を吸引する

などを行います。また、今後の体位、投与スピード、栄養剤の形態について医師などと検討します。

スライド217 緊急時の対応方法（3）

● 緊急時の対応方法（3）

胃ろうボタン、胃ろうチューブが引っ張られて抜けた場合

◆原因
　　バルーンやバンパーの破損等により、引っ張る力が加わって抜けることがある

◆介護職員等の対応
　　1）注入をただちに中止し、家族や医療職に連絡をとり相談する

◆医療職の対応
　　1）胃ろうが閉鎖しないように、吸引カテーテルや新しい膀胱留置カテーテルなどを胃ろうに挿入しておいて、医師に連絡をとる

　　※緊急での対応が必要となる。多職種で連携し対処の方法を共有しておく。

出典）厚生労働省 平成24年度喀痰吸引等指導者講習事業「喀痰吸引等研修テキスト
　　　第三号研修（特定の者対象）」、88頁、2012年を一部改変

スライド218 緊急時の対応方法（4）

● 緊急時の対応方法（4）

嘔吐があった場合

◆原因
　　経鼻胃管が抜けかけて、先端が胃より上部に位置している、噴門の弛緩、幽門の狭窄・胃や消化関係の蠕動運動の低下による胃の膨満、吸引等による咽頭の刺激など

◆介護職員等の対応
　　1）注入をただちに中止し、顔を横に向けて、口腔内の吐物を吐き出させる。可能なら側臥位をとらせる。
　　2）家族や医療職に相談する

◆医療職の対応
　　1）栄養剤の注入を中止して、栄養剤の接続部を開放し、栄養剤を排出し、減圧させる
　　2）顔を横に向けて口腔内の吐物を吐き出させ咽頭を刺激しないように口腔内を吸引する
　　3）今後の体位、投与スピード、栄養剤の形態について医師らと検討する

出典）厚生労働省 平成24年度喀痰吸引等指導者講習事業「喀痰吸引等研修テキスト
　　　第三号研修（特定の者対象）」、88頁、2012年を一部改変

参考資料

経鼻咽頭エアウェイ（経鼻エアウェイ）

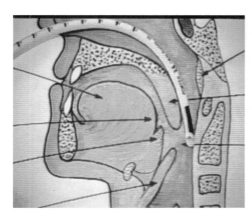

鼻から、狭くなっている咽頭（のど）まで、柔らかいチューブを入れて、トンネルをつくり、空気の通り道を確保し、呼吸を楽にする。

舌根沈下、アデノイド肥大などに有効。喉頭部狭窄だけの場合は無効。

出典）文部科学省「特別支援学校における介護職員等によるたんの吸引等（特定の者対象）研修テキスト」、65頁、2012年を一部改変

経鼻咽頭エアウェイ（経鼻エアウェイ）

　舌根沈下など、上咽頭、中咽頭の狭窄による呼吸障害に対する医学的な対応として経鼻エアウェイがあります。これは、鼻から咽頭まで比較的軟らかい管を挿入して、空気の通り道のトンネルを作る方法です。この方法により、呼吸が非常に楽になる場合がかなりあります。

　この経鼻エアウェイによって、呼吸障害の改善、睡眠の安定化、表情の改善、精神活動の改善などの他に、胃食道逆流症の改善、体重増加などが得られます。

　これが上首尾にできることによって気管切開をしなくて済んだり、家庭療育を維持することが可能となっている例も多いなど、著しいQOLの改善につながることもあり得るものです。

　このエアウェイは夜間睡眠時だけの使用で済む例が多いのですが、日中もずっと必要な場合もあります。そのようなケースで、食事水分摂取可能なケースでは摂取の時にはエアウェイは抜くか、少し引き抜いて浅くして固定します。

姿勢（体位）と呼吸 1

仰臥位（仰向け姿勢）

- 下顎・舌根が後退・沈下しやすい
- 顎や肩を後退させるような緊張が出やすい
- たん・唾液がのどにたまりやすい
- 呼気（息を吐くこと）が、充分しにくい
- 背中側の方の胸郭の動きが制限される
- 誤嚥物が肺下葉にたまりやすい
- 胸郭の扁平化をきたす
- 胃食道逆流が起きやすい
- 排気（ゲップ）が出にくい

腹臥位（うつぶせ）

- 下顎後退・舌根沈下を避けられる。喉頭部も拡がりやすい。
- 条件をよく設定すれば緊張がゆるんだ状態になりやすい
- たん・唾液がのどにたまらない
- 呼気がしやすくなる
- 背中の胸郭・肺が広がりやすい
- 胃食道逆流が起きにくい
- 誤嚥物が肺下葉にたまるのを防ぐことができる
- 窒息の危険がある。

出典）文部科学省「特別支援学校における介護職員等によるたんの吸引等（特定の者対象）研修テキスト」、66頁、2012年を一部改変

姿勢（体位）と呼吸 1

　それぞれの姿勢が、どのような影響を与えるかをみていきましょう。

　仰臥位（背臥位、仰向け姿勢）の特徴は、下顎・舌根が後退・沈下しやすい、顎や肩を後退させるような緊張が出やすい、痰・唾液がのどにたまりやすい、呼気が充分しにくい、背中側の方の胸郭の動きが制限される、胃食道逆流が起きやすい、誤嚥物が肺下葉にたまりやすいなど、重症児者にとってはあまり望ましいものではありません。また、仰臥位姿勢ばかりをとっていることが、年長の重症心身障害児者によくみられる胸郭の扁平化のひとつの要因になったり、呼吸が苦しいことが頸部の過伸展を増加させる可能性があります。

　一方、腹臥位は、下顎後退・舌根沈下を避けられる、条件をよく設定すれば緊張がゆるんだ状態になりやすい、痰・唾液がのどにたまらない、呼気がしやすくなる、背中の胸郭・肺が広がりやすい、胃食道逆流が起きにくい、誤嚥物が肺下葉にたまるのを防ぐことができるなどの特徴があり、仰臥位の欠点を補う、望ましい姿勢といえます。ただし、腹臥位は窒息の危険があるので、鼻や口がうずまらないように枕を工夫し、目を決して離さないなどの注意が必要です。

　腹臥位は、呼吸にとって仰臥位での不利な点を解決できる姿勢です。舌根の沈下や、唾液や痰がのどにたまることを防ぐことができます。喉頭部の狭窄も軽減しやすいです。胸郭呼吸運動の効率も腹臥位の方がよくなります。パルスオキシメーターで酸素飽和度を測定すると、仰臥位より腹臥位の方が酸素飽和度が改善する例が多いです。

姿勢（体位）と呼吸 2

側臥位（横向き）

● 舌根沈下を防ぐことができる

● 緊張がゆるんだ状態になりやすい

● たんや唾液がのどにたまるのを防げる

● 胸郭の前後の動きがしやすい。胸郭の扁平化防止につながる。

● 胸郭の横の動きは制限される

● 右側臥位は胃食道逆流を誘発することがある

座位（座った姿勢）

● 前傾座位は、腹臥位と同じ利点がある

● 横隔膜が腹部臓器により押し上げられなくて済む

● 後ろへのリクライニングは下顎後退・舌根沈下・喉頭部狭窄を悪くすることがある

● 重度の嚥下障害がある場合、唾液が気管に誤嚥され、呼吸が悪くなることがある

●胃食道逆流が起きにくい

★年少の頃からいろいろな姿勢がとれるようになっておくことが重要。

出典）文部科学省「特別支援学校における介護職員等によるたんの吸引等（特定の者対象）研修テキスト」、70頁、2012年を一部改変

姿勢（体位）と呼吸 2

腹臥位以外にも側臥位、前傾座位も有効な姿勢です。舌根沈下や喉頭部の狭さがある人では、リクライニング座位は、仰臥位と同様に呼吸にとっては不利で、むしろ、軽い前傾位での座位姿勢により呼吸状態が改善する場合も少なくありません。特に、喉頭部狭窄の強い人では、腹臥位で呼吸が楽になることが多いのですが、頸部の前屈と上体の軽い前傾で、呼吸が改善し緊張も緩和することがよくあります。

唾液が口と咽頭にたまってきて貯留性の喘鳴（ゼコゼコ）が出てきて呼吸が苦しくなりやすい場合も、軽い前傾姿勢の方がよいことがよくあります。

座位では、重度の嚥下障害がある場合、唾液が気管に誤嚥され呼吸が悪くなることがあるので、注意が必要です。

どの姿勢にも利点と欠点があります。年少の頃からいろいろな姿勢がとれるようになっておくことが重要です。

誤嚥防止手術や、カニューレが入っていない場合の注意

唾液や食物・水分の、気管への誤嚥を防止する気管切開の方法

喉頭気管分離手術

単純気管切開＋声門閉鎖

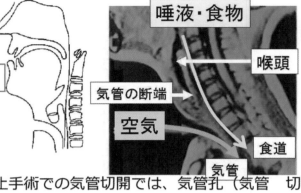

唾液・食物

喉頭

気管の断端

空気

食道

気管

これらの誤嚥防止手術での気管切開では、気管孔（気管　切開部）が塞がれると窒息となる。（喉頭摘出手術でも同様）カニューレが折れ曲がっている時も、窒息に至ることがある（Yガーゼの下でこのようになっていないか注意。）

誤嚥防止手術の方法での気管切開では、気管カニューレが入っていないこともある。この場合に、気管孔が塞がれないように、とくに注意が必要。気管孔を保護するためのガーゼが、気管孔を塞いだり、気管に吸い込まれないように、注意する。（とくに、ガーゼに痰が付いていると窒息の危険。）

誤嚥防止手術や、カニューレが入っていない場合の注意

　唾液や、食物・水分が、気管に誤嚥されることを防止するための誤嚥防止手術の方法で、気管切開を受けている人が増えてきています。この方法としては、喉頭気管分離手術や、気管切開プラス声門閉鎖手術などがあります。

　これらの誤嚥防止手術での気管切開では、気管孔が塞がれると完全な窒息となってしまいます。また、カニューレが折れ曲がっている時にも、窒息に至ることがあり、Yガーゼの下でカニューレがこのようになっていないかどうか注意が必要です。

気管切開を受けている人で、気管カニューレを入れていない場合も最近は増えており、特に誤嚥防止手術での気管切開では、カニューレなしの対象者がかなりいます。この場合には、気管孔が塞がれないように、特に注意が必要です。気管孔を保護するためのガーゼなどが、気管孔を塞いだり、気管に吸い込まれないように、注意します。特に、ガーゼに痰が付いていると窒息の危険がありますので十分な注意が必要で、このような危険を防ぐために、気管孔用のプラスチックのトラキマスクというマスクを使うことが多いです。

鼻から挿入した吸引カテーテルの、喉頭・気管内への進入

頸部後屈姿勢、頸が後に反った姿勢で、鼻からカテーテルを入れると、カテーテルが喉頭、気管に入ることがある

重症児者では、頸部後屈が強くなくても、鼻から入れたカテーテルが、気管に入ることがある

喉頭や気管にある痰が有効に吸引できる

不用意にこれを行うと、事故を生ずることがある

・迷走神経反射による徐脈
・呼吸の悪化（喉頭攣縮など）

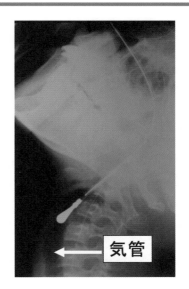

気管

出典）文部科学省「特別支援学校における介護職員等によるたんの吸引等（特定の者対象）研修テキスト」、102頁、2012年を一部改変

鼻から挿入した吸引カテーテルの、喉頭・気管内への進入

　鼻からのチューブの挿入では、頸部後屈姿勢、頸が後に反った姿勢で、頸の角度を調節しながら鼻からチューブを入れると、チューブが喉頭、気管に入ることがあります。特に重症児者では頸部後屈が強くなくとも鼻から入れたチューブが声門や気管に入ることがしばしばあります。

　不用意に行えば、刺激により喉頭声帯の攣縮、気管支の攣縮をおこし呼吸困難を生ずる可能性があり、迷走神経反射により急に徐脈を生ずることもあります。

　このような事故を防ぐためには、鼻から挿入する吸引チューブの長さ（深さ）をきちんと確認、意識し、看護師が行う場合でも、深く入り過ぎないように長さを決めて行う必要があります。こうすることによりこの事故を防ぐことができます。

○社会福祉施設等における災害時に備えたライフライン等の点検について

平成 30 年 10 月 19 日　事務連絡
各都道府県・各指定都市・各中核市民生主管部（局）宛
厚生労働省子ども家庭局子育て支援・社会・援護局福祉基
盤・社会・援護局障害保健福祉部障害福祉・老健局総務課

日頃より、社会福祉施設等における被災状況の報告や各種調査にご協力を賜り、厚く御礼申し上げます。

さて、昨今の平成 30 年 7 月豪雨、平成 30 年台風 21・24 号、平成 30 年北海道胆振東部地震等の災害においては、大規模な停電や断水、食料不足等が発生し、社会福祉施設等におけるライフライン等の確保について、改めて課題が顕在化しました。

社会福祉施設等においては、高齢者、障害児者等の日常生活上の支援が必要な者が多数利用していることから、ライフライン等が長期間寸断され、サービス提供の維持が困難となった場合、利用者の生命・身体に著しい影響を及ぼすおそれがあります。このため、平時の段階から、災害時にあってもサービス提供が維持できるよう、社会福祉施設等の事業継続に必要な対策を講じることが重要です。

各都道府県、市区町村におかれては、これまでも非常災害計画の策定や避難訓練の実施等、社会福祉施設等の災害対策に万全を期するよう指導を行っていただいているところですが、今般の被害状況を踏まえ、別添 1 の社会福祉施設等について、今一度点検すべき事項（例）を別添 2 のとおり取りまとめましたので、貴管内の社会福祉施設等において、ライフライン等が寸断された場合の対策状況を確認するとともに、その結果を踏まえ、速やかに飲料水、食料等の備蓄、BCP（事業継続計画）の策定推進など必要な対策を行うようご助言をお願いいたします。

（別添 1）

　　点検対象施設

1．高齢者関係施設

(1)　老人短期入所施設

(2)　養護老人ホーム

(3)　特別養護老人ホーム

(4)　軽費老人ホーム

(5)　認知症対応型共同生活介護事業所（認知症高齢者グループホーム）

(6)　生活支援ハウス

(7)　介護老人保健施設

(8)　介護医療院

(9)　小規模多機能型居宅介護事業所

(10)　看護小規模多機能型居宅介護事業所

(11)　有料老人ホーム

(12)　サービス付高齢者向け住宅

2．障害児者関係施設

(1)　障害者支援施設

(2)　福祉型障害児入所施設

(3)　医療型障害児入所施設

(4)　共同生活援助事業所（グループホーム）

(5)　短期入所事業所

(6)　療養介護事業所

(7)　宿泊型自立訓練事業所

3．児童関係施設

(1)　助産施設

(2)　乳児院

(3)　母子生活支援施設

(4)　児童養護施設

(5)　児童心理治療施設

(6)　児童自立支援施設

(7)　児童自立生活援助事業所

(8)　小規模住居型児童養育事業所

(9)　婦人保護施設

(10)　婦人相談所一時保護施設

(11)　児童相談所一時保護施設

(12)　保育所・認定こども園

(13)　小規模保育事業所

(14)　事業所内保育事業所（ただし、児童福祉法第 34 条の 15 第 2 項に基づき認可を受けたも

のに限る）

⒂　放課後児童健全育成事業実施施設（児童福祉法第6条の3第2項に規定する放課後児童健全育成事業を実施するための施設）

4．その他施設

(1)　救護施設

(2)　更生施設

(3)　宿所提供施設

（別添2）

社会福祉施設等における点検項目（例）

1.　停電に備えた点検

＜非常用自家発電機関係＞

①　非常用自家発電機が有る場合

・燃料の備蓄と緊急時の燃料確保策（24時間営業のガソリンスタンド等の確認、非常用自家発電機の燃料供給に係る納入業者等との優先供給協定など）を講じているか。

・定期的な検査とともに、緊急時に問題なく使用できるよう性能の把握及び訓練をしているか。

②　非常用自家発電機が無い場合

・医療的配慮が必要な入所者（人工呼吸器・酸素療法・喀痰吸引等）の有無、協力病院等との連携状況などを踏まえ、非常用自家発電機の要否を検討しているか。

・医療的配慮が必要な入所者がいる場合、非常用自家発電機の導入（難しければ、レンタル等の代替措置）を検討しているか。

＜電灯（照明）関係＞

・照明を確保するための十分な数の懐中電灯やランタン等の備蓄をしているか。

＜防寒関係＞

・石油（灯油）ストーブ等の代替暖房器具とその燃料を準備するとともに、毛布、携帯用カイロ、防寒具などの備蓄をしているか。

＜介護機器・器具関係＞

・医療機器等の予備バッテリー又は充電式や手動式の喀痰吸引器等の代替器具を準備しているか。

・人工透析患者に係る緊急時の対応、ニーズ、必要物資等を把握し、自治体の透析担当者や各透析施設等との連携体制が確保されているか。

2.　断水に備えた点検

＜生活用水関係＞

・近隣の給水場を確認し、大容量のポリタンク等の給水容器の準備をしているか。

・災害時協力井戸の確保（酒造会社等）をしているか。

・衛生面を考慮しつつ、地下水（井戸水）の利用の検討をしているか。

（注）節水のため、食器を汚さないように使用するラップや紙皿などを備蓄しておくこと。

（注）入浴は、緊急時には、ウェットティッシュによる清拭などによる代替手段を検討すること。

＜飲料水関係＞

・飲料水の備蓄をしているか。

（注）災害時には、近隣からの避難者等の受入れにより、これらの者に対しても飲料水の提供が必要な場合があるため、利用者・職員分だけではなく、十分な数を備蓄しておくこと。

＜汚水・下水関係＞

・携帯トイレや簡易トイレ、オムツ等の備蓄をしているか。

3.　ガスが止まった場合に備えた点検

・カセットコンロ及びカセットガス等の備蓄をしているか。

（注）比較的簡単に備蓄できるが、火力が弱く、大量の食事を一度に調理することは難しいため、多めに備蓄しておくことが望ましい。

・プロパンガスの導入又は備蓄（難しければ、ガス業者等からのレンタルの可否の確認）をしているか。

・調理が不要な食料（ゼリータイプの高カロリー食等）を備蓄しているか。

4. 通信が止まった場合に備えた点検

- 通信手段のバッテリー（携帯電話充電器、乾電池等）を確保しているか。
- 複数の通信手段（携帯電話メール、公衆電話、災害用トランシーバー、衛星電話等）を確保しているか。
- （注）緊急時に想定している通信手段の使用方法等を予め確認しておくこと。

5. 物資の備蓄状況の点検

- 食料、飲料水、生活必需品、医薬品、衛生用品、情報機器、防寒具、非常用具、冷暖房設備・空調設備稼働用の燃料について、季節ごとに1日の必要量を把握しているか。
- 食料などについて、上記を踏まえた備蓄量となっているか（飲料水等は再掲）。
- （注）消費期限があるものは、定期的な買換えが必要となることに留意すること。
- （注）利用者だけではなく、職員分及び避難者分なども含め十分な物資を備蓄しておくこと。
- （注）備蓄物資については、津波や浸水等の水害や土砂災害等に備え、保管場所にも留意すること。

6. その他留意事項

- 点検は、南海トラフ地震の想定地域等特段の対応が求められる場合を除き、最低限3日間以上は業務が継続できるようにするとの視点に立って行うこと。
- 上記の点検項目は、最低限ライフライン等を維持・確保するための例であり、各社会福祉施設等において点検を行うに当たっては、実際に災害が発生した際に利用者の安全確保ができる実効性のあるものとなるよう、当該施設等の状況や地域の実情を踏まえた内容とすること。
- 上記の点検項目以外にも、災害対策においては、利用者の避難方法や緊急時の職員間の連絡体制の構築、平時における避難訓練の実施、消防等関係機関や地域住民との連携体制の確保等が重要であることから、これらにも留意する必要があること。

- 上記の点検項目を含め、災害時における事業継続の方法については、BCP（事業継続計画）として予め文書で整理し、役職員間で共有しておくとともに、平時の段階から、当該BCPを踏まえた訓練や物資の点検等の具体的な活動を実践していくことが望ましいこと。
- 災害対策については、単独の法人や社会福祉施設等での対応には限界があることから、「災害時の福祉支援体制の整備について」（平成30年5月31日付け社援発0531第1号）を踏まえ、平時の段階から、都道府県が中心となって構築している「災害福祉支援ネットワーク」へ積極的に参画し、地域全体の防災体制の底上げに協力を図ること。

○医師法第 17 条、歯科医師法第 17 条及び保健師助産師看護師法第 31 条の解釈について（通知）

平成 17 年 7 月 26 日　医政発第 0726005 号
各都道府県知事宛　厚生労働省医政局長通知

医師、歯科医師、看護師等の免許を有さない者による医業（歯科医業を含む。以下同じ。）は、医師法第 17 条、歯科医師法第 17 条及び保健師助産師看護師法第 31 条その他の関係法規によって禁止されている。ここにいう「医業」とは、当該行為を行うに当たり、医師の医学的判断及び技術をもってするのでなければ人体に危害を及ぼし、又は危害を及ぼすおそれのある行為（医行為）を、反復継続する意思をもって行うことであると解している。

ある行為が医行為であるか否かについては、個々の行為の態様に応じ個別具体的に判断する必要がある。しかし、近年の疾病構造の変化、国民の間の医療に関する知識の向上、医学・医療機器の進歩、医療・介護サービスの提供の在り方の変化などを背景に、高齢者介護や障害者介護の現場等において、医師、看護師等の免許を有さない者が業として行うことを禁止されている「医行為」の範囲が不必要に拡大解釈されているとの声も聞かれるところである。

このため、医療機関以外の高齢者介護・障害者介護の現場等において判断に疑義が生じることの多い行為であって原則として医行為ではないと考えられるものを別紙の通り列挙したので、医師、看護師等の医療に関する免許を有しない者が行うことが適切か否か判断する際の参考とされたい。

なお、当然のこととして、これらの行為についても、高齢者介護や障害者介護の現場等において安全に行われるべきものであることを申し添える。

（別　紙）

1　水銀体温計・電子体温計により腋下で体温を計測すること、及び耳式電子体温計により外耳道で体温を測定すること

2　自動血圧測定器により血圧を測定すること

3　新生児以外の者であって入院治療の必要がないものに対して、動脈血酸素飽和度を測定するため、パルスオキシメータを装着すること

4　軽微な切り傷、擦り傷、やけど等について、専門的な判断や技術を必要としない処置をすること（汚物で汚れたガーゼの交換を含む。）

5　患者の状態が以下の 3 条件を満たしていることを医師、歯科医師又は看護職員が確認し、これらの免許を有しない者による医薬品の使用の介助ができることを本人又は家族に伝えている場合に、事前の本人又は家族の具体的な依頼に基づき、医師の処方を受け、あらかじめ薬袋等により患者ごとに区分し授与された医薬品について、医師又は歯科医師の処方及び薬剤師の服薬指導の上、看護職員の保健指導・助言を遵守した医薬品の使用を介助すること。具体的には、皮膚への軟膏の塗布（褥瘡の処置を除く。）、皮膚への湿布の貼付、点眼薬の点眼、一包化された内用薬の内服（舌下錠の使用も含む）、肛門からの坐薬挿入又は鼻腔粘膜への薬剤噴霧を介助すること。

①　患者が入院・入所して治療する必要がなく容態が安定していること

②　副作用の危険性や投薬量の調整等のため、医師又は看護職員による連続的な容態の経過観察が必要である場合ではないこと

③　内用薬については誤嚥の可能性、坐薬については肛門からの出血の可能性など、当該医薬品の使用の方法そのものについて専門的な配慮が必要な場合ではないこと

注 1　以下に掲げる行為も、原則として、医師法第 17 条、歯科医師法第 17 条及び保健師助産師看護師法第 31 条の規制の対象とする必要がないものであると考えられる。

①　爪そのものに異常がなく、爪の周囲の皮膚にも化膿や炎症がなく、かつ、糖尿病等の疾

患に伴う専門的な管理が必要でない場合に、その爪を爪切りで切ること及び爪ヤスリでやすりがけすること

② 重度の歯周病等がない場合の日常的な口腔内の刷掃・清拭において、歯ブラシや綿棒又は巻き綿子などを用いて、歯、口腔粘膜、舌に付着している汚れを取り除き、清潔にすること

③ 耳垢を除去すること（耳垢塞栓の除去を除く）

④ ストマ装具のパウチにたまった排泄物を捨てること。（肌に接着したパウチの取り替えを除く。）

⑤ 自己導尿を補助するため、カテーテルの準備、体位の保持などを行うこと

⑥ 市販のディスポーザブルグリセリン浣腸器（※）を用いて浣腸すること

※ 挿入部の長さが５から６センチメートル程度以内、グリセリン濃度50％、成人用の場合で40グラム程度以下、６歳から12歳未満の小児用の場合で20グラム程度以下、１歳から６歳未満の幼児用の場合で10グラム程度以下の容量のもの

注２ 上記１から５まで及び注１に掲げる行為は、原則として医行為又は医師法第17条、歯科医師法第17条及び保健師助産師看護師法第31条の規制の対象とする必要があるものでないと考えられるものであるが、病状が不安定であること等により専門的な管理が必要な場合には、医行為であるとされる場合もあり得る。このため、介護サービス事業者等はサービス担当者会議の開催時等に、必要に応じて、医師、歯科医師又は看護職員に対して、そうした専門的な管理が必要な状態であるかどうか確認することが考えられる。さらに、病状の急変が生じた場合その他必要な場合は、医師、歯科医師又は看護職員に連絡を行う等の必要な措置を速やかに講じる必要がある。

また、上記１から３までに掲げる行為によって測定された数値を基に投薬の要否など医学的な判断を行うことは医行為であり、事前に示された数値の範囲外の異常値が測定された場合には医師、歯科医師又は看護職員に報告するべきものである。

注３ 上記１から５まで及び注１に掲げる行為は原則として医行為又は医師法第17条、歯科医師法第17条及び保健師助産師看護師法第31条の規制の対象とする必要があるものではないと考えられるものであるが、業として行う場合には実施者に対して一定の研修や訓練が行われることが望ましいことは当然であり、介護サービス等の場で就労する者の研修の必要性を否定するものではない。

また、介護サービスの事業者等は、事業遂行上、安全にこれらの行為が行われるよう監督することが求められる。

注４ 今回の整理はあくまでも医師法、歯科医師法、保健師助産師看護師法等の解釈に関するものであり、事故が起きた場合の刑法、民法等の法律の規定による刑事上・民事上の責任は別途判断されるべきものである。

注５ 上記１から５まで及び注１に掲げる行為について、看護職員による実施計画が立てられている場合は、具体的な手技や方法をその計画に基づいて行うとともに、その結果について報告、相談することにより密接な連携を図るべきである。上記５に掲げる医薬品の使用の介助が福祉施設等において行われる場合には、看護職員によって実施されることが望ましく、また、その配置がある場合には、その指導の下で実施されるべきである。

注６ 上記４は、切り傷、擦り傷、やけど等に対する応急手当を行うことを否定するものではない。

喀痰吸引等に関する演習

学習のポイント

1 口腔内の喀痰吸引

2 鼻腔内の喀痰吸引

3 気管カニューレ内部の喀痰吸引

4 胃ろうによる経管栄養（滴下型の液体栄養剤）

5 胃ろうによる経管栄養（半固形栄養剤）

6 経鼻経管栄養（滴下型の液体栄養剤）

- 感染予防のため、手洗いの手順や、衛生的な器具の取扱い・操作を習得しましょう。
- 対象者の気持ちに寄り添った喀痰吸引等を行うため、説明や声かけ、同意を得ることを覚えましょう。
- 喀痰吸引を安全に実施するため、吸引圧や吸引の時間、吸引カテーテルを入れる長さなどに関する注意点を学習しましょう。
- 経管栄養を安全に実施するため、栄養剤の温度や注入速度、胃ろうチューブや経鼻胃管の観察などに関する注意点を覚えましょう。
- 対象者の状態観察を学習し、医師や看護師に報告できるようになりましょう。

なお、ここで示す手順は、喀痰吸引・経管栄養の基本的な手順の一例です。実際の基本研修の演習では、各受講者が喀痰吸引等を行う予定の対象者のおかれている状況を踏まえ、それに応じた手順で演習を行ってください。
例えば、在宅においては、高額な医療物品の適切な範囲での倹約も必要であり、手袋を片方のみ装着する場合などもあります。そのほか、アルコール綿などの使用量についても同様です。

実施準備
「流水と石けん」による手洗い、指示書の確認、体調の確認 スライド1

まず、実施準備を行います。

訪問時に、流水と石けんで手洗いを行います。これは、皆さんが、外から細菌などを持ち込まないためと、感染配慮からです。15秒以上30秒程度、時間をかけて行います。速乾性擦式手指消毒剤での手洗いも可能ですが、流水で洗える環境にある場合には流水で洗うほうを優先させます。

また、医師の指示書を確認しておきます。さらに、対象者本人や家族、対象者についての前回の記録から、体調を確認します。

ここまでは、ケアの前に済ませておきます。

手順1
対象者の同意を得る スライド2

対象者に対し、「痰がゴロゴロいっているので、吸引してもよろしいでしょうか」などと説明し、対象者の同意を得ます。喀痰吸引は、必要性のある時だけ行うようにしましょう。

手順2
環境を整え、口腔内を観察する スライド3

吸引の環境を整えます。また、効果的に喀痰を吸引できる体位に調整します。

口の周囲と口腔内を観察し、喀痰の貯留、出血、腫れ、乾燥などを確認します。

スライド1 実施準備：「流水と石けん」による手洗い、指示書の確認、体調の確認

> 実施準備：「流水と石けん」による手洗い、指示書の確認、体調の確認
>
> ○訪問時、「流水と石けん」による手洗いを済ませておく。
> ○医師の指示書を確認する。
> ○対象者本人・家族もしくは記録にて、体調を確認する。
>
>
>
> **留意事項**
> ・外から細菌等を持ち込まない。
> ・手洗いの時間は、15秒以上30秒程度。
>
> ここまでは、ケアの前に済ませておきます。

出典）厚生労働省 平成24年度喀痰吸引等指導者講習事業「喀痰吸引等研修テキスト　第三号研修（特定の者対象）」、98頁、2012年を一部改変

スライド2 手順①対象者の同意を得る

> 手順①対象者の同意を得る
>
> ○吸引の必要性を説明し、対象者の同意を得る。
>
>
>
> **留意事項**
> ・吸引の必要性のある時だけ行っているか。

出典）厚生労働省 平成24年度喀痰吸引等指導者講習事業「喀痰吸引等研修テキスト　第三号研修（特定の者対象）」、98頁、2012年を一部改変

スライド3 手順②環境を整え、口腔内を観察する

> 手順②環境を整え、口腔内を観察する
>
> ○吸引の環境を整える。
> ○効果的に喀痰を吸引できる体位に調整する。
> ○口の周囲、口腔内を観察し、喀痰の貯留、出血、腫れ、乾燥などを確認する。
>
> **留意事項**
> ・効果的に喀痰を吸引できる体位か。
> ・喀痰の貯留、出血、腫れ、乾燥などのチェックをしたか。

出典）厚生労働省 平成24年度喀痰吸引等指導者講習事業「喀痰吸引等研修テキスト　第三号研修（特定の者対象）」、98頁、2012年を一部改変

手順3
手洗いをする スライド4

　両手を洗います。流水と石けんによる手洗い、あるいは、速乾性擦式手指消毒剤による手洗いをします。対象者の体に接触した後、吸引前には手洗いを行うようにしましょう。

スライド4　手順③手洗いをする

手順③手洗いをする

○流水と石けんで手洗い、あるいは、速乾性擦式手指消毒剤で手洗いをする。

留意事項

・対象者の体に接触した後、吸引前の手洗いを行っているか。

出典）厚生労働省 平成24年度喀痰吸引等指導者講習事業「喀痰吸引等研修テキスト 第三号研修（特定の者対象）」、99頁、2012年を一部改変

手順4〈単回使用の場合〉
吸引カテーテルを取り出す スライド5

　吸引カテーテルを不潔にならないように取り出します。清潔な使い捨て手袋をする前に、

1. 吸引カテーテルの包装紙を少し開き、
2. 不潔にならないように吸引台に置きます。
3. 清潔手順で使い捨て手袋をつけ、
4. 非利き手で2.の吸引カテーテルを持ちます。
5. 利き手で、清潔に吸引カテーテルを取り出します。

その際、

・衛生的に、器具の取扱いができているか
・カテーテルの先端をあちこちにぶつけていないか

に留意します。なお、利き手のみに手袋をする場合も、同様の手順となります。

スライド5　＜単回使用＞手順④吸引カテーテルを取り出す

＜単回使用＞手順④吸引カテーテルを取り出す

○吸引カテーテルを不潔にならないように取り出す。

留意事項

・衛生的に、器具の取扱いができているか。
・カテーテルの先端をあちこちにぶつけていないか。

手順4〈乾燥法、薬液浸漬法の場合〉
吸引カテーテルを取り出す スライド6

　使い捨て手袋をします。場合によってはセッシを持ちます。

　非利き手で吸引カテーテルを保管容器から取り出します。

　非利き手から、利き手で吸引カテーテルの接続部を持ちます。この時、カテーテル先端には触らず、また先端を周囲のものにぶつけて不潔にならないよう十分注意します。

　なお、利き手のみに手袋をする場合は、同様の手順で吸引カテーテルを取り出すか、利き手で直接、清潔に吸引カテーテルを取り出します。

スライド6　＜乾燥法、薬液浸漬法＞手順④吸引カテーテルを取り出す

＜乾燥法、薬液浸漬法＞手順④吸引カテーテルを取り出す

○使い捨て手袋をする。
　場合によっては、セッシを持つ。

○非利き手で吸引カテーテルを保管容器から取り出す。

留意事項

・衛生的に、器具の取扱いができているか。
・カテーテルの先端をあちこちにぶつけていないか。

○非利き手から、利き手で吸引カテーテルの接続部を持つ。

手順 5
吸引カテーテルを接続する スライド7

　吸引カテーテルを吸引器に連結した接続管につなげます。接続する際に、両手が触れないように注意が必要です。

スライド7 手順⑤吸引カテーテルを接続する

手順⑤吸引カテーテルを接続する

○吸引カテーテルを、吸引器に連結した接続管に接続する

留意事項
・衛生的に操作できているか。

手順 6
吸引器のスイッチを入れる スライド8

　吸引カテーテルを直接手で操作する場合は、先端から約10cmくらいの所を、親指、人差し指、中指の3本でペンを持つように握ります。
　その状態で、カテーテル先端を周囲の物に触れさせないようにしながら、反対の手、すなわち非利き手で吸引器のスイッチを押します。

スライド8 手順⑥吸引器のスイッチを入れる

手順⑥吸引器のスイッチを入れる

○非利き手で、吸引器のスイッチを押す。

留意事項
・カテーテルの先端から約10cmくらいのところを、親指、人差し指、中指の3本でペンを持つように握るか、セッシで持つ。

手順 7
吸引圧を確認する スライド9

　非利き手の親指で吸引カテーテルの根元を塞ぎ、吸引圧が、20kPa（キロパスカル）以下であることを確認します。この間も、カテーテル先端が周囲のものに絶対に触れないように注意します。
　なお、吸引を数回にわけて行うことがありますが、吸引圧の確認は毎回の吸引毎に行う必要はありません。

スライド9 手順⑦吸引圧を確認する

手順⑦吸引圧を確認する

○非利き手の親指で吸引カテーテルの根元を塞ぎ、吸引圧が、20 kPa以下であることを確認する。それ以上の場合、圧調整ツマミで調整する。

留意事項
・衛生的に、器具の取扱いができているか。
・吸引圧は20kPa（キロパスカル）以下、毎回確認の必要はない。

手順 8 〈乾燥法の場合〉

吸引カテーテルを洗浄する スライド10

　吸引カテーテルと接続管の内腔を洗浄水等で洗い流し、吸引カテーテルの先端の水をよく切ります。

　なお、単回使用の場合は、手順8は必要ありません。

スライド10 ＜乾燥法の場合のみ＞手順⑧※単回使用の場合は手順⑨へ

＜乾燥法の場合のみ＞手順⑧※単回使用の場合は手順⑨へ

○吸引カテーテルと接続管の内腔を洗浄水等で洗い流す。

○吸引カテーテルの先端の水をよく切る。

留意事項
・よく水を切ったか。

手順 8 〈薬液浸漬法の場合〉

吸引カテーテルを洗浄する スライド11

　吸引カテーテルの外側の薬液が残らないように、アルコール綿で先端に向かって拭きとり、吸引カテーテルと接続管の内腔を洗浄水等で洗い流します。

　もしくは、吸引カテーテルの外側と内腔を洗浄水等でよく洗い流します。

　その後、吸引カテーテルの先端の水をよく切ります。

　なお、単回使用の場合は、手順8は必要ありません。

スライド11 ＜薬液浸漬法の場合のみ＞手順⑧※単回使用の場合は手順⑨へ

＜薬液浸漬法の場合のみ＞手順⑧※単回使用の場合は手順⑨へ

①吸引カテーテルの外側の薬液が残らないように、アルコール綿で先端に向かって拭きとり、吸引カテーテルと接続管の内腔を洗浄水等で洗い流す。

①吸引カテーテルの外側と内腔を洗浄水等で良く洗い流す。

②吸引カテーテルの先端の水をよく切る。

留意事項
・消毒液を十分に洗い流したか。
・よく水を切ったか。

手順 9

吸引開始の声かけをする スライド12

　吸引の前に、「○○さん、今から口の中の吸引をしてもよろしいですか」と、必ず声をかけ、対象者の同意を得ます。

　たとえ、対象者が返事をできない場合や、意識障害がある場合でも同様にしてください。

スライド12 手順⑨吸引開始の声かけをする

手順⑨吸引開始の声かけをする

○「今から吸引してもよろしいですか？」と声をかける。

○○さん、今から口の中の吸引をしてもよろしいですか？

留意事項
・必ず、声をかけて、対象者から同意を得る。

手順 10
口腔内を吸引する スライド13

奥歯とほおの内側の間、舌の上下面と周囲、前歯と唇の間のうち、喀痰があるところを吸引します。

十分に開口できない人の場合、片手で唇を開いたり、場合によっては、バイトブロックを歯の間に咬ませて、口腔内吸引を行う場合もあります。

無理に口を開けようとすると、反射的に強く口を閉じたり、挿入した吸引カテーテルを強く噛む場合もあるので、リラックスさせて筋肉の緊張が緩むのを待つ配慮も必要です。

吸引カテーテルは静かに挿入します。また、あまり奥まで挿入していないかに注意します。

スライド13 手順⑩口腔内を吸引する

手順⑩口腔内を吸引する

○吸引カテーテルを口腔内に入れ、喀痰があるところを吸引する。

上唇 / 口蓋 / 舌 / 下唇

奥歯とほおの内側の間 — 舌の上下面、周囲 — 前歯と唇の間

留意事項
・静かに挿入し、口腔内の喀痰を吸引できたか。
・あまり奥まで挿入していないか。

出典）厚生労働省 平成24年度喀痰吸引等指導者講習事業「喀痰吸引等研修テキスト 第三号研修（特定の者対象）」、63・100頁、2012年を一部改変

手順 11
確認の声かけをする スライド14

吸引が終わったら、対象者に声をかけ、吸引が十分であったかどうか、再度吸引が必要かどうかを確認します。

スライド14 手順⑪確認の声かけをする

手順⑪確認の声かけをする

○対象者に、吸引が終わったことを告げ、喀痰がとり切れたかを確認する。

○○さん、吸引が終わりました。もう一度、吸引しましょうか？

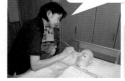

留意事項
・対象者の意志を確認しているか。喀痰がとり切れていない場合はもう一回繰り返すかを聞いているか。

手順 12
吸引カテーテルを洗浄する スライド15

吸引が終わったら、吸引カテーテルの外側をアルコール綿（もしくは、拭き綿）で拭きとり、次に吸引カテーテルと接続管の内腔を、洗浄水等で洗い流します。

その際、
・外側に喀痰がついたカテーテルをそのまま洗浄水等に入れて水を汚染していないか
・接続管に喀痰が残っていないか
・カテーテルに喀痰が残っていないか
に留意しましょう。

スライド15 手順⑫吸引カテーテルを洗浄する

手順⑫吸引カテーテルを洗浄する

○吸引カテーテルの外側を、アルコール綿で先端に向かって拭きとる。

○吸引カテーテルと接続管の内腔を洗浄水等で洗い流す。

留意事項
・外側に喀痰がついたカテーテルをそのまま洗浄水等に入れて、水を汚染していないか。
・接続管に喀痰が残っていないか。
・吸引カテーテル内に喀痰が残っていないか。

手順 13

吸引器のスイッチを切る スライド16

　吸引カテーテルを持つ手とは反対の手、すなわ
ち非利き手で、吸引器の電源スイッチを切ります。
　吸引器の機械音は、吸引が終わったらできるだ
け早く消すようにします。

スライド16 手順⑬吸引器のスイッチを切る

手順⑬吸引器のスイッチを切る

○非利き手で、吸引器のスイッチを切る。

留意事項
・吸引器の機械音は、吸引が
　終わったらできるだけ早く
　消したい。

手順 14〈単回使用の場合〉

吸引カテーテルを破棄する スライド17

　吸引カテーテルを接続管からはずし、破棄しま
す。

スライド17 ＜単回使用＞手順⑭吸引カテーテルを破
棄する

＜単回使用＞手順⑭吸引カテーテルを破棄する

○吸引カテーテルを接続管からはずし、破棄する

手順 14〈乾燥法、薬液浸漬法の場合〉

吸引カテーテルを保管容器に戻す

スライド18

　吸引カテーテルを接続管からはずし、衛生的に
保管容器に戻します。

スライド18 ＜乾燥法、薬液浸漬法＞手順⑭吸引カ
テーテルを保管容器に戻す

＜乾燥法、薬液浸漬法＞手順⑭吸引カテーテルを保管容器に戻す

○乾燥法
　吸引カテーテルを接続管からはずし、衛生的に保
　管容器に戻す。

○薬液浸漬法
　吸引カテーテルを接続管からはずし、衛生的に薬
　液の入った保管容器に完全に浸す。

手順 15
対象者への確認、体位・環境の調整
スライド 19

手袋をはずし、セッシを使用した場合は元に戻します。

対象者に吸引が終わったことを告げ、喀痰がとり切れたかを確認します。

その後、安楽な姿勢に整え、環境の調整を行います。

手順 16
対象者を観察する スライド 20

対象者の顔色、呼吸状態、吸引物の量や性状などを観察します。

経鼻経管栄養を行っている場合は、吸引後の口腔内に栄養チューブが出ていないかを確認します。

吸引した喀痰の量・色・性状を見て、異常があった場合は、看護師や医師、家族に報告することが重要で、感染などの早期発見につながります。

手順 17
「流水と石けん」による手洗いをする
スライド 21

ケア後の手洗いとして、流水と石けんで手洗いを行います。速乾性擦式手指消毒剤での手洗いも可能ですが、流水で洗える環境にある場合には流水で洗うほうを優先させます。

スライド 19 手順⑮対象者への確認、体位・環境の調整

手順⑮対象者への確認、体位・環境の調整

○手袋をはずす。セッシを元に戻す。

○対象者に吸引が終わったことを告げ、喀痰がとり切れたかを確認する。

○体位や環境を整える。

スライド 20 手順⑯対象者を観察する

手順⑯対象者を観察する

○対象者の顔色、呼吸状態、吸引物の量や性状等を観察する。

○経鼻経管栄養を行っている場合、吸引後の口腔内に栄養チューブが出ていないか確認する。

留意事項
・苦痛を最小限に、吸引できたか。
・対象者の状態観察を行えているか。経鼻胃管使用者では、栄養チューブが吸引後、口腔内に出てきていないかを確認。
・吸引した喀痰の量・色・性状を見て、喀痰に異常はないか確認しているか。
（異常があった場合、看護師や医師、家族に報告したか。感染の早期発見につながる。）

スライド 21 手順⑰「流水と石けん」による手洗いをする

手順⑰「流水と石けん」による手洗いをする

○「流水と石けん」による手洗いをする。

出典）厚生労働省 平成24年度喀痰吸引等指導者講習事業「喀痰吸引等研修テキスト 第三号研修（特定の者対象）」、98頁、2012年を一部改変

報告、片付け、記録　スライド22

　最後に、報告、片付け、記録を行います。

　指導看護師に対し、吸引の開始時間、吸引物の性状・量、吸引前後の対象者の状態などを報告します。ヒヤリ・ハット、アクシデントがあれば、あわせて報告します。

　吸引びんの廃液量が70〜80％になる前に廃液を捨てます。保管容器や洗浄水等は、適宜交換します。薬液や水道水は継ぎ足さず、容器ごと取り換えます。片付けは手早く行いましょう。

　実施記録を書きます。ヒヤリ・ハットがあれば、業務の後に記録します。

スライド22 報告、片付け、記録

報告、片付け、記録

○指導看護師に対し、吸引物、吸引前後の対象者の状態等を報告する。ヒヤリ・ハット、アクシデントがあれば、あわせて報告する。
○吸引びんの廃液量が70〜80％になる前に廃液を捨てる。
○保管容器や洗浄水等を、適宜交換する。
○実施記録を書く。ヒヤリ・ハットがあれば、業務の後に記録する。

留意事項
・手早く片付けているか。
・吸引びんの汚物は適宜捨てる。
・薬液や水道水は継ぎ足さず、容器ごと取り換える。
・記録し、ヒヤリ・ハットがあれば報告したか。

実施準備

「流水と石けん」による手洗い、指示書の確認、体調の確認 スライド23

まず、実施準備を行います。

訪問時に、流水と石けんで手洗いを行います。これは、皆さんが、外から細菌などを持ち込まないためと、感染配慮からです。15秒以上30秒程度、時間をかけて行います。速乾性擦式手指消毒剤での手洗いも可能ですが、流水で洗える環境にある場合には流水で洗うほうを優先させます。

また、医師の指示書を確認しておきます。さらに、対象者本人や家族、対象者についての前回の記録から、体調を確認します。

ここまでは、ケアの前に済ませておきます。

スライド23 実施準備：「流水と石けん」による手洗い、指示書の確認、体調の確認

実施準備：「流水と石けん」による手洗い、指示書の確認、体調の確認

○訪問時、「流水と石けん」による手洗いを済ませておく。
○医師の指示書を確認する。
○対象者本人・家族もしくは記録にて、体調を確認する。

留意事項
・外から細菌等を持ち込まない。
・手洗いの時間は、15秒以上30秒程度。

ここまでは、ケアの前に済ませておきます。

出典）厚生労働省 平成24年度喀痰吸引等指導者講習事業「喀痰吸引等研修テキスト 第三号研修（特定の者対象）」、103頁、2012年を一部改変

手順1

対象者の同意を得る スライド24

対象者に対し、「痰がゴロゴロいっているので、吸引してもよろしいでしょうか」などと説明し、対象者の同意を得ます。喀痰吸引は、必要性のある時だけ行うようにしましょう。

スライド24 手順①対象者の同意を得る

手順①対象者の同意を得る

○吸引の必要性を説明し、対象者の同意を得る。

留意事項
・吸引の必要性のある時だけ行っているか。

出典）厚生労働省 平成24年度喀痰吸引等指導者講習事業「喀痰吸引等研修テキスト 第三号研修（特定の者対象）」、103頁、2012年を一部改変

手順2

環境を整え、鼻腔内を観察する スライド25

吸引の環境を整えます。また、効果的に喀痰を吸引できる体位に調整します。

鼻の周囲と鼻腔内を観察し、喀痰の貯留、出血などを確認します。

スライド25 手順②環境を整え、鼻腔内を観察する

手順②環境を整え、鼻腔内を観察する

○吸引の環境を整える。
○効果的に喀痰を吸引できる体位に調整する。
○鼻の周囲、鼻腔内を観察し、喀痰の貯留、出血などを確認する。

留意事項
・効果的に喀痰を吸引できる体位か。
・喀痰の貯留、出血などのチェックをしたか。

手順3
手洗いをする スライド26

両手を洗います。流水と石けんによる手洗い、あるいは、速乾性擦式手指消毒剤による手洗いをします。対象者の体に接触した後、吸引前には手洗いを行うようにしましょう。

スライド26 手順③手洗いをする

> 手順③手洗いをする
>
> ○流水と石けんで手洗い、あるいは、**速乾性擦式手指消毒剤で手洗いをする。**
>
> **留意事項**
> ・対象者の体に接触した後、吸引前の手洗いを行っているか。

手順4〈単回使用の場合〉
吸引カテーテルを取り出す スライド27

吸引カテーテルを不潔にならないように取り出します。清潔な使い捨て手袋をする前に、

1. 吸引カテーテルの包装紙を少し開き、
2. 不潔にならないように吸引台に置きます。
3. 清潔手順で使い捨て手袋をつけ、
4. 非利き手で2.の吸引カテーテルを持ちます。
5. 利き手で、清潔に吸引カテーテルを取り出します。

その際、

・衛生的に、器具の取扱いができているか
・カテーテルの先端をあちこちにぶつけていないか

に留意します。なお、利き手のみに手袋をする場合も、同様の手順となります。

スライド27 ＜単回使用＞手順④吸引カテーテルを取り出す

> ＜単回使用＞手順④吸引カテーテルを取り出す
>
> ○吸引カテーテルを不潔にならないように取り出す。
>
>
>
>
> **留意事項**
> ・衛生的に、器具の取扱いができているか。
> ・カテーテルの先端をあちこちにぶつけていないか。

手順4〈乾燥法、薬液浸漬法の場合〉
吸引カテーテルを取り出す スライド28

使い捨て手袋をします。場合によってはセッシを持ちます。

非利き手で吸引カテーテルを保管容器から取り出します。

非利き手から、利き手で吸引カテーテルの接続部を持ちます。この時、カテーテル先端には触らず、また先端を周囲のものにぶつけて不潔にならないよう十分注意します。

なお、利き手のみに手袋をする場合は、同様の手順で吸引カテーテルを取り出すか、利き手で直接、清潔に吸引カテーテルを取り出します。

スライド28 ＜乾燥法、薬液浸漬法＞手順④吸引カテーテルを取り出す

> ＜乾燥法、薬液浸漬法＞手順④吸引カテーテルを取り出す
>
> ○使い捨て手袋をする。場合によっては、セッシを持つ。
>
> ○非利き手で吸引カテーテルを保管容器から取り出す。
>
> **留意事項**
> ・衛生的に、器具の取扱いができているか。
> ・カテーテルの先端をあちこちにぶつけていないか。
>
> ○非利き手から、利き手で吸引カテーテルの接続部を持つ。

手順5
吸引カテーテルを接続する スライド29

　吸引カテーテルを吸引器に連結した接続管につなげます。接続する際に、両手が触れないように注意が必要です。

スライド29	手順⑤吸引カテーテルを接続する

手順⑤吸引カテーテルを接続する

○吸引カテーテルを、吸引器に連結した接続管に接続する

留意事項
・衛生的に操作できているか。

手順6
吸引器のスイッチを入れる スライド30

　吸引カテーテルを直接手で操作する場合は、先端から約10cmくらいの所を、親指、人差し指、中指の3本でペンを持つように握ります。

　その状態で、カテーテル先端を周囲の物に触れさせないようにしながら、反対の手、すなわち非利き手で吸引器のスイッチを押します。

スライド30	手順⑥吸引器のスイッチを入れる

手順⑥吸引器のスイッチを入れる

○非利き手で、吸引器のスイッチを押す。

留意事項
・カテーテルの先端から約10cmくらいのところを、親指、人差し指、中指の3本でペンを持つように握るか、セッシで持つ。

手順7
吸引圧を確認する スライド31

　非利き手の親指で吸引カテーテルの根元を塞ぎ、吸引圧が、20kPa（キロパスカル）以下であることを確認します。この間も、カテーテル先端が周囲のものに絶対に触れないように注意します。

　なお、吸引を数回にわけて行うことがありますが、吸引圧の確認は毎回の吸引毎に行う必要はありません。

スライド31	手順⑦吸引圧を確認する

手順⑦吸引圧を確認する

○非利き手の親指で吸引カテーテルの根元を塞ぎ、吸引圧が、20 kPa 以下であることを確認する。それ以上の場合、圧調整ツマミで調整する。

留意事項
・衛生的に、器具の取扱いができているか。
・吸引圧は20kPa（キロパスカル）以下、毎回確認の必要はない。

手順 8〈乾燥法の場合〉
吸引カテーテルを洗浄する スライド32

　吸引カテーテルと接続管の内腔を洗浄水等で洗い流し、吸引カテーテルの先端の水をよく切ります。

　なお、単回使用の場合は、手順8は必要ありません。

スライド32 ＜乾燥法の場合のみ＞手順⑧※単回使用の場合は手順⑨へ

＜乾燥法の場合のみ＞手順⑧※単回使用の場合は手順⑨へ
○吸引カテーテルと接続管の内腔を洗浄水等で洗い流す。
○吸引カテーテルの先端の水をよく切る。

留意事項
・よく水を切ったか。

手順 8〈薬液浸漬法の場合〉
吸引カテーテルを洗浄する スライド33

　吸引カテーテルの外側の薬液が残らないように、アルコール綿で先端に向かって拭きとり、吸引カテーテルと接続管の内腔を洗浄水等で洗い流します。

　もしくは、吸引カテーテルの外側と内腔を洗浄水等でよく洗い流します。

　その後、吸引カテーテルの先端の水をよく切ります。

　なお、単回使用の場合は、手順8は必要ありません。

スライド33 ＜薬液浸漬法の場合のみ＞手順⑧※単回使用の場合は手順⑨へ

＜薬液浸漬法の場合のみ＞手順⑧※単回使用の場合は手順⑨へ

①吸引カテーテルの外側の薬液が残らないように、アルコール綿で先端に向かって拭きとり、吸引カテーテルと接続管の内腔を洗浄水等で洗い流す。

①吸引カテーテルの外側と内腔を洗浄水等で良く洗い流す。

②吸引カテーテルの先端の水をよく切る。

留意事項
・消毒液を十分に洗い流したか。
・よく水を切ったか。

手順 9
吸引開始の声かけをする スライド34

　吸引の前に、「○○さん、今から鼻の中の吸引をしてもよろしいですか」と、必ず声をかけ、対象者の同意を得ます。

　たとえ、対象者が返事をできない場合や、意識障害がある場合でも同様にしてください。

スライド34 手順⑨吸引開始の声かけをする

手順⑨吸引開始の声かけをする
○「今から吸引してもよろしいですか？」と声をかける。

○○さん、今から鼻の中の吸引をしてもよろしいですか？

留意事項
・必ず、声をかけて、対象者から同意を得る。

手順 10
鼻腔内を吸引する スライド 35

　吸引カテーテルを操作する手とは反対の手で吸引カテーテルの根元を折り曲げ、まだ陰圧が吸引カテーテルにかからないようにします。この状態で、吸引カテーテルを鼻腔内の奥に入れます。

　奥まで挿入できたら、吸引カテーテルの根元を折り曲げた反対側の指を緩め、吸引カテーテルに陰圧をかけ、ゆっくり引き抜きながら喀痰を吸引します。この時、カテーテルをもった3本の指でこよりをよるように、左右にカテーテルを回しながらゆっくり引き抜きます。その際、

・奥に挿入するまで、吸引カテーテルに陰圧はかけていないか
・適切な角度の調整で吸引カテーテルを奥まで挿入できているか

に留意しましょう。

スライド 35　手順⑩鼻腔内を吸引する

手順⑩鼻腔内を吸引する

○吸引カテーテルを陰圧をかけない状態で鼻腔内の奥に入れる。
○吸引カテーテルを折り曲げた指を緩め、陰圧をかけて、喀痰を吸引する。

陰圧を
かけないで

留意事項
・奥に挿入するまで、吸引カテーテルに陰圧はかけていないか。
・適切な角度の調整で吸引カテーテルを奥まで挿入できているか。
・手で操作する場合、吸引カテーテルを左右に回転させながらゆっくり引き抜いているか。

出典）厚生労働省 平成24年度喀痰吸引等指導者講習事業「喀痰吸引等研修テキスト 第三号研修（特定の者対象）」、105頁、2012年を一部改変

手順 11
確認の声かけをする スライド 36

　吸引が終わったら、対象者に声をかけ、吸引が十分であったかどうか、再度吸引が必要かどうかを確認します。

スライド 36　手順⑪確認の声かけをする

手順⑪確認の声かけをする

○対象者に、吸引が終わったことを告げ、喀痰がとり切れたかを確認する。

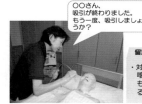

○○さん、
吸引が終わりました。
もう一度、吸引しましょうか？

留意事項
・対象者の意志を確認しているか。喀痰がとり切れていない場合はもう一回繰り返すかを聞いているか。

手順 12
吸引カテーテルを洗浄する スライド 37

　吸引が終わったら、吸引カテーテルの外側をアルコール綿（もしくは、拭き綿）で拭きとり、次に吸引カテーテルと接続管の内腔を、洗浄水等で洗い流します。その際、

・外側に喀痰がついたカテーテルをそのまま洗浄水等（水道水等）に入れて水を汚染していないか
・接続管に喀痰が残っていないか
・カテーテルに喀痰が残っていないか

に留意しましょう。

スライド 37　手順⑫吸引カテーテルを洗浄する

手順⑫吸引カテーテルを洗浄する

○吸引カテーテルの外側を、アルコール綿で先端に向かって拭きとる。

○吸引カテーテルと接続管の内腔を洗浄水等で洗い流す。

留意事項
・外側に喀痰がついたカテーテルをそのまま洗浄水等に入れて、水を汚染していないか。
・接続管に喀痰が残っていないか。
・吸引カテーテル内に喀痰が残っていないか。

手順 13
吸引器のスイッチを切る スライド38

　吸引カテーテルを持つ手とは反対の手、すなわち非利き手で、吸引器の電源スイッチを切ります。

　吸引器の機械音は、吸引が終わったらできるだけ早く消すようにします。

スライド38　手順⑬吸引器のスイッチを切る

> 手順⑬吸引器のスイッチを切る

○非利き手で、吸引器のスイッチを切る。

留意事項
・吸引器の機械音は、吸引が終わったらできるだけ早く消したい。

手順 14〈単回使用の場合〉
吸引カテーテルを破棄する スライド39

　吸引カテーテルを接続管からはずし、破棄します。

スライド39　＜単回使用＞手順⑭吸引カテーテルを破棄する

> ＜単回使用＞手順⑭吸引カテーテルを破棄する

○吸引カテーテルを接続管からはずし、破棄する

手順 14〈乾燥法、薬液浸漬法の場合〉
吸引カテーテルを保管容器に戻す
スライド40

　吸引カテーテルを接続管からはずし、衛生的に保管容器に戻します。

スライド40　＜乾燥法、薬液浸漬法＞手順⑭吸引カテーテルを保管容器に戻す

> ＜乾燥法、薬液浸漬法＞手順⑭吸引カテーテルを保管容器に戻す

○乾燥法
　吸引カテーテルを接続管からはずし、衛生的に保管容器に戻す。

○薬液浸漬法
　吸引カテーテルを接続管からはずし、衛生的に薬液の入った保管容器に完全に浸す。

手順 15
対象者への確認、体位・環境の調整
スライド 41

　手袋をはずし、セッシを使用した場合は元に戻します。対象者に吸引が終わったことを告げ、喀痰がとり切れたかを確認します。

　その後、安楽な姿勢に整え、環境の調整を行います。

スライド 41 手順⑮対象者への確認、体位・環境の調整

手順⑮対象者への確認、体位・環境の調整

○手袋をはずす。セッシを元に戻す。

○対象者に吸引が終わったことを告げ、喀痰がとり切れたかを確認する。

○体位や環境を整える。

手順 16
対象者を観察する　スライド 42

　対象者の顔色、呼吸状態、吸引物の量や性状などを観察します。経鼻経管栄養を行っている場合は、吸引後の口腔内に栄養チューブが出ていないかを確認します。

　吸引した喀痰の量・色・性状を見て、異常があった場合は、看護師や医師、家族に報告することが重要で、感染などの早期発見につながります。

スライド 42 手順⑯対象者を観察する

手順⑯対象者を観察する

○対象者の顔色、呼吸状態、吸引物の量や性状等を観察する。

○経鼻経管栄養を行っている場合、吸引後の口腔内に栄養チューブが出ていないか確認する。

留意事項
・苦痛を最小限に、吸引できたか。
・対象者の状態観察を行えているか。経鼻胃管使用者では、栄養チューブが吸引後、口腔内に出てきていないかを確認。
・吸引した喀痰の量・色・性状を見て、喀痰に異常はないか確認しているか。
（異常があった場合、看護師や医師、家族に報告したか。感染の早期発見につながる。）

手順 17
「流水と石けん」による手洗いをする
スライド 43

　ケア後の手洗いとして、流水と石けんで手洗いを行います。速乾性擦式手指消毒剤での手洗いも可能ですが、流水で洗える環境にある場合には流水で洗うほうを優先させます。

スライド 43 手順⑰「流水と石けん」による手洗いをする

手順⑰「流水と石けん」による手洗いをする

○「流水と石けん」による手洗いをする。

出典）厚生労働省 平成24年度喀痰吸引等指導者講習事業「喀痰吸引等研修テキスト 第三号研修（特定の者対象）」、98頁、2012年を一部改変

報告、片付け、記録 スライド44

　最後に、報告、片付け、記録を行います。

　指導看護師に対し、吸引の開始時間、吸引物の性状・量、吸引前後の対象者の状態などを報告します。ヒヤリ・ハット、アクシデントがあれば、あわせて報告します。吸引びんの廃液量が70〜80％になる前に廃液を捨てます。保管容器や洗浄水等は、適宜交換します。薬液や水道水は継ぎ足さず、容器ごと取り換えます。片付けは手早く行いましょう。

　実施記録を書きます。ヒヤリ・ハットがあれば、業務の後に記録します。

スライド44 報告、片付け、記録

報告、片付け、記録

○指導看護師に対し、吸引物、吸引前後の対象者の状態等を報告する。ヒヤリ・ハット、アクシデントがあれば、あわせて報告する。

○吸引びんの廃液量が70〜80％になる前に廃液を捨てる。

○保管容器や洗浄水等を、適宜交換する。

○実施記録を書く。ヒヤリ・ハットがあれば、業務の後に記録する。

留意事項
・手早く片付けているか。
・吸引びんの汚物は適宜捨てる。
・薬液や水道水は継ぎ足さず、容器ごと取り換える。
・記録し、ヒヤリ・ハットがあれば報告したか。

気管カニューレ内部の喀痰吸引
（単回使用、乾燥法、薬液浸漬法）

実施準備
「流水と石けん」による手洗い、指示書の確認、体調の確認 スライド45

まず、実施準備を行います。

訪問時に、流水と石けんで手洗いを行います。これは、皆さんが、外から細菌などを持ち込まないためと、感染配慮からです。15秒以上30秒程度、時間をかけて行います。速乾性擦式手指消毒剤での手洗いも可能ですが、流水で洗える環境にある場合には流水で洗うほうを優先させます。

また、医師の指示書を確認しておきます。さらに、対象者本人や家族、対象者についての前回の記録から、体調を確認します。気管カニューレに人工鼻が付いている場合、はずしておくとよいでしょう。

ここまでは、ケアの前に済ませておきます。

手順1
対象者の同意を得る スライド46

対象者に対し、「痰がゴロゴロいっているので、吸引してもよろしいでしょうか」などと説明し、対象者の同意を得ます。喀痰吸引は、必要性のある時だけ行うようにしましょう。

スライド45 実施準備：「流水と石けん」による手洗い、指示書の確認、体調の確認

実施準備：「流水と石けん」による手洗い、指示書の確認、体調の確認

○訪問時、「流水と石けん」による手洗いを済ませておく。
○医師の指示書を確認する。
○対象者本人・家族もしくは記録にて、体調を確認する。
○気管カニューレに人工鼻が付いている場合、はずしておく。

留意事項
・外から細菌等を持ち込まない。
・手洗いの時間は、15秒以上30秒程度。

ここまでは、ケアの前に済ませておきます。

出典）厚生労働省 平成24年度喀痰吸引等指導者講習事業「喀痰吸引等研修テキスト 第三号研修（特定の者対象）」、108頁、2012年を一部改変

スライド46 手順①対象者の同意を得る

手順①対象者の同意を得る

○吸引の必要性を説明し、対象者の同意を得る。

留意事項
・吸引の必要性のある時だけ行っているか。

出典）厚生労働省 平成24年度喀痰吸引等指導者講習事業「喀痰吸引等研修テキスト 第三号研修（特定の者対象）」、108頁、2012年を一部改変

手順2

環境を整え、気管カニューレ周囲を観察する　スライド47

　吸引の環境を整えます。また、効果的に喀痰を吸引できる体位に調整します。

　気管カニューレの周囲の喀痰の吹き出し、皮膚の状態、固定のゆるみ、喀痰の貯留を示す呼吸音の有無などを観察します。

| スライド47 | 手順②環境を整え、気管カニューレ周囲を観察する |

手順②環境を整え、気管カニューレ周囲を観察する

○吸引の環境を整える。
○効果的に喀痰を吸引できる体位に調整する。
○気管カニューレの周囲、固定状態及び喀痰の貯留を示す呼吸音の有無を観察する。

> **留意事項**
> ・効果的に喀痰を吸引できる体位か。
> ・気管カニューレ周囲の状態（喀痰の吹き出し、皮膚の発赤等）、固定のゆるみ、喀痰の貯留を示す呼吸音の有無などのチェックをしたか。

手順3

手洗いをする　スライド48

　両手を洗います。流水と石けんによる手洗い、あるいは、速乾性擦式手指消毒剤による手洗いをします。

　対象者の体に接触した後、吸引前には手洗いを行うようにしましょう。

| スライド48 | 手順③手洗いをする |

手順③手洗いをする

○流水と石けんで手洗い、あるいは、速乾性擦式手指消毒剤で手洗いをする。

> **留意事項**
> ・対象者の体に接触した後、吸引前の手洗いを行っているか。

手順4〈単回使用の場合〉

吸引カテーテルを取り出す　スライド49

　吸引カテーテルを不潔にならないように取り出します。清潔な使い捨て手袋をする前に、

1. 吸引カテーテルの包装紙を少し開き、
2. 不潔にならないように吸引台に置きます。
3. 清潔手順で使い捨て手袋をつけ、
4. 非利き手で2.の吸引カテーテルを持ちます。
5. 利き手で、清潔に吸引カテーテルを取り出します。

その際、

・衛生的に、器具の取扱いができているか
・カテーテルの先端をあちこちにぶつけていないか

に留意します。なお、利き手のみに手袋をする場合も、同様の手順となります。

| スライド49 | ＜単回使用＞手順④吸引カテーテルを取り出す |

＜単回使用＞手順④吸引カテーテルを取り出す

○吸引カテーテルを不潔にならないように取り出す。

> **留意事項**
> ・衛生的に、器具の取扱いができているか。
> ・カテーテルの先端をあちこちにぶつけていないか。

吸引カテーテルを取り出す スライド50

使い捨て手袋をします。場合によってはセッシを持ちます。

非利き手で吸引カテーテルを保管容器から取り出します。

非利き手から、利き手で吸引カテーテルの接続部を持ちます。

気管カニューレ内吸引は、口腔内・鼻腔内吸引に比べて滅菌的な操作が求められるため、カテーテル先端には触らず、また先端を周囲のものにぶつけて不潔にならないよう十分注意します。

なお、利き手のみに手袋をする場合は、同様の手順で吸引カテーテルを取り出すか、利き手で直接、清潔に吸引カテーテルを取り出します。

吸引カテーテルを接続する スライド51

吸引カテーテルを吸引器に連結した接続管につなげます。接続する際に、両手が触れないように注意が必要です。

吸引器のスイッチを入れる スライド52

吸引カテーテルを直接手で操作する場合は、先端から約10cm くらいの所を、親指、人差し指、中指の3本でペンを持つように握ります。

その状態で、カテーテル先端を周囲の物に触れさせないようにしながら、反対の手、すなわち非利き手で吸引器のスイッチを押します。

なお、気管カニューレ内吸引では、口腔内・鼻腔内吸引と異なり、無菌的な操作が要求されるので、滅菌された吸引カテーテルの先端約10cm の部位は、挿入前に他の器物に絶対に触れさせないように、注意してください。

スライド50 ＜乾燥法、薬液浸漬法＞手順④吸引カテーテルを取り出す

＜乾燥法、薬液浸漬法＞手順④吸引カテーテルを取り出す。

○使い捨て手袋をする。場合によっては、セッシを持つ。

○非利き手で吸引カテーテルを保管容器から取り出す。

○非利き手から、利き手で吸引カテーテルの接続部を持つ。

留意事項
・衛生的に、器具の取扱いができているか。
・カテーテルの先端をあちこちにぶつけていないか。

スライド51 手順⑤吸引カテーテルを接続する

手順⑤吸引カテーテルを接続する

○吸引カテーテルを吸引器に連結した接続管につなげる。

留意事項
・衛生的に操作できているか。

スライド52 手順⑥吸引器のスイッチを入れる

手順⑥吸引器のスイッチを入れる

○非利き手で、吸引器のスイッチを押す。

 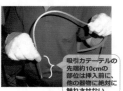

吸引カテーテルの先端約10cmの部位は挿入前に、他の器物に絶対に触れさせない。

留意事項
・カテーテルの先端から約10cmくらいのところを、親指、人差し指、中指の3本でペンを持つように握るか、セッシで持つ。

手順7

吸引圧を確認する スライド53

非利き手の親指で吸引カテーテルの根元を塞ぎ、吸引圧が、20kPa（キロパスカル）以下であることを確認します。

この間も、カテーテル先端が周囲のものに絶対に触れないように注意します。

なお、吸引を数回にわけて行うことがありますが、吸引圧の確認は毎回の吸引毎に行う必要はありません。

スライド53 **手順⑦吸引圧を確認する**

手順⑦吸引圧を確認する

○非利き手の親指で吸引カテーテルの根元を塞ぎ、吸引圧が、20kPa以下であることを確認する。それ以上の場合、圧調整ツマミで調整する。

留意事項

・衛生的に、器具の取扱いができているか。
・吸引圧は20kPa（キロパスカル）以下、毎回確認の必要はない。

手順8〈乾燥法の場合〉

吸引カテーテルを洗浄する スライド54

吸引カテーテルと接続管の内腔を洗浄水等で洗い流し、吸引カテーテルの先端の水をよく切ります。

その後、吸引カテーテルの外側を、アルコール綿で先端に向かって拭きとります。

ただし、洗浄水等が、滅菌水や煮沸した水道水、蒸留水の場合は、アルコール綿で拭きとる手順は省くこともあります。

なお、単回使用の場合は、手順8は必要ありません。

スライド54 **＜乾燥法の場合のみ＞手順⑧※単回使用の場合は手順⑨へ**

＜乾燥法の場合のみ＞手順⑧※単回使用の場合は手順⑨へ

○吸引カテーテルと接続管の内腔を洗浄水等で洗い流す。
○吸引カテーテルの先端の水をよく切る。
○吸引カテーテルの外側を、アルコール綿で先端に向かって拭きとる。

留意事項

・よく水を切ったか。

手順8〈薬液浸漬法の場合〉

吸引カテーテルを洗浄する スライド55

吸引カテーテルの外側の薬液が残らないように、アルコール綿で先端に向かって拭きとり、吸引カテーテルと接続管の内腔を洗浄水等で洗い流します。もしくは、吸引カテーテルの外側と内腔を洗浄水等でよく洗い流します。

その後、吸引カテーテルの先端の水をよく切ります。

最後に、吸引カテーテルの外側を、アルコール綿で先端に向かって拭きとります。

ただし、洗浄水等が、滅菌水や煮沸した水道水、蒸留水の場合は、最後のアルコール綿で拭きとる手順は省くこともあります。

なお、単回使用の場合は、手順8は必要ありません。

スライド55 **＜薬液浸漬法の場合のみ＞手順⑧※単回使用の場合は手順⑨へ**

＜薬液浸漬法の場合のみ＞手順⑧※単回使用の場合は手順⑨へ

①吸引カテーテルの外側の薬液が残らないように、アルコール綿で先端に向かって拭きとり、吸引カテーテルと接続管の内腔を洗浄水等で洗い流す。

①吸引カテーテルの外側と内腔を洗浄水等で良く洗い流す。

②吸引カテーテルの先端の水をよく切る。
③吸引カテーテルの外側を、アルコール綿で先端に向かって拭き取る。

留意事項

・消毒液を十分に洗い流したか。
・よく水を切ったか。

手順9
吸引開始の声かけをする スライド56

　吸引の前に、「○○さん、今から気管カニューレ内部の吸引をしてもよろしいですか」と、必ず声をかけ、対象者の同意を得ます。

　たとえ、対象者が返事をできない場合や、意識障害がある場合でも同様にしてください。

手順10〈気管切開での人工呼吸器を使用している対象者の場合〉
コネクターをはずす スライド57

　人工呼吸器から空気が送り込まれ、胸が盛り上がるのを確認後、フレキシブルチューブのコネクターを気管カニューレからはずします。この時は、人工呼吸器の消音ボタンを押し、素早く利き手で吸引カテーテルを持った状態で、もう一方の手（非利き手）で、フレキシブルチューブ先端のコネクターをはずすことになります。

　そのため、場合によっては、あらかじめコネクターを少しゆるめておいたり、コネクターを固定しているヒモをほどいておくなどの、吸引前の準備が必要です。

　また、コネクターをはずした時、フレキシブルチューブ内にたまった水滴が気管カニューレ内部に落ちないよう注意してください。はずしたコネクターは、きれいなタオルなどの上に置いておきます。

　気管カニューレをひっぱって痛みを与えていないか、気をつけながら行いましょう。

スライド56 手順⑨吸引開始の声かけをする

> 手順⑨吸引開始の声かけをする

○「今から吸引してもよろしいですか？」と声をかける。

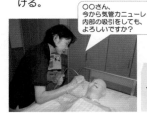

○○さん、今から気管カニューレ内部の吸引をしても、よろしいですか？

留意事項

・必ず、声をかけて、対象者から同意を得る。

スライド57 手順⑩※気管切開での人工呼吸器使用者の場合のみ

> 手順⑩　※気管切開での人工呼吸器使用者の場合のみ

○人工呼吸器から空気が送り込まれ、胸が盛り上がるのを確認後、フレキシブルチューブのコネクターを気管カニューレからはずす。

水滴が気管カニューレ内部に落ちないよう注意する

コネクターは、きれいなタオル等の上に置いておく

留意事項

・呼吸器から肺に空気が送り込まれたことを確認後に、片手でフレキシブルチューブ先端のコネクターを、そっとはずしているか。
・気管カニューレをひっぱって痛みを与えていないか。
・はずしたコネクターをきれいなガーゼかタオルの上に置いているか。
・水滴を気管カニューレ内部に落とし込んでいないか。

手順 11
気管カニューレ内部を吸引する スライド58

　初めから陰圧をかけて喀痰を引きながら挿入し、そのまま陰圧をかけて引き抜きながら吸引します。吸引カテーテルを引き抜く時、こよりをひねるように、左右に回転させたりしてもよいでしょう。

　1回の吸引時間は、10秒以内です。息苦しさは大丈夫かどうかなど、表情などを観察し、できるだけ短い時間で行いましょう。

　吸引カテーテルは気管カニューレの先端を越えていないか、注意しながら行いましょう。

　吸引中や吸引直後の対象者の呼吸状態・顔色に気をつけ、異常があった場合、看護師や医師に即座に報告しましょう。

手順 12〈気管切開での人工呼吸器を使用している対象者の場合〉
コネクターを素早く接続する スライド59

　吸引が終わったら、すぐに、気管カニューレにフレキシブルチューブ先端のコネクターを接続します。この時フレキシブルチューブ内にたまった水滴をはらい、気管カニューレ内部に落ちないよう注意してください。そして、正しく接続できているか人工呼吸器の作動状況や状態の確認を行います。

手順 13
確認の声かけをする スライド60

　吸引が終わったら、対象者に声をかけ、吸引が十分であったかどうか、再度吸引が必要かどうかを確認します。

スライド58 手順⑪気管カニューレ内部を吸引する

手順⑪気管カニューレ内部を吸引する

○初めから陰圧をかけて喀痰を引きながら挿入し、そのまま陰圧をかけて引き抜きながら吸引する。

1回の吸引は10秒以内で。しかし出来るだけ最短時間で効率よく行う。

留意事項
・気管カニューレの手ないしセッシでの持ち方は正しいか。
・どの時期で陰圧をかけるかどうかは、あらかじめ決めておく。
・吸入力テーテルは気管カニューレの先端を越えていないか。
・吸引中、直後の対象者の呼吸状態・顔色に気をつける。異常があった場合、看護師や医師に即座に報告したか。
・陰圧をかけて吸引できているか。
・吸引は、できるだけ最短時間で。
・手で操作する場合、吸引カテーテルを左右に回転させながらゆっくり引き抜いているか。

スライド59 手順⑫※気管切開での人工呼吸器使用者の場合のみ

手順⑫　※気管切開での人工呼吸器使用者の場合のみ

○吸引後、フレキシブルチューブ先端のコネクターを、すぐに気管カニューレに接続する。

重要

この時フレキシブルチューブ内にたまった水滴をはらい、気管カニューレ内部に落ちないように注意する。

留意事項
・フレキシブルチューブ内に水滴が付いている場合、水滴をはらった後に、コネクターを気管カニューレに接続しているか。

スライド60 手順⑬確認の声かけをする

手順⑬確認の声かけをする

○対象者に、吸引が終わったことを告げ、喀痰がとり切れたかを確認する。

〇〇さん、吸引が終わりました。もう一度、吸引しましょうか？

留意事項
・対象者の意思を確認しているか。喀痰がとり切れていない場合はもう一回繰り返すかを聞いているか。

手順 14
吸引カテーテルを洗浄する スライド61

　吸引が終わったら、吸引カテーテルの外側をアルコール綿（もしくは、拭き綿）で拭き取り、次に吸引カテーテルと接続管の内腔を、洗浄水等で洗い流します。その際、

　・吸引カテーテルを、アルコール綿で上から下まで一気に拭き取っているか
　・気管カニューレ内吸引カテーテル専用の洗浄水等で洗浄しているか
　・接続管に喀痰が残っていないか
　・カテーテルに喀痰が残っていないか

に留意しましょう。

手順 15
吸引器のスイッチを切る スライド62

　吸引カテーテルを持つ手とは反対の手、すなわち非利き手で、吸引器の電源スイッチを切ります。
　吸引器の機械音は、吸引が終わったらできるだけ早く消すようにします。

手順 16〈単回使用の場合〉
吸引カテーテルを破棄する スライド63

　吸引カテーテルを接続管からはずし、破棄します。

スライド61 手順⑭吸引カテーテルを洗浄する

手順⑭吸引カテーテルを洗浄する

○吸引カテーテルの外側を、アルコール綿で先端に向かって拭き取る。

○吸引カテーテルと接続管の内腔を洗浄水等で洗い流す。

留意事項
・吸引カテーテルを、アルコール綿で上から下まで一気に拭き取っているか。
・気管カニューレ内吸引カテーテル専用の洗浄水等で洗浄しているか。
・接続管に喀痰が残っていないか。
・吸引カテーテル内に喀痰が残っていないか。

スライド62 手順⑮吸引器のスイッチを切る

手順⑮吸引器のスイッチを切る

○非利き手で、吸引器のスイッチを切る。

留意事項
・吸引器の機械音は、吸引が終わったらできるだけ早く消したい。

スライド63 ＜単回使用＞手順⑯吸引カテーテルを破棄する

＜単回使用＞手順⑯吸引カテーテルを破棄する

○吸引カテーテルを接続管からはずし、破棄する

手順16〈乾燥法、薬液浸漬法の場合〉
吸引カテーテルを保管容器に戻す
スライド64

　吸引カテーテルを接続管からはずし、衛生的に保管容器に戻します。

スライド64 ＜乾燥法、薬液浸漬法＞手順⑯吸引カテーテルを保管容器に戻す

＜乾燥法、薬液浸漬法＞手順⑯吸引カテーテルを保管容器に戻す

○乾燥法
　吸引カテーテルを接続管からはずし、衛生的に保管容器に戻す。

○薬液浸漬法
　吸引カテーテルを接続管からはずし、衛生的に薬液の入った保管容器に完全に浸す。

手順17
対象者への確認、体位・環境の調整
スライド65

　手袋をはずし、セッシを使用した場合は元に戻します。対象者に吸引が終わったことを告げ、喀痰がとり切れたかを確認します。

　気管切開での人工呼吸器を使用している対象者の場合は、人工呼吸器が正常に作動していること、気道内圧、酸素飽和度などをチェックします。

　その後、安楽な姿勢に整え、環境の調整を行います。

スライド65 手順⑰対象者への確認、体位・環境の調整

手順⑰対象者への確認、体位・環境の調整

○手袋をはずす。セッシを元に戻す。

○対象者に吸引が終わったことを告げ、喀痰がとり切れたかを確認する。

○人工呼吸器が正常に作動していること、気道内圧、酸素飽和度等をチェックする。

○体位や環境を整える。

手順18
対象者を観察する スライド66

　対象者の顔色、呼吸状態、吸引物の量や性状、気管カニューレ周囲の喀痰の吹き出し、皮膚の状態、固定のゆるみなどを観察します。

　吸引した喀痰の量・色・性状を見て、異常があった場合は、看護師や医師、家族に報告することが重要で、感染などの早期発見につながります。

スライド66 手順⑱対象者を観察する

手順⑱対象者を観察する

○対象者の顔色、呼吸状態、吸引物の量や性状、気管カニューレの周囲や固定状況等を観察する。

留意事項
・苦痛を最小限に、吸引できたか。
・対象者の状態観察を行えているか。
・吸引した喀痰の量・色・性状を見て、喀痰に異常はないか確認しているか。
（異常があった場合、看護師や医師、家族に報告したか。感染などの早期発見につながる。）

「流水と石けん」による手洗いをする

　ケア後の手洗いとして、流水と石けんで手洗いを行います。速乾性擦式手指消毒剤での手洗いも可能ですが、流水で洗える環境にある場合には流水で洗うほうを優先させます。

スライド 67 手順⑲「流水と石けん」による手洗いをする

> 手順⑲「流水と石けん」による手洗いをする
>
> ○「流水と石けん」による手洗いをする。

出典）厚生労働省 平成24年度喀痰吸引等指導者講習事業「喀痰吸引等研修テキスト第三号研修（特定の者対象）」、98頁、2012年を一部改変

報告、片付け、記録　スライド68

　最後に、報告、片付け、記録を行います。

　指導看護師に対し、吸引の開始時間、吸引物の性状・量、吸引前後の対象者の状態などを報告します。ヒヤリ・ハット、アクシデントがあれば、あわせて報告します。

　吸引びんの廃液量が70〜80％になる前に廃液を捨てます。保管容器や洗浄水等は、適宜交換します。薬液や水道水は継ぎ足さず、容器ごと取り換えます。片付けは手早く行いましょう。

　実施記録を書きます。ヒヤリ・ハットがあれば、業務の後に記録します。

スライド 68 報告、片付け、記録

> 報告、片付け、記録
>
> ○指導看護師に対し、吸引物、吸引前後の対象者の状態等を報告する。ヒヤリ・ハット、アクシデントがあれば、あわせて報告する。
> ○吸引びんの廃液量が70〜80％になる前に廃液を捨てる。
> ○保管容器や洗浄水等を、適宜交換する。
> ○実施記録を書く。
> 　ヒヤリ・ハットがあれば、業務の後に記録する。
>
> **留意事項**
> ・手早く片付けているか。
> ・吸引びんの汚物は適宜捨てる。
> ・薬液や水道水は継ぎ足さず、容器ごと取り換える。
> ・記録し、ヒヤリ・ハットがあれば報告したか。

4 胃ろうによる経管栄養（滴下型の液体栄養剤）

実施準備
手洗い、指示書の確認、体調の確認
スライド69

まず、実施準備を行います。

訪問時に、流水と石けんで手洗いを行います。これは、皆さんが、外から細菌などを持ち込まないためと、感染配慮からです。15秒以上30秒程度、時間をかけて行います。速乾性擦式手指消毒剤での手洗いも可能ですが、流水で洗える環境にある場合には流水で洗うほうを優先させます。

また、医師の指示書を確認しておきます。さらに、対象者本人や家族、対象者についての前回の記録から、体調を確認します。

対象者本人に対しては、いつもの状態と変わりがないか、腹痛や吐き気、お腹の張りがないかを確認しましょう。

・腹痛などの腹部症状に関する訴え

・38度以上の発熱

・腹部の張り

・連続した水様便

・いつもと違う活気や元気のなさ

などの有無について確認します。これらの症状がある時には、対象者、担当看護師、家族に相談します。

また、意識のない対象者については、ご家族や医療職に注入してよいか判断をあおぎます。

前回の記録からは、嘔気や嘔吐、下痢、熱、意識状態などを確認しておくとよいでしょう。

ここまでは、ケアの前に済ませておきます。

スライド69 実施準備：手洗い、指示書の確認、体調の確認

> 実施準備：手洗い、指示書の確認、体調の確認
>
> ○訪問時、流水と石けんによる手洗いを済ませておく。
> ○医師の指示書を確認する。
> ○対象者本人・家族もしくは記録にて、体調を確認する。
>
> ＊いつもの状態と変わりがないか確認する
> ＊腹痛や吐き気、お腹の張りがないか聞く
>
>
>
> **留意事項**
> ・外から細菌等を持ち込まない。
> ・手洗いの時間は、15秒以上30秒程度。
> ・対象者の腹痛などの腹部症状に関する訴えや、以下の症状がある時には、対象者、担当看護師、家族に相談する。
> 　□発熱(38.0度以上)
> 　□腹部の張り
> 　□連続した水様便
> 　□いつもと違う活気や元気のなさ
>
> ここまでは、ケアの前に済ませておきます。

出典）厚生労働省 平成24年度喀痰吸引等指導者講習事業「喀痰吸引等研修テキスト 第三号研修（特定の者対象）」、115頁、2012年を一部改変

注入の依頼を受ける／意思を確認する
スライド 70

　対象者本人から注入の依頼を受けるか、対象者の意思を確認します。

　具体的には「今から栄養剤を胃ろうから入れてもよいですか？」と尋ね、意思を確認します。

　対象者が食事を拒否する場合や対象者の体調などによって、栄養剤の注入を中止・延期する場合には、水分をどうするかを対象者あるいは看護師に確認しましょう。

必要物品、栄養剤を用意する スライド 71

　経管栄養セット、液体栄養剤、白湯、カテーテルチップ型シリンジ、トレイ、注入用ボトルを高いところにつるすＳ字型フックあるいはスタンドなどを用意します。注入用ボトルは、清潔であるか、乾燥しているかを確認します。

　栄養材料として、栄養剤の種類や量を確認します。

　栄養剤は温度に注意しましょう。目安は、常温から人肌くらいの温度ですが、医師の指示や家族の方法に従いましょう。熱すぎるとやけどのおそれがあり、冷たすぎると下痢などを起こしてしまう可能性があります。冷蔵庫から取り出したものや、冷たい食品は避けなければなりません。好みによっては、湯せんする場合もあります。白湯は指示量を確認します。

スライド 70 手順①注入の依頼を受ける／意思を確認する

> **手順①注入の依頼を受ける／意思を確認する**
>
> ○対象者本人から注入の依頼を受ける。あるいは、対象者の意思を確認する。
>
> ＊対象者の意思と同意の確認を行う。
>
> **留意事項**
> ・栄養剤の注入を中止や延期の場合には水分をどうするか対象者あるいは看護師に確認する。

出典）厚生労働省 平成24年度喀痰吸引等指導者講習事業「喀痰吸引等研修テキスト 第三号研修（特定の者対象）」、115頁、2012年を一部改変

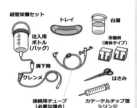

スライド 71 手順②必要物品、栄養剤を用意する

> **手順②必要物品、栄養剤を用意する**
>
> 経管栄養セット　トレイ　白湯
> 注入用ボトル（バッグ）
> 滴下筒
> クレンメ
> 接続用チューブ（必要な場合）
> 栄養剤（液体タイプ）
> はさみ
> カテーテルチップ型シリンジ
>
> **留意事項**
> 【注入用ボトル（バッグ）】
> ・清潔であるか。
> ・乾燥しているか。
>
> 【栄養剤】
> ※好みにより湯せんしたりします
> ・栄養剤の種類・量。
> ・目安は常温～人肌の温度だが、医師の指示や家族の方法に従う。
> ・冷蔵庫から取り出したものや、冷たい食品は避ける。
>
> 【白湯】
> ・指示量を確認する。

出典）厚生労働省 平成24年度喀痰吸引等指導者講習事業「喀痰吸引等研修テキスト 第三号研修（特定の者対象）」、116頁、2012年を一部改変

手順③

体位を調整する スライド72

　対象者が望む、いつもの決められた体位に調整します。ベッドの頭側を上げる、あるいは車イスや安楽なソファーなどに移乗することもあります。

　上体を起立させることは、栄養剤の逆流を防止し、十二指腸への流れがスムーズになります。その際は、身体の向きを変えた時などに、顔色が蒼白になっていないか観察します。もし、顔色が蒼白になったり、変わったことがあれば、対象者の気分を聞き、望む体位に変えるようにしましょう。本人が希望や変化を訴えられない人の場合は、体位を変えるたびに脈や血圧を調べます。

　また注入中しばらく同じ体位を保つ事になるので、体位の安楽をはかる必要があります。それには、無理な体位にしないことが大切で、臀部などに高い圧がかかっていないか、胃部を圧迫するような体位ではないかなどに留意し、対象者の希望を聞くようにします。

手順④

栄養剤を注入用ボトルに入れる
スライド73

　まず、経管栄養セットのクレンメを閉めます。

　注入内容を確認し、不潔にならないように、栄養剤を注入用ボトルに入れます。注入用ボトルを高いところにつるします。滴下筒を指でゆっくり押しつぶして、滴下筒内の3分の1から2分の1程度に栄養剤を充填します。こうすれば、滴下筒内の滴下の様子が確認でき、滴下速度を調整できます。

スライド72 手順③体位を調整する

手順③体位を調整する

○対象者が望むいつもの決められた体位に調整する。
　（ベッドの頭側を上げる、あるいは車イスや安楽なソファーなどに移乗することもある）
○体位の安楽をはかる。

留意事項
・身体の向きを変えたときなど顔色は蒼白になっていないか見る。
・もし顔色が蒼白になったり、変わったことがあれば対象者の気分を聞き、望む体位に変える。
・無理な体位にしない。
・臀部などに高い圧がかかっていないか。
・胃部を圧迫するような体位ではないか。
・対象者の希望を聞いているか。

出典）厚生労働省 平成24年度喀痰吸引等指導者講習事業「喀痰吸引等研修テキスト 第三号研修（特定の者対象）」、117頁、2012年を一部改変

スライド73 手順④栄養剤を注入用ボトルに入れる

手順④栄養剤を注入用ボトルに入れる

○注入内容を確認し、**クレンメ**を閉めてから、栄養剤を注入用ボトルに入れる。
○注入用ボトルを高いところにかける。
○滴下筒には半分くらい満たし、滴下が確認できるようにする。

＊滴下筒を指でゆっくり押しつぶして、滴下筒内1/3～1/2程度栄養剤を充填する。

1/3～1/2

留意事項
・不潔にならないようにする。
・滴下筒で滴下が確認できる程度に満たす。

出典）厚生労働省 平成24年度喀痰吸引等指導者講習事業「喀痰吸引等研修テキスト 第三号研修（特定の者対象）」、118頁、2012年を一部改変

栄養剤を満たす スライド74

　クレンメを緩め、経管栄養セットのラインの先端まで栄養剤を満たしたところで、ただちにクレンメを閉じます。これは、チューブ内に残っている空気が胃袋に入らないようにするためです。

　その際にも、チューブ先端が不潔にならないように十分注意しましょう。

スライド74 手順⑤栄養剤を満たす

● 手順⑤栄養剤を満たす

○クレンメを緩め、経管栄養セットのラインの先端まで栄養剤を流して空気を抜き、クレンメを閉める。

留意事項
・クレンメを操作し、栄養剤を経管栄養セットのラインの先端まで流し、空気を抜くことができる。
・チューブ先端が、不潔にならないように十分注意する。

出典）厚生労働省 平成24年度喀痰吸引等指導者講習事業「喀痰吸引等研修テキスト 第三号研修（特定の者対象）」、118頁、2012年を一部改変

胃ろうチューブを観察する スライド75

　胃ろうチューブの破損や抜けがないか、固定の位置を目視で観察します。胃ろうから出ているチューブの長さに注意し、チューブが抜けているようでしたら医療職に連絡・相談します。あらかじめ、連絡先や方法を取り決めておくとよいでしょう。

　また、胃ろう周囲の観察は毎回行ってください。

・チューブに破損がないか

・ボタン型などで、ストッパーが皮膚の一箇所へくいこんで圧迫がないか

・誤注入を避けるため、胃ろうチューブであること、

などを確認します。

スライド75 手順⑥胃ろうチューブを観察する

● 手順⑥胃ろうチューブを観察する

○胃ろうチューブの破損や抜けがないか、固定の位置（胃ろうから出ているチューブの長さ）を、目視で観察する。
○胃ろう周囲の観察を行う。

留意事項
・胃ろうから出ているチューブの長さに注意する。
・チューブが抜けていたら、医療職に連絡・相談する（連絡先や方法を取り決めておく）。
・チューブに破損がないか、ボタン型などでストッパーが皮膚の一箇所への圧迫がないか観察する。
・誤注入を避けるため、胃ろうチューブであることを確認する。

手順7
胃ろうチューブと経管栄養セットをつなぐ スライド76

　ボタン型胃ろうカテーテルに連結した接続用チューブの栓、あるいはチューブ型胃ろうカテーテルの栓を開けた際に、しばらくそのまま待って胃内のガスを自然に排出できるよう促します。また、胃内に残った栄養剤の戻りがないか確認します。

　透明で薄い黄色の胃液が少し戻ってくるだけなら心配ないことが多いのですが、チューブの栓を開けると勢いよく栄養剤などの液が戻ってくるような場合は、胃腸の調子が悪いために、前回注入した栄養剤や胃液などが多量にたまっている可能性があります。この場合は、注入を中止するか、注入量を減らすなどの対応が必要になりますので、注入を始める前に医療職と相談してください。

　戻ってきた液が、栄養剤の色や透明ではなく、褐色、黄色、緑色の時にも、胃や腸の問題がある可能性がありますので、医療職と相談しましょう。

　注入用ボトルを所定の位置につるします。一般的に注入用ボトルは対象者の胃から約50cm程度の高さにつるしますが、高さについては対象者に従いましょう。この時、対象者本人のものであることを改めて確認します。

　胃ろうチューブの先端と経管栄養セットのラインの先端を、アルコール綿などで拭いてから接続します。誤注入を避けるため、胃ろうチューブであることを再度確認しましょう。

スライド76　手順⑦胃ろうチューブと経管栄養セットをつなぐ

出典）厚生労働省 平成24年度喀痰吸引等指導者講習事業「喀痰吸引等研修テキスト 第三号研修（特定の者対象）」、119頁、2012年を一部改変

手順 8

クレンメを緩めて滴下する スライド77

　意識障害のあるなしに関わらず、対象者本人に注入開始について必ず声をかけます。

　クレンメをゆっくり緩めて滴下を開始します。滴下筒の滴下で注入速度を調整します。1時間に200ml程度の速度で注入する場合は、1分間で60滴、10秒で10滴となります。1時間に300ml程度の速度で注入する場合は、1分間に90滴、10秒で15滴となります。

　胃ろうを造って間もない時は、1時間に100mlの速度で注入し、嘔吐が無く滴下がスムーズであれば、1時間に200ml程度の速度で注入します。

　演習では、1時間に約200mlの速度に調整してみてください。実際の現場では、医療職が指示する許容範囲内で、対象者の状態や好みに合わせて注入速度を調整してください。

　注入開始時刻を記録します。注入中は、胃ろう周囲から栄養剤の漏れがないかを確認します。注入の速度が速いと、胃食道逆流による嘔吐や喘鳴（ぜん）（めい）・呼吸障害を起こしたり、ダンピング症状、下痢などを起こすことがあるので、医師から指示された適切な速さで注入するようにしましょう。また、体位によって注入速度が変わるので体位を整えた後には必ず滴下速度を確認しましょう。

スライド77　手順⑧クレンメを緩めて滴下する

手順⑧クレンメを緩めて滴下する

○注入を開始することを対象者に伝える。
○クレンメをゆっくりと緩める。
○滴下筒の滴下で注入速度を調整して医師から指示された速度にして滴下する。
「1分間に60滴 → 10秒で10滴 → 1時間で200ml」
「1分間に90滴 → 10秒で15滴 → 1時間で300ml」
○注入開始時刻を記録する。

適切な滴下　滴下停止

留意事項
・滴下筒内で滴下状態を確認する。
・決められた滴下速度、あるいは対象者の状態にあわせた滴下速度に調整する。
・胃ろう周囲から栄養剤の漏れがないか確認する。
・食事の時間はゆったりとリラックスできるように他のケアはしない。見守るようにする。
・体位によって注入速度が変わるので、体位を整えた後には必ず滴下速度を確認する。

出典）厚生労働省 平成24年度喀痰吸引等指導者講習事業「喀痰吸引等研修テキスト 第三号研修（特定の者対象）」、120頁、2012年を一部改変

手順9

異常がないか確認する スライド78

注入中も頻回に対象者の状態を確認します。

・栄養剤が胃ろう周辺や接続部位から漏れていないか。

・対象者の表情は苦しそうではないか。

・下痢、嘔吐、頻脈、発汗、顔面紅潮、めまいなどはないか。

・意識の変化はないか。

・息切れがないか。

・急激な滴下や滴下の停止がないか。

などを確認します。

すぐに看護師、医師や家族に連絡して指示に従うケース、注入速度を落とし、すぐに看護師、医師、家族に連絡し、指示に従うケース、注入を中断するか、注入速度を落とし、お腹の具合などを聞き、注入を続行するか、看護師などに連絡をするか対象者と相談するケースと、症状ごとに対応方法を予め理解しておきましょう。

また食事中は、できるだけリラックスできるよう、他のケアはせずに見守るようにしましょう。

手順10

終わったら胃ろうチューブに白湯を流す
スライド79

滴下が終了したらクレンメを閉じ、経管栄養セットのラインをはずします。次にカテーテルチップ型シリンジに白湯を吸い、胃ろうチューブ内に白湯を流します。

なお、胃ろう側のチューブ内での細菌増殖を予防する目的で、食酢を10倍程度に希釈し、カテーテルチップ型シリンジで、胃ろう側に少量注入する場合もあります。医療職や家族の指示に従いましょう。

胃ろうがチューブ型の場合は栓をし、ボタン型の場合は専用接続用チューブをはずし、栓をします。胃ろうカテーテルが腹部に圧をかけないように向きを整えます。胃ろうがチューブ型の場合、チューブを対象者が気にならない場所や介護中に引っ張られない場所に巻き取っておく場合もあります。

注入が終わっても、呼吸状態、意識、嘔気、嘔吐などに注意をします。

スライド78 手順⑨異常がないか確認する

手順⑨異常がないか確認する

＊栄養剤が胃ろう周辺や接続部位から漏れていないか。

＊対象者の表情は苦しそうではないか。

＊下痢、嘔吐、頻脈、発汗、顔面紅潮、めまいなどはないか。

＊意識の変化はないか（呼びかけに応じるか）。

＊息切れはないか（呼吸が速くなっていないか）。

＊急激な滴下や滴下の停止がないか。

留意事項

・すぐに看護師や医師、家族に連絡して指示に従うケース

・注入速度を落とし、すぐに看護師や医師、家族に連絡し、指示に従うケース

・注入を中断するか、注入速度を落とし、お腹の具合などを聞き、注入を続行するか、看護師などに連絡をするか、対象者と相談するケース

など、症状ごとに対応方法を予め理解しておく。

スライド79 手順⑩終わったら胃ろうチューブに白湯を流す

手順⑩終わったら胃ろうチューブに白湯を流す

○滴下が終了したらクレンメを閉じ、経管栄養セットのラインをはずす。

○カテーテルチップ型シリンジに白湯を吸い、胃ろうチューブ内に白湯を流す。

留意事項

・注入が終わっても呼吸状態、意識、嘔気、嘔吐などに注意をする。

出典）厚生労働省 平成24年度喀痰吸引等指導者講習事業「喀痰吸引等研修テキスト　第三号研修（特定の者対象）」、122頁、2012年を一部改変

手順 11
体位を整える スライド80

　注入終了後しばらくは上体を挙上したまま、対象者の希望を参考に、医師や家族の指示に従い、安楽な姿勢を保ちます。上体挙上時間が長いことによる体幹の痛みがないか、安楽な姿勢となっているか確認します。特に、褥瘡（じょくそう）発生のリスクが高い対象者の場合、高い圧がかかっている部位がないか注意しましょう。その後、異常がなければ、上体を下げるなど体位を整え、必要時は体位交換を再開します。

　食後2〜3時間、お腹の張りによる不快感などがないか、対象者に聞きます。その結果も参考にして、次回の注入速度や体位の工夫など対象者と相談して対処しましょう。

報告、片付け、記録 スライド81

　最後に、報告、片付け、記録を行います。

　指導看護師に対し、対象者の状態などを報告します。ヒヤリ・ハット、アクシデントがあれば、あわせて報告します。

　使用物品を片付けます。物品は食器と同じ取り扱い方法で洗浄します。

　実施記録を書きます。ヒヤリ・ハットがあれば、業務の後に記録します。

スライド80 手順⑪体位を整える

手順⑪体位を整える

〇終了後しばらくは上体を挙上したまま、安楽な姿勢を保つ。
〇異常がなければ、体位を整える。
〇必要時は体位交換を再開する。

＊終了後しばらくは上体を挙上することを対象者に伝え、安楽の確認をする。
＊上体挙上時間が長いことによる体幹の痛みがないか、安楽な姿勢となっているか確認する。
＊食後2〜3時間、お腹の張りによる不快感など、対象者の訴えがあれば聞く。

留意事項
・安楽な姿勢を保つ。褥瘡発生のリスクが高い対象者は高い圧がかかっている部位がないか注意をする。
・対象者から訴えがあれば、次回は注入速度をおとす、体位を工夫するなど対象者と相談して対処する。

出典）厚生労働省 平成24年度喀痰吸引等指導者講習事業「喀痰吸引等研修テキスト 第三号研修（特定の者対象）」、123頁、2012年を一部改変

スライド81 報告、片付け、記録

報告、片付け、記録

〇指導看護師に対し、対象者の状態等を報告する。ヒヤリ・ハット、アクシデントがあれば、あわせて報告する。
〇使用物品の後片付けを行う。
〇実施記録を書く。ヒヤリ・ハットがあれば、業務の後に記録する。

留意事項
・物品は食器と同じ取り扱い方法で洗浄する。

5 胃ろうによる経管栄養（半固形栄養剤）

手洗い、指示書の確認、体調の確認
スライド82

まず、実施準備を行います。

訪問時に、流水と石けんで手洗いを行います。これは、皆さんが、外から細菌などを持ち込まないためと、感染配慮からです。15秒以上30秒程度、時間をかけて行います。速乾性擦式手指消毒剤での手洗いも可能ですが、流水で洗える環境にある場合には流水で洗うほうを優先させます。

また、医師の指示書を確認しておきます。さらに、対象者本人や家族、対象者についての前回の記録から、体調を確認します。

対象者本人に対しては、いつもの状態と変わりがないか、腹痛や吐き気、お腹の張りがないかを確認しましょう。

・腹痛などの腹部症状に関する訴え

・38度以上の発熱

・腹部の張り

・連続した水様便

・いつもと違う活気や元気のなさ

などの有無について確認します。

これらの症状がある時には、対象者、担当看護師、家族に相談します。また、意識のない対象者については、ご家族や医療職に注入してよいか判断をあおぎます。

前回の記録からは、嘔気や嘔吐、下痢、熱、意識状態などを確認しておくとよいでしょう。

ここまでは、ケアの前に済ませておきます。

スライド82 実施準備：手洗い、指示書の確認、体調の確認

> 実施準備：手洗い、指示書の確認、体調の確認
> ○訪問時、流水と石けんによる手洗いを済ませておく。
> ○医師の指示書を確認する。
> ○対象者本人・家族もしくは記録にて、体調を確認する。
> ＊いつもの状態と変わりがないか確認する
> ＊腹痛や吐き気、お腹の張りがないか聞く
>
>
>
> **留意事項**
> ・外から細菌等を持ち込まない。
> ・手洗いの時間は、15秒以上30秒程度。
> ・対象者の腹痛などの腹部症状に関する訴えや、以下の症状がある時には、対象者、担当看護師、家族に相談する。
> 　□発熱(38.0度以上)
> 　□腹部の張り
> 　□連続した水様便
> 　□いつもと違う活気や元気のなさ
> ここまでは、ケアの前に済ませておきます。

(出典）厚生労働省 平成24年度喀痰吸引等指導者講習事業「喀痰吸引等研修テキスト 第三号研修（特定の者対象）」、124頁、2012年を一部改変

手順 1

注入の依頼を受ける／意思を確認する
スライド 83

　対象者本人から注入の依頼を受けるか、対象者の意思を確認します。

　具体的には「今から栄養剤を胃ろうから入れてもよいですか？」と尋ね、意思を確認します。

　対象者が食事を拒否する場合や対象者の体調などによって、栄養剤の注入を中止・延期する場合には、水分をどうするかを対象者あるいは看護師に確認しましょう。

スライド 83　手順①注入の依頼を受ける／意思を確認する

手順①注入の依頼を受ける／意思を確認する

○対象者本人から注入の依頼を受ける。あるいは、対象者の意思を確認する。

＊対象者の意思と同意の確認を行う。

留意事項
・栄養剤の注入を中止や延期の場合には水分をどうするか対象者あるいは看護師に確認する。

出典）厚生労働省 平成24年度喀痰吸引等指導者講習事業「喀痰吸引等研修テキスト第三号研修（特定の者対象）」、124頁、2012年を一部改変

手順 2

必要物品、栄養剤を用意する　スライド 84

　半固形栄養剤を胃ろうから注入する場合の必要物品は、バッグに入った半固形栄養剤、補水液、トレイ、必要に応じて胃ろうボタンと接続するための接続用チューブなどが必要となります。

　栄養材料として、栄養剤の種類や量を確認します。

　栄養剤は温度に注意しましょう。目安は、常温から人肌くらいの温度ですが、医師の指示や家族の方法に従いましょう。半固形栄養剤は40度以上に熱すると液体状に変化する場合もあるので、特に注意が必要です。また、冷たすぎると下痢などを起こしてしまう可能性があります。冷蔵庫から取り出したものや、冷たい食品は避けなければなりません。好みによっては、湯せんする場合もあります。

　白湯は指示量を確認します。白湯はとろみをつける場合や、栄養剤と時間差を置いて注入する場合があります。あらかじめ指示内容を確認しましょう。

　チューブ型でない胃ろうボタンに、半固形栄養剤を注入する場合は、栄養剤バッグの口栓に専用アダプタを取り付け、接続用チューブと栄養剤バッグを接続します。接続用チューブ内の空気が胃内に入らないようにチューブ内に栄養剤を満たし、クランプを閉じます。

　カテーテルチップ型シリンジを使う場合は、半固形栄養剤をシリンジで吸い取っておくとよいでしょう。

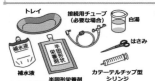

スライド 84　手順②必要物品、栄養剤を用意する

手順②必要物品、栄養剤を用意する

トレイ　接続用チューブ（必要な場合）　白湯　補水液　はさみ　半固形栄養剤　カテーテルチップ型シリンジ

＊半固形状の栄養剤を使用する場合は、栄養剤の他に、トレイ、接続用チューブ、補水液などを用意します。

留意事項
・栄養剤の種類・量。
・栄養剤の量や温度に気をつけているか（対象者の好みの温度とする）。
・チューブ型でない胃ろうボタンに、半固形栄養剤を注入する場合は、栄養剤バッグの口栓に専用アダプタを取り付け、接続用チューブと栄養剤バッグを接続する。接続用チューブ内の空気が胃内に入らないようにチューブ内に栄養剤を満たし、クランプを閉じる。

出典）厚生労働省 平成24年度喀痰吸引等指導者講習事業「喀痰吸引等研修テキスト第三号研修（特定の者対象）」、126頁、2012年を一部改変

手順 3
体位を調整する スライド85

対象者が望むいつもの決められた体位に調整します。ベッドの頭側を上げる、あるいは車イスや安楽なソファーなどに移乗することもあります。

上体を起立させることは、栄養剤の逆流を防止し、十二指腸への流れがスムーズになります。

その際は、身体の向きを変えた時などに顔色が蒼白になっていないか観察します。もし、顔色が蒼白になったり、変わったことがあれば、対象者の気分を聞き、望む体位に変えるようにしましょう。本人が希望や変化を訴えられない人の場合は、体位を変えるたびに脈や血圧を調べます。

また注入中しばらく同じ体位を保つ事になるので、体位の安楽をはかる必要があります。それには、無理な体位にしないことが大切で、臀部などに高い圧がかかっていないか、胃部を圧迫するような体位ではないかなどに留意し、対象者の希望を聞くようにします。

手順 4
胃ろうチューブを観察する スライド86

胃ろうチューブの破損や抜けがないか、固定の位置を目視で観察します。胃ろうから出ているチューブの長さに注意し、チューブが抜けているようでしたら、医療職に連絡・相談します。あらかじめ、連絡先や方法を取り決めておくとよいでしょう。また、胃ろう周囲の観察は毎回行ってください。

・チューブに破損がないか
・ボタン型などで、ストッパーが皮膚の一箇所へくいこんで圧迫がないか
・誤注入を避けるため、胃ろうチューブであること、

などを確認します。

スライド85 手順③体位を調整する

手順③体位を調整する

○対象者が望むいつもの決められた体位に調整する。
（ベッドの頭側を上げる、あるいは車イスや安楽なソファーなどに移乗することもある）
○体位の安楽をはかる。

留意事項
・身体の向きを変えたときなど顔色は蒼白になっていないか見る。
・もし顔色が蒼白になったり、変わったことがあれば対象者の気分を聞き、望む体位に変える。
・無理な体位にしない。
・臀部などに高い圧がかかっていないか。
・胃部を圧迫するような体位ではないか。
・対象者の希望を聞いているか。

出典）厚生労働省 平成24年度喀痰吸引等指導者講習事業「喀痰吸引等研修テキスト第三号研修（特定の者対象）」、125頁、2012年を一部改変

スライド86 手順④胃ろうチューブを観察する

手順④胃ろうチューブを観察する

○胃ろうチューブの破損や抜けがないか、固定の位置（胃ろうから出ているチューブの長さ）を、目視で観察する。
○胃ろう周囲の観察を行う。

留意事項
・胃ろうから出ているチューブの長さに注意する。
・チューブが抜けていたら、医療職に連絡・相談する（連絡先や方法を取り決めておく）。
・チューブに破損がないか、ボタン型などでストッパーが皮膚の一箇所への圧迫がないか観察する。
・誤注入を避けるため、胃ろうチューブであることを確認する。

手順 5
胃ろうチューブと半固形栄養剤を
つなぐ スライド87

　ボタン型胃ろうカテーテルに連結した接続用チューブの栓、あるいはチューブ型胃ろうカテーテルの栓を開けた際に、しばらくそのまま待って、胃内のガスを自然に排出できるよう促します。また、胃内に残った栄養剤の戻りがないか確認します。

　透明で薄い黄色の胃液が少し戻ってくるだけなら心配ないことが多いのですが、チューブの栓を開けると勢いよく栄養剤などの液が戻ってくるような場合は、胃腸の調子が悪いために、前回注入した栄養剤や胃液などが多量にたまっている可能性があります。この場合は、注入を中止するか、注入量を減らすなどの対応が必要になりますので、注入を始める前に医療職と相談してください。

　戻ってきた液が、栄養剤の色や透明でなく、褐色、黄色、緑色の時にも、胃や腸の問題がある可能性がありますので、医療職と相談しましょう。

　胃ろうチューブの先端をアルコール綿などで拭き、胃ろうチューブと半固形栄養剤のバッグないし半固形栄養剤を吸ったカテーテルチップ型シリンジをつなぎます。誤注入を避けるため、胃ろうチューブであることを再度確認しましょう。圧がかかったときにはずれないようしっかり取り付け、接続部位をしっかり把持します。

手順 6
半固形栄養剤を注入する スライド88

　意識障害のあるなしに関わらず、対象者本人に注入開始について必ず声をかけます。

　半固形栄養剤のバッグを、両手で適切な圧で押しながら注入します。手にかかる圧力を確認しながら、布を絞り込むようにして、300〜600mlを15分程度の時間で注入します。圧をかけて注入するので、胃ろう周囲からの栄養剤の漏れや過剰な圧により接続部がはずれないかを確認しましょう。

　なお、半固形栄養剤の注入方法は、他にもカテーテルチップ型シリンジを用いて行う方法や、加圧バッグを使用する方法などがあります。

スライド87 手順⑤胃ろうチューブと半固形栄養剤をつなぐ

手順⑤胃ろうチューブと半固形栄養剤をつなぐ

○注入前に胃内のガスの自然な排出を促し、胃液や前回注入した栄養剤などが戻ってこないか確認する。

○胃ろうチューブの先端をアルコール綿などで拭き、胃ろうチューブと半固形栄養剤のバッグないし、半固形栄養剤を吸ったカテーテルチップ型シリンジをつなぐ

留意事項

・胃ろうチューブであるか再度確認する。
・圧がかかったときにはずれないようしっかりと取り付ける。

出典）厚生労働省 平成24年度喀痰吸引等指導者講習事業「喀痰吸引等研修テキスト 第三号研修（特定の者対象）」、127・128頁、2012年を一部改変

スライド88 手順⑥半固形栄養剤を注入する

手順⑥半固形栄養剤を注入する

○注入を開始することを対象者に伝える。

○半固形栄養剤のバッグないしカテーテルチップ型シリンジの内筒を、適切な圧で押しながら注入する。必要時は加圧バッグを使用する。

留意事項

・胃ろう周囲から栄養剤の漏れがないか。
・過剰な圧により接続部がはずれていないか。
・短時間で注入する方法なので15分程度で注入する。
・適切な圧で押しているか。過剰な圧がかかっていないか。

出典）厚生労働省 平成24年度喀痰吸引等指導者講習事業「喀痰吸引等研修テキスト 第三号研修（特定の者対象）」、128頁、2012年を一部改変

手順 7
異常がないか確認する　スライド89

注入中も頻回に対象者の状態を確認します。

・半固形栄養剤が接続部位から漏れていないか。

・対象者の表情は苦しそうではないか。

・下痢、嘔吐、頻脈、発汗、顔面紅潮、めまいなどはないか。

・意識の変化はないか。

・息切れがないか。

などを確認します。

すぐに看護師、医師や家族に連絡して指示に従うケース、注入速度を落とし、すぐに看護師、医師、家族に連絡し、指示に従うケース、注入を中断するか、注入速度を落とし、お腹の具合などを聞き、注入を続行するか、看護師などに連絡をするか対象者と相談するケースと、症状ごとに対応方法を予め理解しておきましょう。

また食事中は、できるだけリラックスできるよう、他のケアはせずに見守るようにしましょう。

手順 8
終わったら胃ろうチューブに白湯を流す　スライド90

半固形栄養剤は粘度が高く、胃ろうチューブや胃ろうボタンの内腔に詰まりやすいため、栄養剤の注入が終わったら、必ずカテーテルチップ型シリンジを使って白湯を注入し、チューブ内の栄養剤を流します。

この時、白湯の量は、洗い流す程度の5～10ml程度がよいと考えられますが、決められた量であるかを確認しましょう。白湯はとろみをつける場合や、栄養剤と時間差を置いて注入する場合があります。あらかじめ指示内容を確認しましょう。

胃ろうがチューブ型の場合は栓をし、ボタン型の場合は専用接続チューブをはずし、栓をします。

スライド89　手順⑦異常がないか確認する

手順⑦異常がないか確認する

＊半固形栄養剤が接続部位から漏れていないか。

＊対象者の表情は苦しそうではないか。

＊下痢、嘔吐、頻脈、発汗、顔面紅潮、めまいなどはないか。

＊意識の変化はないか（呼びかけに応じるか）。

＊息切れはないか（呼吸が速くなっていないか）。

留意事項

・すぐに看護師や医師、家族に連絡して指示に従うケース

・注入速度を落とし、すぐに看護師や医師、家族に連絡し、指示に従うケース

・注入を中断するか、注入速度を落とし、お腹の具合などを聞き、注入を続行するか、看護師などに連絡をするか、対象者と相談するケース

など、症状ごとに対応方法を予め理解しておく。

スライド90　手順⑧終わったら胃ろうチューブに白湯を流す

手順⑧終わったら胃ろうチューブに白湯を流す

○注入が終了したら、カテーテルチップ型シリンジに白湯を吸い、胃ろうチューブ内に白湯を注入し、チューブ内の栄養剤を流す。

留意事項

・洗浄のための白湯の量は決められた量であるか。

・胃ろうがチューブ型の場合、栓をし、ボタン型の場合、専用接続チューブをはずし、栓をする。

（出典）厚生労働省 平成24年度喀痰吸引等指導者講習事業「喀痰吸引等研修テキスト 第三号研修（特定の者対象）」、129頁、2012年を一部改変

手順9
体位を整える スライド91

　注入終了後しばらくは上体を挙上したまま、対象者の希望を参考に、医師や家族の指示に従い、安楽な姿勢を保ちます。上体挙上時間が長いことによる体幹の痛みがないか、安楽な姿勢となっているか確認します。特に、褥瘡発生のリスクが高い対象者の場合、高い圧がかかっている部位がないか注意しましょう。

　その後、異常がなければ、上体をさげるなど体位を整え、必要時は体位交換を再開します。食後2～3時間、お腹の張りによる不快感などがないか、対象者に聞きます。その結果も参考にして、次回の注入速度や体位の工夫など対象者と相談して対処しましょう。

報告、片付け、記録 スライド92

　最後に、報告、片付け、記録を行います。

　指導看護師に対し、対象者の状態などを報告します。ヒヤリ・ハット、アクシデントがあれば、あわせて報告します。

　使用物品を片付けます。物品は食器と同じ取り扱い方法で洗浄します。

　実施記録を書きます。ヒヤリ・ハットがあれば、業務の後に記録します。

スライド91 手順⑨体位を整える

手順⑨体位を整える

○終了後しばらくは上体を挙上したまま、安楽な姿勢を保つ。
○異常がなければ、体位を整える。
○必要時は体位交換を再開する。

＊終了後しばらくは上体を挙上することを対象者に伝え、安楽の確認をする。
＊上体挙上時間が長いことによる体幹の痛みがないか、安楽な姿勢となっているか確認する。
＊食後2～3時間、お腹の張りによる不快感など、対象者の訴えがあれば聞く。

留意事項

・安楽な姿勢を保つ。褥瘡発生のリスクが高い対象者は高い圧がかかっている部位がないか注意をする。
・対象者から訴えがあれば、次回は注入速度をおとす、体位を工夫するなど対象者と相談して対処する。

出典）厚生労働省 平成24年度喀痰吸引等指導者講習事業「喀痰吸引等研修テキスト第三号研修（特定の者対象）」、129頁、2012年を一部改変

スライド92 報告、片付け、記録

報告、片付け、記録

○指導看護師に対し、対象者の状態等を報告する。ヒヤリ・ハット、アクシデントがあれば、あわせて報告する。
○使用物品の後片付けを行う。
○実施記録を書く。ヒヤリ・ハットがあれば、業務の後に記録する。

留意事項

・物品は食器と同じ取り扱い方法で洗浄する。

手洗い、指示書の確認、体調の確認
スライド93

　まず、実施準備を行います。

　訪問時に、流水と石けんで手洗いを行います。これは、皆さんが、外から細菌などを持ち込まないためと、感染配慮からです。15秒以上30秒程度、時間をかけて行います。速乾性擦式手指消毒剤での手洗いも可能ですが、流水で洗える環境にある場合には流水で洗うほうを優先させます。

　また、医師の指示書を確認しておきます。さらに、対象者本人や家族、対象者についての前回の記録から、体調を確認します。

　対象者本人に対しては、いつもの状態と変わりがないか、腹痛や吐き気、お腹の張りがないかを確認しましょう。

　・腹痛などの腹部症状に関する訴え

　・38度以上の発熱

　・腹部の張り

　・連続した水様便

　・いつもと違う活気や元気のなさ

などの有無について確認します。

　これらの症状がある時には、対象者、担当看護師、家族に相談します。また、意識のない対象者については、ご家族や医療職に注入してよいか判断をあおぎます。前回の記録からは、嘔気や嘔吐、下痢、熱、意識状態などを確認しておくとよいでしょう。

　ここまでは、ケアの前に済ませておきます。

スライド93 実施準備：手洗い、指示書の確認、体調の確認

実施準備：手洗い、指示書の確認、体調の確認

○訪問時、流水と石けんによる手洗いを済ませておく。
○医師の指示書を確認する。
○対象者本人・家族もしくは記録にて、体調を確認する。

＊いつもの状態と変わりがないか確認する
＊腹痛や吐き気、お腹の張りがないか聞く

留意事項
・外から細菌等を持ち込まない。
・手洗いの時間は、15秒以上30秒程度。
・対象者の腹痛などの腹部症状に関する訴えや、以下の症状がある時には、対象者、担当看護師、家族に相談する。
　□発熱(38.0度以上)
　□腹部の張り
　□連続した水様便
　□いつもと違う活気や元気のなさ

ここまでは、ケアの前に済ませておきます。

出典）厚生労働省 平成24年度喀痰吸引等指導者講習事業「喀痰吸引等研修テキスト 第三号研修（特定の者対象）」、131頁、2012年を一部改変

手順 1
注入の依頼を受ける／意思を確認する
スライド94

　対象者本人から注入の依頼を受けるか、対象者の意思を確認します。

　具体的には「今から栄養剤を経鼻胃管から入れてもいいですか？」と尋ね、意思を確認します。

　対象者が食事を拒否する場合や対象者の体調などによって、栄養剤の注入を中止・延期する場合には、水分をどうするかを対象者あるいは看護師に確認しましょう。

スライド94 手順①注入の依頼を受ける／意思を確認する

手順①注入の依頼を受ける／意思を確認する

○対象者本人から注入の依頼を受ける。あるいは、対象者の意思を確認する。

＊対象者の意思と同意の確認を行う。

留意事項
・栄養剤の注入を中止や延期の場合には水分をどうするか対象者あるいは看護師に確認する。

出典）厚生労働省 平成24年度喀痰吸引等指導者講習事業「喀痰吸引等研修テキスト 第三号研修（特定の者対象）」、131頁、2012年を一部改変

手順 2
必要物品、栄養剤を用意する
スライド95

　経管栄養セット、液体栄養剤、白湯、カテーテルチップ型シリンジ、トレイ、注入用ボトルを高いところにつるすＳ字型フックあるいはスタンドなどを用意します。注入用ボトルは、清潔であるか、乾燥しているかを確認します。

　栄養材料として、栄養剤の種類や量を確認します。

　栄養剤は温度に注意しましょう。目安は、常温から人肌くらいの温度ですが、医師の指示や家族の方法に従いましょう。熱すぎるとやけどのおそれがあり、冷たすぎると下痢などを起こしてしまう可能性があります。冷蔵庫から取り出したものや、冷たい食品は避けなければなりません。好みによっては、湯せんする場合もあります。白湯は指示量を確認します。

スライド95 手順②必要物品、栄養剤を用意する

手順②必要物品、栄養剤を用意する

経管栄養セット　白湯　栄養剤（液体タイプ）　トレイ　注入用ボトル（バッグ）　滴下筒　クレンメ　接続用チューブ（必要な場合）　カテーテルチップ型シリンジ　はさみ

留意事項

【注入用ボトル（バッグ）】
・清潔であるか。
・乾燥しているか。

【栄養剤】
※好みにより湯せんしたりします
・栄養剤の種類・量。
・目安は常温〜人肌の温度だが、医師の指示や家族の方法に従う。
・冷蔵庫から取り出したものや、冷たい食品は避ける。

【白湯】
・指示量を確認する。

出典）厚生労働省 平成24年度喀痰吸引等指導者講習事業「喀痰吸引等研修テキスト 第三号研修（特定の者対象）」、132頁、2012年を一部改変

手順3

体位を調整する スライド96

手順3

体位を調整する スライド96

対象者が望むいつもの決められた体位に調整します。ベッドの頭側を上げる、あるいは車イスや安楽なソファーなどに移乗することもあります。

上体を起立させることは、栄養剤の逆流を防止し、十二指腸への流れがスムーズになります。

その際は、身体の向きを変えた時などに、顔色が蒼白になっていないか観察します。もし、顔色が蒼白になったり、変わったことがあれば、対象者の気分を聞き、望む体位に変えるようにしましょう。本人が希望や変化を訴えられない人の場合は、体位を変えるたびに脈や血圧を調べます。

また注入中しばらく同じ体位を保つ事になるので、体位の安楽をはかる必要があります。それには、無理な体位にしないことが大切で、臀部などに高い圧がかかっていないか、胃部を圧迫するような体位ではないかなどに留意し、対象者の希望を聞くようにします。

手順4

栄養剤を注入用ボトルに入れる スライド97

まず、経管栄養セットのクレンメを閉めます。

注入内容を確認し、不潔にならないように、栄養剤を注入用ボトルに入れます。

注入用ボトルを高いところにつるします。

滴下筒を指でゆっくり押しつぶして、滴下筒内の３分の１から２分の１程度に栄養剤を充填します。こうすれば、滴下筒内の滴下の様子が確認でき、滴下速度を調整できます。

スライド96 手順③体位を調整する

手順③体位を調整する

○対象者が望むいつもの決められた体位に調整する。
（ベッドの頭側を上げる、あるいは車イスや安楽なソファーなどに移乗することもある）
○体位の安楽をはかる。

留意事項
・身体の向きを変えたときなど顔色は蒼白になっていないか見る。
・もし顔色が蒼白になったり、変わったことがあれば対象者の気分を聞き、望む体位に変える。
・無理な体位にしない。
・臀部などに高い圧がかかっていないか。
・胃部を圧迫するような体位ではないか。
・対象者の希望を聞いているか。

出典）厚生労働省 平成24年度喀痰吸引等指導者講習事業「喀痰吸引等研修テキスト第三号研修（特定の者対象）」、133頁、2012年を一部改変

スライド97 手順④栄養剤を注入用ボトルに入れる

手順④栄養剤を注入用ボトルに入れる

○注入内容を確認し、**クレンメを閉めてから**、栄養剤を注入用ボトルに入れる。
○注入用ボトルを高いところにかける。
○滴下筒には半分くらい満たし、滴下が確認できるようにする。

＊滴下筒を指でゆっくり押しつぶして、滴下筒内1/3〜1/2程度栄養剤を充填する。

1/3〜1/2

留意事項
・不潔にならないようにする。
・滴下筒で滴下が確認できる程度に満たす。

出典）厚生労働省 平成24年度喀痰吸引等指導者講習事業「喀痰吸引等研修テキスト第三号研修（特定の者対象）」、134頁、2012年を一部改変

手順5
栄養剤を満たす スライド98

　クレンメを緩め、経管栄養セットのラインの先端まで栄養剤を満たしたところで、ただちにクレンメを閉じます。これは、チューブ内に残っている空気が胃袋に入らないようにするためです。

　その際にも、チューブ先端が不潔にならないように十分注意しましょう。

手順6
経鼻胃管を観察する スライド99

　経鼻胃管の破損や抜けがないか、固定の位置を観察します。

　経鼻胃管は、鼻孔から胃の中まで細い管が挿入されているため、何らかの原因で抜けてしまうと、先端が胃の中にない状態に気付かず注入を開始した場合、誤嚥などの重大な事故につながりかねません。したがって、注入前に、管の先端が胃の中にあることを十分確かめておくことが必要です。

　その方法として、鼻孔のところにテープで固定されたチューブの根元に印を付けておき、その印より外にチューブの抜けがないかどうか確認します。

　意思を伝えることができる対象者なら、チューブが抜けかかっている感じがないか聞きます。さらに、口を開くことができる場合、のどにチューブがまっすぐ通っており、とぐろを巻いていないことを確認します。

　皆さんはこれらを必ず十分に確認し、もし、抜けかかっているようであれば、注入をせずに医療職に連絡します。

スライド98 手順⑤栄養剤を満たす

手順⑤栄養剤を満たす

○クレンメを緩め、経管栄養セットのラインの先端まで栄養剤を流して空気を抜き、クレンメを閉める。

留意事項
・クレンメを操作し、栄養剤を経管栄養セットのラインの先端まで流し、空気を抜くことができる。
・チューブ先端が、不潔にならないように十分注意する。

出典）厚生労働省 平成24年度喀痰吸引等指導者講習事業「喀痰吸引等研修テキスト 第三号研修（特定の者対象）」、135頁、2012年を一部改変

スライド99 手順⑥経鼻胃管を観察する

手順⑥経鼻胃管を観察する

○経鼻胃管の破損や抜けがないか、固定の位置を観察する。
○口の中で、経鼻胃管が巻いていないか確認する。

＊対象者にチューブが抜けかかっている感じがないか聞く。
＊口を開くことが出来る場合、のどにチューブがまっすぐ通っており、とぐろを巻いていないことを確認する。

留意事項
・鼻から挿入されたチューブの鼻元に印をつけ、その印より外に出たチューブの長さに変わりがないか確認したか。

| 重要 | 抜けかかっているようだったら、注入をせず、医療職に連絡する。 |

手順 7

注入用ボトルと経鼻胃管を接続します

スライド100

　胃管の栓を開けた際にしばらくそのまま待って胃内のガスを自然に排出できるよう促します。

　その際に胃管から、透明で薄い黄色の胃液や栄養剤が少し戻ってくるだけなら心配ないことが多いのですが、勢いよく栄養剤などの液が戻ってくる、もしくは嘔吐するような場合は、胃腸の調子が悪いために、前回注入した栄養剤や胃液などが多量にたまっている可能性があります。この場合は、注入を中止するか、注入量を減らすなどの対応が必要になりますので、注入を始める前に医療職と相談してください。

　戻ってきた液が、栄養剤の色や透明でなく、褐色、黄色、緑色の時にも、胃や腸の問題がある可能性がありますので、医療職と相談しましょう。

　注入用ボトルを所定の位置につるします。一般的に注入用ボトルは対象者の胃から約50cm程度の高さにつるしますが、高さについては対象者に従いましょう。この時、対象者本人のものであることを改めて確認します。

　経鼻胃管の先端と経管栄養セットのラインの先端を、アルコール綿などで拭いてから接続します。誤注入を避けるため、経鼻胃管であることを再度確認しましょう。

スライド100 手順⑦注入用ボトルと経鼻胃管を接続する

> **手順⑦注入用ボトルと経鼻胃管を接続する**
>
> ○注入前に胃内のガスの自然な排出を促し、胃液や前回注入した栄養剤などが戻ってこないか確認する。
>
> ○注入用ボトルを所定の位置につるす。
>
> ○経鼻胃管の先端と経管栄養セットのラインの先端を、アルコール綿などで拭いてから接続する。
>
>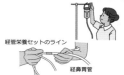
>
> 経管栄養セットのライン
>
> 経鼻胃管
>
> **留意事項**
> ・滴下の速度は対象者の希望を尊重する。
> ・一般的に注入用ボトルは対象者の胃から約50cm程度の高さにつるすが、高さについては対象者に従う。
> ・誤注入を避けるため、経鼻胃管であることを再度確認する。

出典）厚生労働省 平成24年度喀痰吸引等指導者講習事業「喀痰吸引等研修テキスト第三号研修（特定の者対象）」、135頁、2012年を一部改変

クレンメを緩めて滴下する スライド101

　意識障害のあるなしに関わらず、対象者本人に注入開始について必ず声をかけます。

　クレンメをゆっくり緩めて滴下を開始します。滴下筒の滴下で注入速度を調整します。1時間に200ml程度の速度で注入する場合は、1分間で60滴、10秒で10滴となります。1時間に300ml程度の速度で注入する場合は、1分間に90滴、10秒で15滴となります。

　演習では、1時間に約200mlの速度に調整してみてください。実際の現場では、医療職が指示する許容範囲内で対象者の状態や好みに合わせて注入速度を調整してください。

　注入開始時刻を記録します。注入中は、口腔内や鼻腔内に栄養剤の逆流がないかを確認します。注入の速度が速いと、胃食道逆流による嘔吐や喘鳴・呼吸障害を起こしたり、ダンピング症状、下痢などを起こすことがあるので、医師から指示された適切な速さで注入するようにしましょう。また、体位によって注入速度が変わるので体位を整えた後には必ず滴下速度を確認しましょう。

スライド101 手順⑧クレンメをゆっくり緩めて滴下する

手順⑧クレンメをゆっくり緩めて滴下する。

○注入を開始することを対象者に伝える。
○クレンメをゆっくりと緩める。
○滴下筒の滴下で注入速度を調整して医師から指示された速度にして滴下する。
　「1分間に60滴 → 10秒で10滴 → 1時間で200ml」
　「1分間に90滴 → 10秒で15滴 → 1時間で300ml」
○注入開始時刻を記録する。

適切な滴下　滴下停止

留意事項
・滴下筒内で滴下状態を確認する。
・決められた滴下速度、あるいは対象者の状態にあわせた滴下速度に調整する。
・注入中は、口腔内や鼻腔内に栄養剤の逆流がないかを確認する。
・食事の時間はゆったりとリラックスできるように他のケアはしない。見守るようにする。
・体位によって注入速度が変わるので、体位を整えた後には必ず滴下速度を確認する。

出典）厚生労働省 平成24年度喀痰吸引等指導者講習事業「喀痰吸引等研修テキスト 第三号研修（特定の者対象）」、136頁、2012年を一部改変

手順9
異常がないか確認する スライド102

注入中も頻回に対象者の状態を確認します。顔色やパルスオキシメーターの値に異常がないか、次のような点を確認します。

・栄養剤が接続部位から漏れていないか。

・対象者の表情は苦しそうではないか。

・下痢、嘔吐、頻脈、発汗、顔面紅潮、めまいなどはないか。

・意識の変化はないか。

・息切れがないか。

・急激な滴下や滴下の停止がないか。

などを確認します。

すぐに看護師、医師や家族に連絡して指示に従うケース、注入速度を落とし、すぐに看護師、医師、家族に連絡し、指示に従うケース、注入を中断するか、注入速度を落とし、お腹の具合などを聞き、注入を続行するか、看護師などに連絡をするか対象者と相談するケースと、症状ごとに対応方法を予め理解しておきましょう。

胃内から小腸への移行時間延長により、胃内の許容量を超えるためにろう孔より漏れる場合、注入をいったん中止し、嘔吐がなければ注入の速度を落として様子を観察します。

また食事中は、できるだけリラックスできるよう、他のケアはせずに見守るようにしましょう。

スライド102 手順⑨異常がないか確認する

手順⑨異常がないか確認する

○顔色やサチュレーションモニタの値に異常がないか、確認する。

＊栄養剤が接続部位から漏れていないか。
＊対象者の表情は苦しそうではないか。
＊下痢、嘔吐、頻脈、発汗、顔面紅潮、めまいなどはないか。
＊意識の変化はないか（呼びかけに応じるか）。
＊息切れはないか（呼吸が速くなっていないか）。
＊急激な滴下や滴下の停止がないか。

留意事項
・すぐに看護師や医師、家族に連絡して指示に従うケース
・注入速度を落とし、すぐに看護師や医師、家族に連絡し、指示に従うケース
・注入を中断するか、注入速度を落とし、お腹の具合などを聞き、注入を続行するか、看護師をするか、対象者と相談するケースなど、症状ごとに対応方法を予め理解しておく。
・ダンピング症候群の症状を呈することがある。
・胃内から小腸への移行時間延長により胃内用の許容量を超えるためにろう孔より漏れる場合、注入をいったん中止し、嘔吐がなければ次回からの注入の速度を落として様子を観察する。

手順10
終わったら経鼻胃管内に白湯を流す
スライド103

滴下が終了したらクレンメを閉じ、経管栄養セットのラインをはずします。

次にカテーテルチップ型シリンジに白湯を吸い、経鼻胃管内に白湯を流します。

経鼻胃管の体外部分を巻くなどして、対象者が気にならない状態にしましょう。

注入が終わっても、呼吸状態、意識、嘔気、嘔吐などに注意をします。

スライド103 手順⑩終わったら経鼻胃管内に白湯を流す

手順⑩終わったら経鼻胃管内に白湯を流す

○滴下が終了したらクレンメを閉じ、経管栄養セットのラインをはずす。

○カテーテルチップ型シリンジに白湯を吸い、経鼻胃管内に白湯を流す。

＊経鼻胃管の体外部分を巻くなどして、対象者が気にならない状態にする。

留意事項
・注入が終わっても呼吸状態、意識、嘔気、嘔吐などに注意をする。

（出典）厚生労働省 平成24年度喀痰吸引等指導者講習事業「喀痰吸引等研修テキスト 第三号研修（特定の者対象）」、138頁、2012年を一部改変

体位を整える スライド104

　注入終了後しばらくは上体を挙上したまま、対象者の希望を参考に、医師や家族の指示に従い、安楽な姿勢を保ちます。上体挙上時間が長いことによる体幹の痛みがないか、安楽な姿勢となっているか確認します。特に、褥瘡（じょくそう）発生のリスクが高い対象者の場合、高い圧がかかっている部位がないか注意しましょう。

　その後、異常がなければ、上体を下げるなど体位を整え、必要時は体位交換を再開します。

　食後2〜3時間、お腹の張りによる不快感などないか、対象者に聞きます。その結果も参考にして、次回の注入速度や体位の工夫など対象者と相談して対処しましょう。

報告、片付け、記録 スライド105

　最後に、報告、片付け、記録を行います。

　指導看護師に対し、対象者の状態などを報告します。ヒヤリ・ハット、アクシデントがあれば、あわせて報告します。

　使用物品を片付けます。物品は食器と同じ取り扱い方法で洗浄します。

　実施記録に書きます。ヒヤリ・ハットがあれば、業務の後に記録します。

スライド104 手順⑪体位を整える

手順⑪体位を整える

○終了後しばらくは上体を挙上したまま、安楽な姿勢を保つ。
○異常がなければ、体位を整える。
○必要時は体位交換を再開する。

＊終了後しばらくは上体を挙上することを対象者に伝え、安楽の確認をする。
＊上体挙上時間が長いことによる体幹の痛みがないか、安楽な姿勢となっているか確認する。
＊食後2〜3時間、お腹の張りによる不快感など、対象者の訴えがあれば聞く。

留意事項
・安楽な姿勢を保つ。褥瘡発生のリスクが高い対象者は高い圧がかかっている部位がないか注意する。
・対象者から訴えがあれば、次回は注入速度をおとす、体位を工夫するなど対象者と相談して対処する。

出典）厚生労働省 平成24年度喀痰吸引等指導者講習事業「喀痰吸引等研修テキスト 第三号研修（特定の者対象）」、139頁、2012年を一部改変

スライド105 報告、片付け、記録

報告、片付け、記録

○指導看護師に対し、対象者の状態等を報告する。ヒヤリ・ハット、アクシデントがあれば、あわせて報告する。
○使用物品の後片付けを行う。
○実施記録を書く。ヒヤリ・ハットがあれば、業務の後に記録する。

留意事項
・物品は食器と同じ取り扱い方法で洗浄する。

巻末資料

実際に評価票を使用する際は、各対象者の個別性に適合させるよう、適宜変更・修正して使用してください。

				回数	（ ）回目	（ ）回目	（ ）回目	（ ）回目	（ ）回目
				月日	／	／	／	／	／
				時間					
実施手順		評価項目	評価の視点		評価				
STEP4：実施準備	1	流水と石けんで、手洗いをする。	・外から細菌等を持ち込まない。						
	2	医師の指示書を確認する。	・ここまでは、ケアの前に済ませておく。						
	3	対象者本人・家族もしくは記録にて、体調を確認する。							
STEP5：実施	4	吸引の必要性を説明し、対象者の同意を得る。	・「痰がゴロゴロ言っているので吸引してもよろしいでしょうか」などと説明し、同意を得たか。						
	5	吸引の環境、対象者の姿勢を整える。	・環境の調整及び効果的に喀痰を吸引できる体位か。						
	6	口の周囲、口腔内を観察する。	・喀痰の貯留、出血、腫れ、乾燥などのチェックをしたか。						
	7	流水と石けんで手洗い、あるいは速乾性擦式手指消毒剤で手洗いをする。	・吸引前の手洗いを行っているか。						
	8	使い捨て手袋をする。場合によってはセッシを持つ。	―						
	9	吸引カテーテルを不潔にならないように取り出し、吸引器に連結した接続管に接続する。	・衛生的に、器具の取扱いができているか。 ・吸引カテーテルの先端をあちこちにぶつけていないか。						
	10	吸引器のスイッチを入れる。	―						
	11	決められた吸引圧になっていることを確認する。	・吸引圧は20キロパスカル以下に設定されているか。						
	12	（乾燥法の場合）吸引カテーテルと接続管の内腔を洗浄水等で洗い流す。（薬液浸漬法の場合）吸引カテーテルの外側の薬液が残らないように、アルコール綿で先端に向かって拭き取り、吸引カテーテルと接続管の内腔を洗浄水等で洗い流す。	・衛生的に、器具の取扱いができているか。						
	13	吸引カテーテルの先端の水をよく切る。	・よく水を切ったか。						
	14	吸引開始の声かけをする。	・必ず声をかけて、本人から同意を得る。						
	15	適切な長さまで挿入し、適切な吸引時間で口腔内を吸引する。	・静かに挿入し、適切な吸引時間で喀痰を吸引できたか。 ・適切な長さをこえて挿入していないか。						
	16	対象者に吸引が終わったことを告げ、喀痰がとり切れたかを確認する。	・喀痰がとり切れていない場合はもう一回繰り返す必要性について確認しているか。						
	17	吸引カテーテルの外側をアルコール綿で拭き取った後、吸引カテーテルと接続管の内腔を、洗浄水等で洗い流す。	・外側に喀痰がついた吸引カテーテルをそのまま洗浄水等に入れて水を汚染していないか。 ・接続管に喀痰が残っていないか。 ・吸引カテーテル内に喀痰が残っていないか。						
	18	非利き手で、吸引器のスイッチを切る。	・吸引器の機械音は、吸引が終わったらできるだけ早く消す。						
	19	（単回使用の場合）吸引カテーテルを接続管からはずし、破棄する。（乾燥法の場合、薬液浸漬法の場合）吸引カテーテルを接続管からはずし、衛生的に保管容器に戻す。	・衛生的に操作できているか。						
	20	手袋をはずす。セッシを使用した場合は元に戻す。	・衛生的に操作できているか。						
	21	対象者に吸引が終わったことを告げ、喀痰がとり切れたかを確認する。	・吸引終了を告げ、喀痰がとり切れたかどうかを確認しているか。						
	22	体位や環境を整える。	・安楽な姿勢に整え、環境の調整を行ったか。						
	23	対象者の顔色、呼吸状態、吸引物の量や性状等を観察する。（経鼻経管栄養を行っている場合、吸引後の口腔内に栄養チューブが出ていないか確認する。）	・苦痛を最小限に、吸引できたか。 ・対象者の状態観察を行えているか。						
	24	流水と石けんで、手洗いをする。	・ケア後の手洗いを行ったか。						
STEP6：報告	25	指導看護師に対し、吸引物、吸引前後の対象者の状態等を報告する。ヒヤリ・ハット、アクシデントがあれば、あわせて報告する。	・吸引の開始時間、吸引物の性状・量、吸引前後の対象者の状態等を報告したか。 ・ヒヤリ・ハット、アクシデントがあれば、報告したか。						
STEP7：片付け	26	吸引びんの廃液量が70〜80％になる前に廃液を捨てる。	・吸引びんの汚物は適宜捨てる。						
	27	保管容器や洗浄水等を適宜交換する。	・洗浄水や消毒液は継ぎ足さず、セットごと取り換えているか。						
STEP8：記録	28	実施記録を書く。ヒヤリ・ハットがあれば、業務の後に記録する。	―						

留意点
※特定の対象者における個別の留意点（良好な体位やOKサイン等）について、把握した上でケアを実施すること。
※実際に評価票を使用する際は、各対象者の個別性に適合させるよう、適宜変更・修正して使用すること。

評価票 2：口腔内の喀痰吸引（人工呼吸器装着者：口鼻マスクによる非侵襲的人工呼吸療法）

		回数		( )回目	( )回目	( )回目	( )回目	( )回目
		月日		/	/	/	/	/
		時間						
実施手順		評価項目	評価の視点	評価				
STEP4：実施準備	1	流水と石けんで、手洗いをする。	・外から細菌等を持ち込まない。					
	2	医師の指示書を確認する。	・ここまでは、ケアの前に済ませておく。					
	3	対象者本人・家族もしくは記録にて、体調を確認する。						
STEP5：実施	4	吸引の必要性を説明し、対象者の同意を得る。	・「痰がゴロゴロ言っているので吸引してもよろしいでしょうか」などと説明し、同意を得たか。					
	5	吸引の環境、対象者の姿勢を整える。	・環境の調整及び効果的に喀痰を吸引できる体位か。					
	6	口の周囲、口腔内を観察する。	・喀痰の貯留、出血、腫れ、乾燥等のチェックをしたか。・マスクをはずしての観察となるため、呼吸状態に十分な注意が必要。観察後のマスクの取り扱いに注意。					
	7	使い捨て手袋をする。場合によってはセッシを持つ。（手袋をする前に、必要に応じて、速乾性擦式手指消毒剤で手洗いをする。）	・吸引前の手洗いを行っているか。					
	8	吸引カテーテルを不潔にならないように取り出し、吸引器に連結した接続管に接続する。	・衛生的に、器具の取扱いができているか。・吸引カテーテルの先端をあちこちにぶつけていないか。					
	9	吸引器のスイッチを入れる。	―					
	10	決められた吸引圧になっていることを確認する。	・吸引圧は 20 キロパスカル以下に設定されているか。					
	11	（乾燥法の場合）吸引カテーテルと接続管の内腔を洗浄水等で洗い流す。（薬液浸漬法の場合）吸引カテーテルの外側の薬液が残らないように、アルコール綿で先端に向かって拭き取り、吸引カテーテルと接続管の内腔を洗浄水等で洗い流す。	・衛生的に、器具の取扱いができているか。					
	12	吸引カテーテルの先端の水をよく切る。	・よく水を切ったか。					
	13	吸引開始の声かけをする。	・必ず声をかけて、本人から同意を得る。					
	14	口鼻マスクをはずす。	・＊個人差があり、順番が前後することがある。					
	15	適切な長さまで挿入し、適切な吸引時間で口腔内を吸引する。	・静かに挿入し、適切な吸引時間で喀痰を吸引できたか。適切な長さをこえて挿入していないか。					
	16	対象者に吸引が終わったことを告げ、喀痰がとり切れたかを確認する。	・喀痰がとり切れていない場合はもう一回繰り返す必要性について確認しているか。					
	17	吸引カテーテルの外側をアルコール綿で拭き取った後、吸引カテーテルと接続管の内腔を、洗浄水等で洗い流す。	・外側に喀痰がついた吸引カテーテルをそのまま洗浄水等に入れて水を汚染していないか。・接続管に喀痰が残っていないか。吸引カテーテル内に喀痰が残っていないか。					
	18	非利き手で、吸引器のスイッチを切る。	・吸引器の機械音は、吸引が終わったらできるだけ早く消す。					
	19	（単回使用の場合）吸引カテーテルを接続管からはずし、破棄する。（乾燥法の場合、薬液浸漬法の場合）吸引カテーテルを接続管からはずし、衛生的に保管容器に戻す。	・衛生的に操作できているか。					
	20	手袋をはずす。セッシを使用した場合は元に戻す。	・衛生的に操作できているか。					
	21	対象者に吸引が終わったことを告げ、喀痰がとり切れたかを確認する。	・吸引終了を告げ、喀痰がとり切れたかどうかを確認しているか。					
	22	口鼻マスクを適切な位置にもどし、適切な状態に固定（装着）する。	・＊個人差があり、順番が前後することがある。					
	23	人工呼吸器が正常に作動していること、口鼻マスクの装着がいつも通りであることを確認する。	・人工呼吸器の作動状態、マスクの装着状態を確認しているか。					
	24	体位や環境を整える。	・安楽な姿勢に整え、環境の調整を行ったか。					
	25	対象者の顔色、呼吸状態、吸引物の量や性状等を観察する。（経鼻経管栄養を行っている場合、吸引後の口腔内に栄養チューブが出ていないか確認する。）	・苦痛を最小限に、吸引できたか。・対象者の状態観察を行えているか。					
	26	流水と石けんで、手洗いをする。	・ケア後の手洗いを行ったか。					
STEP6：報告	27	指導看護師に対し、吸引物、吸引前後の対象者の状態等を報告する。ヒヤリ・ハット、アクシデントがあれば、あわせて報告する。	・吸引の開始時間、吸引物の性状・量、吸引前後の対象者の状態等を報告したか。・ヒヤリ・ハット、アクシデントがあれば、報告したか。					
STEP7：片付け	28	吸引びんの廃液量が 70～80％になる前に廃液を捨てる。	・吸引びんの汚物は適宜捨てる。					
	29	保管容器や洗浄水等を適宜交換する。	・洗浄水や消毒液は継ぎ足さず、セットごと取り換えているか。					
STEP8：記録	30	実施記録を書く。ヒヤリ・ハットがあれば、業務の後に記録する。	―					

留意点
※特定の対象者における個別の留意点（良好な体位や OK サイン等）について、把握した上でケアを実施すること。
※実際に評価票を使用する際は、各対象者の個別性に適合させるよう、適宜変更・修正して使用すること。

実施手順		評価項目	評価の視点	回数	( )回目	( )回目	( )回目	( )回目	( )回目
				月日	／	／	／	／	／
				時間					
				評価					
STEP4：実施準備	1	流水と石けんで、手洗いをする。	・外から細菌等を持ち込まない。						
	2	医師の指示書を確認する。	・ここまでは、ケアの前に済ませておく。						
	3	対象者本人・家族もしくは記録にて、体調を確認する。							
STEP5：実施	4	吸引の必要性を説明し、対象者の同意を得る。	・「痰がゴロゴロ言っているので吸引してもよろしいでしょうか」などと説明し、同意を得たか。						
	5	吸引の環境、対象者の姿勢を整える。	・環境の調整及び効果的に喀痰を吸引できる体位か。						
	6	鼻の周囲、鼻腔内を観察する。	・喀痰の貯留、出血等のチェックをしたか。						
	7	流水と石けんで手洗い、あるいは速乾性擦式手指消毒剤で手洗いをする。	・吸引前の手洗いを行っているか。						
	8	使い捨て手袋をする。場合によってはセッシを持つ。	―						
	9	吸引カテーテルを不潔にならないように取り出し、吸引器に連結した接続管に接続する。	・衛生的に、器具の取扱いができているか。 ・吸引カテーテルの先端をあちこちにぶつけていないか。						
	10	吸引器のスイッチを入れる。	―						
	11	決められた吸引圧になっていることを確認する。	・吸引圧は 20 キロパスカル以下に設定されているか。						
	12	（乾燥法の場合）吸引カテーテルと接続管の内腔を洗浄水等で洗い流す。（薬液浸漬法の場合）吸引カテーテルの外側の薬液が残らないように、アルコール綿で先端に向かって拭き取り、吸引カテーテルと接続管の内腔を洗浄水等で洗い流す。	・衛生的に、器具の取扱いができているか。						
	13	吸引カテーテルの先端の水をよく切る。	・よく水を切ったか。						
	14	吸引開始の声かけをする。	・必ず声をかけて、本人から同意を得る。						
	15	適切な長さまで挿入し、適切な吸引時間で鼻腔内を吸引する。	・静かに挿入し、適切な吸引時間で喀痰を吸引できたか。 ・適切な長さをこえて挿入していないか。						
	16	対象者に吸引が終わったことを告げ、喀痰がとり切れたかを確認する。	・喀痰がとり切れていない場合はもう一回繰り返す必要性について確認したか。						
	17	吸引カテーテルの外側をアルコール綿で拭き取った後、吸引カテーテルと接続管の内腔を、洗浄水等で洗い流す。	・外側に喀痰がついた吸引カテーテルをそのまま洗浄水等に入れて水を汚染していないか。 ・接続管に喀痰が残っていないか。 ・吸引カテーテル内に喀痰が残っていないか。						
	18	非利き手で、吸引器のスイッチを切る。	・吸引器の機械音は、吸引が終わったらできるだけ早く消す。						
	19	（単回使用の場合）吸引カテーテルを接続管からはずし、破棄する。（乾燥法の場合、薬液浸漬法の場合）吸引カテーテルを接続管からはずし、衛生的に保管容器に戻す。	・衛生的に操作できているか。						
	20	手袋をはずす。セッシを使用した場合は元に戻す。	・衛生的に操作できているか。						
	21	対象者に吸引が終わったことを告げ、喀痰がとり切れたかを確認する。	・吸引終了を告げ、喀痰がとり切れたかどうかを確認しているか。						
	22	体位や環境を整える。	・安楽な姿勢に整え、環境の調整を行ったか。						
	23	対象者の顔色、呼吸状態、吸引物の量や性状等を観察する。（経鼻経管栄養を行っている場合、吸引後の口腔内に栄養チューブが出ていないか確認する。）	・苦痛を最小限に、吸引できたか。 ・対象者の状態観察を行えているか。						
	24	流水と石けんで、手洗いをする。	・ケア後の手洗いを行ったか。						
STEP6：報告	25	指導看護師に対し、吸引物、吸引前後の対象者の状態等を報告する。ヒヤリ・ハット、アクシデントがあれば、あわせて報告する。	・吸引の開始時間、吸引物の性状・量、吸引前後の対象者の状態等を報告したか。 ・ヒヤリ・ハット、アクシデントがあれば、報告したか。						
STEP7：片付け	26	吸引びんの廃液量が 70～80％になる前に廃液を捨てる。	・吸引びんの汚物は適宜捨てる。						
	27	保管容器や洗浄水等を適宜交換する。	・洗浄水や消毒液は継ぎ足さず、セットごと取り換えているか。						
STEP8：記録	28	実施記録を書く。ヒヤリ・ハットがあれば、業務の後に記録する。	―						

留意点
※特定の対象者における個別の留意点（良好な体位や OK サイン等）について、把握した上でケアを実施すること。
※実際に評価票を使用する際は、各対象者の個別性に適合させるよう、適宜変更・修正して使用すること。

評価票 4：鼻腔内の喀痰吸引（人工呼吸器装着者：口鼻マスクまたは鼻マスクによる非侵襲的人工呼吸療法）

実施手順		評価項目	評価の視点	回数 ( )回目	( )回目	( )回目	( )回目	( )回目
			月日	/	/	/	/	/
			時間					
			評価の視点	評価				
STEP4：実施準備	1	流水と石けんで、手洗いをする。	・外から細菌等を持ち込まない。					
	2	医師の指示書を確認する。	・ここまでは、ケアの前に済ませておく。					
	3	対象者本人・家族もしくは記録にて、体調を確認する。						
STEP5：実施	4	吸引の必要性を説明し、対象者の同意を得る。	・「痰がゴロゴロ言っているので吸引してもよろしいでしょうか」などと説明し、同意を得たか。					
	5	吸引の環境、対象者の姿勢を整える。	・環境の調整及び効果的に喀痰を吸引できる体位か。					
	6	鼻の周囲、鼻腔内を観察する。	・喀痰の貯留、出血等のチェックをしたか。・マスクを外しての観察となるため、呼吸状態に十分な注意が必要。・観察後のマスクの取り扱いに注意。					
	7	使い捨て手袋をする。場合によってはセッシを持つ。（手袋をする前に、必要に応じて、速乾性擦式手指消毒剤で手洗いをする。）	・吸引前の手洗いを行っているか。					
	8	吸引カテーテルを不潔にならないように取り出し、吸引器に連結した接続管に接続する。	・衛生的に、器具の取扱いができているか。・吸引カテーテルの先端をあちこちにぶつけていないか。					
	9	吸引器のスイッチを入れる。	―					
	10	決められた吸引圧になっていることを確認する。	・吸引圧は 20 キロパスカル以下に設定されているか。					
	11	（乾燥法の場合）吸引カテーテルと接続管の内腔を洗浄水等で洗い流す。（薬液浸漬法の場合）吸引カテーテルの外側の薬液が残らないように、アルコール綿で先端に向かって拭き取り、吸引カテーテルと接続管の内腔を洗浄水等で洗い流す。	・衛生的に、器具の取扱いができているか。					
	12	吸引カテーテルの先端の水をよく切る。	・よく水を切ったか。					
	13	吸引開始の声かけをする。	・必ず声をかけて、本人から同意を得る。					
	14	口鼻マスクまたは鼻マスクをはずす。	＊個人差があり、順番が前後することがある。					
	15	適切な長さまで挿入し、適切な吸引時間で鼻腔内を吸引する。	・静かに挿入し、適切な吸引時間で喀痰を吸引できたか。・適切な長さをこえて挿入しない。					
	16	対象者に吸引が終わったことを告げ、喀痰がとり切れたかを確認する。	・喀痰がとり切れていない場合はもう一回繰り返す必要性について確認しているか。					
	17	吸引カテーテルの外側をアルコール綿で拭き取った後、吸引カテーテルと接続管の内腔を、洗浄水等で洗い流す。	・外側に喀痰がついた吸引カテーテルをそのまま洗浄水等に入れて水を汚染していないか。・接続管に喀痰が残っていないか。吸引カテーテル内に喀痰が残っていないか。					
	18	非利き手で、吸引器のスイッチを切る。	・吸引器の機械音は、吸引が終わったらできるだけ早く消す。					
	19	（単回使用の場合）吸引カテーテルを接続管からはずし、破棄する。（乾燥法の場合、薬液浸漬法の場合）吸引カテーテルを接続管からはずし、衛生的に保管容器にもどす。	・衛生的に操作できているか。					
	20	手袋をはずす。セッシを使用した場合は元に戻す。	・衛生的に操作できているか。					
	21	対象者に吸引が終わったことを告げ、喀痰がとり切れたかどうかを確認する。	・吸引終了を告げ、喀痰がとり切れたかどうかを確認しているか。					
	22	口鼻マスクまたは鼻マスクを適切な位置にもどし、適切な状態に固定（装着）する。	・＊個人差があり、順番が前後することがある。					
	23	人工呼吸器が正常に作動していること、口鼻マスクまたは鼻マスクの装着がいつも通りであることを確認する。	・人工呼吸器の作動状態、マスクの装着状態を確認しているか。					
	24	体位や環境を整える。	・安楽な姿勢に整え、環境の調整を行ったか。					
	25	対象者の顔色、呼吸状態、吸引物の量や性状等を観察する。（経鼻経管栄養を行っている場合、吸引後の口腔内に栄養チューブが出ていないかの確認）	・苦痛を最小限に、吸引できたか。・対象者の状態観察を行えているか。					
	26	流水と石けんで、手洗いをする。	・ケア後の手洗いを行ったか。					
STEP6：報告	27	指導看護師に対し、吸引物、時間、吸引物の性状等を報告する。ヒヤリ・ハット、アクシデントがあれば、あわせて報告する。	・吸引の開始時間、吸引物の性状・量、吸引前後の対象者の状態等を報告したか。・ヒヤリ・ハット、アクシデントがあれば、報告したか。					
STEP7：片付け	28	吸引びんの廃液量が 70〜80％になる前に廃液を捨てる。	・吸引びんの汚物は適宜捨てる。					
	29	保管容器や洗浄水等を適宜交換する。	・洗浄水や消毒液は継ぎ足さず、セットごと取り換えているか。					
STEP8：記録	30	実施記録を書く。ヒヤリ・ハットがあれば、業務の後に記録する。	―					

留意点
※特定の対象者における個別の留意点（良好な体位や OK サイン等）について、把握した上でケアを実施すること。
※実際に評価票を使用する際は、各対象者の個別性に適合させるよう、適宜変更・修正して使用すること。

評価票 5：気管カニューレ内部の喀痰吸引（通常手順）

実施手順		評価項目	評価の視点	回数 月日 時間	( ) 回目 ／	( ) 回目 ／	( ) 回目 ／	( ) 回目 ／	( ) 回目 ／
				評価					
STEP4： 実施準備	1	流水と石けんで、手洗いをする。	・外から細菌等を持ち込まない。						
	2	医師の指示書を確認する。	・ここまでは、ケアの前に済ませておく。						
	3	対象者本人・家族もしくは記録にて、体調を確認する。							
	4	気管カニューレに人工鼻が付いている場合、はずしておく。							
STEP5： 実施	5	吸引の必要性を説明し、対象者の同意を得る。	・「痰がゴロゴロ言っているので吸引してもよろしいでしょうか」などと説明し、同意を得たか。						
	6	吸引の環境、対象者の姿勢を整える。	・環境の調整及び効果的に喀痰を吸引できる体位か。						
	7	気管カニューレの周囲、固定状態及び喀痰の貯留を示す呼吸音の有無を観察する。	・気管カニューレ周囲の状態（喀痰の吹き出し、皮膚の状態等）、固定のゆるみ、喀痰の貯留を示す呼吸音の有無などのチェックをしたか。						
	8	流水と石けんで手洗い、あるいは速乾性擦式手指消毒で手洗いをする。	・吸引前の手洗いを行っているか。						
	9	使い捨て手袋をする。場合によってはセッシを持つ。	―						
	10	吸引カテーテルを不潔にならないように取り出し、吸引器に連結した接続管に接続する。	・衛生的に、器具の取扱いができているか。・吸引カテーテルの先端をあちこちにぶつけていないか。						
	11	吸引器のスイッチを入れる。	・先端から約10cmのところを、手袋をした手（またはセッシ）で持つ。						
	12	決められた吸引圧になっていることを確認する。	・吸引圧は20キロパスカル以下に設定されているか。						
	13	（乾燥法の場合）吸引カテーテルと接続管の内腔を洗浄水等で洗い流す。（薬液浸漬法の場合）吸引カテーテルの外側の薬液が残らないように、アルコール綿で先端に向かって拭き取り、吸引カテーテルと接続管の内腔を洗浄水等で洗い流す。	・衛生的に、器具の取扱いができているか。						
	14	吸引カテーテルの先端の水をよく切った後、吸引カテーテルの外側を、アルコール綿で先端に向かって拭き取る。	・よく水を切ったか。						
	15	吸引開始の声かけをする。	・必ず声をかけて、本人から同意を得る。						
	16	適切な長さまで挿入し、適切な吸引時間で気管カニューレ内部を吸引する。	・静かに挿入し、適切な吸引時間で喀痰を吸引できたか。・吸引カテーテルは気管カニューレの先端を越えていないか。						
	17	対象者に吸引が終わったことを告げ、喀痰がとり切れたかを確認する。	・喀痰がとり切れていない場合はもう一回繰り返す必要性について確認しているか。						
	18	吸引カテーテルの外側をアルコール綿で拭き取った後、吸引カテーテルと接続管の内腔を、洗浄水等で洗い流す。	・外側に喀痰がついた吸引カテーテルをそのまま洗浄水等に入れて水を汚染していないか。・接続管に喀痰が残っていないか。吸引カテーテル内に喀痰が残っていないか。						
	19	非利き手で、吸引器のスイッチを切る。	・吸引器の機械音は、吸引が終わったらできるだけ早く消す。						
	20	（単回使用の場合）吸引カテーテルを接続管からはずし、破棄する。（乾燥法の場合、薬液浸漬法の場合）吸引カテーテルを接続管からはずし、衛生的に保管容器に戻す。	・衛生的に操作できているか。						
	21	手袋をはずす。セッシを使用した場合は元に戻す。	・衛生的に操作できているか。						
	22	対象者に吸引が終わったことを告げ、喀痰がとり切れたかを確認する。	・吸引終了を告げ、喀痰がとり切れたかどうかを確認しているか。						
	23	体位や環境を整える。	・安楽な姿勢に整え、環境の調整を行ったか。						
	24	対象者の顔色、呼吸状態、吸引物の量や性状、気管カニューレ周囲や固定状況等を観察する。	・苦痛を最小限に、吸引できたか。対象者の状態観察を行えているか。・気管カニューレ周囲の状態（喀痰の吹き出し、皮膚の状態等）、固定のゆるみ等のチェックをしたか。						
	25	流水と石けんで、手洗いをする。	・ケア後の手洗いを行ったか。						
STEP6： 報告	26	指導看護師に対し、吸引物、吸引前後の対象者の状態等を報告する。ヒヤリ・ハット、アクシデントがあれば、あわせて報告する。	・吸引の開始時間、吸引物の性状・量、吸引前後の対象者の状態等を報告したか。・ヒヤリ・ハット、アクシデントがあれば、報告したか。						
STEP7： 片付け	27	吸引びんの廃液量が70～80％になる前に廃液を捨てる。	・吸引びんの汚物は適宜捨てる。						
	28	保管容器や洗浄水等を適宜交換する。	・洗浄水や消毒液は継ぎ足さず、セットごと取り換えているか。						
STEP8： 記録	29	実施記録を書く。ヒヤリ・ハットがあれば、業務の後に記録する。	―						

留意点

※特定の対象者における個別の留意点（良好な体位やOKサイン等）について、把握した上でケアを実施すること。
※実際に評価票を使用する際は、各対象者の個別性に適合させるよう、適宜変更・修正して使用すること。
※サイドチューブ付き気管カニューレの場合、気管カニューレ内吸引の前後でサイドチューブからも吸引することが、肺炎予防の上で望ましい。

評価票 6：気管カニューレ内部の喀痰吸引（人工呼吸器装着者：侵襲的人工呼吸療法）

				回数	（ ）回目	（ ）回目	（ ）回目	（ ）回目	（ ）回目
				月日	/	/	/	/	/
				時間					
実施手順		評価項目		評価の視点			評価		
STEP4：実施準備	1	流水と石けんで、手洗いをする。		・外から細菌等を持ち込まない。					
	2	医師の指示書を確認する。		・ここまでは、ケアの前に済ませておく。					
	3	対象者本人・家族もしくは記録にて、体調を確認する。							
	4	気管カニューレに固定ヒモが結んである場合はほどいておき、少しコネクターを緩めておいてもよい。							
STEP5：実施	5	吸引の必要性を説明し、対象者の同意を得る。		・「痰がゴロゴロ言っているので吸引してもよろしいでしょうか」などと説明し、同意を得たか。					
	6	吸引の環境、対象者の姿勢を整える。		・環境の調整及び効果的に喀痰を吸引できる体位か。					
	7	気管カニューレの周囲、固定状態及び喀痰の貯留を示す呼吸音の有無を観察する。		・気管カニューレ周囲の状態（喀痰の吹き出し、皮膚の状態等）、固定のゆるみ、喀痰の貯留を示す呼吸音の有無などのチェックをしたか。					
	8	流水と石けんで手洗い、あるいは速乾性擦式手指消毒剤で手洗いをする。		・吸引前の手洗いを行っているか。					
	9	使い捨て手袋をする。場合によってはセッシを持つ。		―					
	10	吸引カテーテルを不潔にならないように取り出し、吸引器に連結した接続管に接続する。		・衛生的に、器具の取扱いができているか。・吸引カテーテルの先端をあちこちにぶつけていないか。					
	11	吸引器のスイッチを入れる。		・先端から約10cmのところを、手袋をした手（またはセッシ）で持つ。					
	12	決められた吸引圧になっていることを確認する。		・吸引圧は20キロパスカル以下に設定されているか。					
	13	（乾燥法の場合）吸引カテーテルと接続管の内腔を洗浄水等で洗い流す。（薬液浸漬法の場合）吸引カテーテルの外側の薬液が残らないように、アルコール綿で先端に向かって拭き取り、吸引カテーテルと接続管の内腔を洗浄水等で洗い流す。		・衛生的に、器具の取扱いができているか。					
	14	吸引カテーテルの先端の水をよく切った後、吸引カテーテルの外側を、アルコール綿で先端に向かって拭き取る。		・よく水を切ったか。					
	15	吸引開始の声かけをする。		・必ず声をかけて、本人から同意を得る。					
	16	人工呼吸器から空気が送り込まれ、胸が盛り上がるのを確認後、フレキシブルチューブのコネクターを気管カニューレからはずし、きれいなタオル等の上に置く。		・呼吸器から肺に空気が送り込まれたことを確認後に、非利き手でフレキシブルチューブ先端のコネクターを、そっとはずしているか。・気管カニューレをひっぱって痛みを与えていないか。・はずしたコネクターをきれいなタオル等の上に置いているか。・コネクターをはずした時、フレキシブルチューブ内にたまった水滴を気管カニューレ内に落とし込んでいないか。					
	17	適切な長さまで挿入し、適切な吸引時間で気管カニューレ内部を吸引する。		・静かに挿入し、適切な吸引時間で喀痰を吸引できたか。・吸引カテーテルは気管カニューレの先端を越えていないか。					
	18	吸引を終了したら、すぐに、フレキシブルチューブ先端のコネクターを気管カニューレに接続し、正しく接続できているか人工呼吸器の作動状況や状態を確認する。		・フレキシブルチューブ内に水滴が付いている場合、気管カニューレ内に落ないよう、水滴を払ってから接続しているか。					
	19	対象者に吸引が終わったことを告げ、喀痰がとり切れたかを確認する。		・喀痰がとり切れていない場合はもう一回繰り返す必要性について確認しているか。					
	20	吸引カテーテルの外側をアルコール綿で拭き取った後、吸引カテーテルと接続管の内腔を、洗浄水等で洗い流す。		・外側に喀痰がついた吸引カテーテルをそのまま洗浄水等に入れて水を汚染していないか。・接続管に喀痰が残っていないか。吸引カテーテル内に喀痰が残っていないか。					
	21	非利き手で、吸引器のスイッチを切る。		・吸引器の機械音は、吸引が終わったらできるだけ早く消す。					
	22	（単回使用の場合）吸引カテーテルを接続管からはずし、破棄する。（乾燥法の場合、薬液浸漬法の場合）吸引カテーテルを接続管からはずし、衛生的に保管容器に戻す。		・衛生的に操作できているか。					
	23	手袋をはずす。セッシを使用した場合は元に戻す。		・衛生的に操作できているか。					
	24	対象者に吸引が終わったことを告げ、喀痰がとり切れたかを確認する。		・吸引終了を告げ、喀痰がとり切れたかどうかを確認しているか。					
	25	人工呼吸器が正常に作動していること、気道内圧、酸素飽和度などを確認する。		・人工呼吸器の不具合はないか。					
	26	体位や環境を整える。		・安楽な姿勢に整え、環境の調整を行ったか。					
	27	対象者の顔色、呼吸状態、吸引物の量や性状、気管カニューレ周囲や固定状況等を観察する。		・苦痛を最小限に、吸引できたか。対象者の状態観察を行っているか。・気管カニューレ周囲の状態（喀痰の吹き出し、皮膚の状態等）、固定のゆるみ等のチェックをしたか。					
	28	流水と石けんで、手洗いをする。		・ケア後の手洗いを行ったか。					
STEP6：報告	29	指導看護師に対し、吸引物、吸引前後の対象者の状態等を報告する。ヒヤリ・ハット、アクシデントがあれば、あわせて報告する。		・吸引の開始時間、吸引物の性状・量、吸引前後の対象者の状態を報告したか。・ヒヤリ・ハット、アクシデントがあれば、報告したか。					
STEP7：片付け	30	吸引びんの廃液量が70～80%になる前に廃液を捨てる。		・吸引びんの汚物は適宜捨てる。					
	31	保管容器や洗浄水等を適宜交換する。		・洗浄水や消毒液は継ぎ足さず、セットごと取り換えているか。					
STEP8：記録	32	実施記録を書く。ヒヤリ・ハットがあれば、業務の後に記録する。		―					

留意点

※特定の対象者における個別の留意点（良好な体位やOKサイン等）について、把握した上でケアを実施すること。
※実際に評価票を使用する際は、各対象者の個別性に適合させるよう、適宜変更・修正して使用すること。
※サイドチューブ付き気管カニューレの場合、気管カニューレ内吸引の前後でサイドチューブからも吸引することが、肺炎予防の上で望ましい。

評価票 7：胃ろうまたは腸ろうによる経管栄養（滴下型の液体栄養剤）

			回数	( )回目	( )回目	( )回目	( )回目	( )回目
			月日	/	/	/	/	/
			時間					
実施手順		評価項目	評価の視点	評価				
STEP4：実施準備	1	流水と石けんで、手洗いをする。	・外から細菌等を持ち込まない。					
	2	医師の指示書を確認する。	・ここまでは、ケアの前に済ませておく。					
	3	対象者本人・家族もしくは記録にて、体調を確認する。						
STEP5：実施	4	対象者本人から注入の依頼を受ける。あるいは、対象者の意思を確認する。	・対象者の同意はあるか。意思を尊重しているか。 ・声をかけているか。					
	5	必要物品、栄養剤を用意する。	・必要な物品が揃っているか。衛生的に保管されていたか。 ・栄養剤の内容と量は指示通りか。栄養剤の温度は適当か。					
	6	体位を調整する。	・対象者が望む安楽で安全な体位に調整しているか。					
	7	注入内容を確認し、クレンメを閉めてから栄養剤を注入用ボトルに入れ、注入用ボトルを高いところにかける。滴下筒に半分くらい満たし、滴下が確認できるようにする。	・クレンメを閉めているか。					
	8	クレンメを緩め、経管栄養セットのラインの先端まで栄養剤を流して空気を抜き、クレンメを閉める。	・栄養剤を無駄にせず確実に空気を抜いたか。					
	9	胃ろうチューブの破損や抜けがないか、固定の位置を目視で観察する。胃ろう周囲の観察を行う。	・いじることなく、胃ろうチューブと胃ろう周囲を目視で確認しているか。					
	10	注入用ボトルを所定の位置につるし、胃ろうチューブの先端と経管栄養セットのラインの先端を、アルコール綿などで拭いてから接続する。	・所定の位置もしくは胃から50cm程度の高さにつるしているか。 ・再度、胃ろうチューブであることを確認してから接続しているか。					
	11	注入を開始することを対象者に伝え、クレンメをゆっくりと緩める。滴下筒の滴下で注入速度を調整して、決められた滴下速度で滴下する。注入開始時刻を記録する。	・決められた滴下速度に調整できているか。					
	12	滴下中に、対象者に異常がないか、確認する。	・栄養剤が胃ろう周辺や接続部位から漏れていないか。 ・以下の内容を確認しているか。 ▶対象者の表情は苦しそうではないか。 ▶下痢、嘔吐、頻脈、発汗、顔面紅潮、めまいなどはないか。 ▶意識の変化はないか。 ▶息切れはないか。 ▶急激な滴下や滴下の停止はないか。					
	13	滴下が終了したらクレンメを閉じ、経管栄養セットのラインをはずす。カテーテルチップ型シリンジに白湯を吸い、胃ろうチューブ内に白湯を流す。	・決められた量の白湯を使い、胃ろうチューブ内の栄養剤をフラッシュできたか。 ・胃ろうチューブの栓を閉じているか。					
	14	終了後しばらくは上体を挙上したまま、安楽な姿勢を保つ。	・安楽の確認をしたか。					
	15	体位を整える。必要時は、体位交換を再開する。	・安楽な体位であるか対象者に確認したか。 ・嘔気・嘔吐等はないか、再度確認する。					
STEP6：報告	16	指導看護師に対し、対象者の状態等を報告する。ヒヤリ・ハット、アクシデントがあれば、あわせて報告する。	・対象者の状態等を報告したか。 ・ヒヤリ・ハット、アクシデントがあれば、報告したか。					
STEP7：片付け	17	使用物品の後片付けを行う。	・使用した器具（経管栄養セットやシリンジ）を洗浄したか。 ・割ったり壊したりしないように注意したか。 ・食器と同じ取り扱いでよく洗浄したか。					
STEP8：記録	18	実施記録を書く。ヒヤリ・ハットがあれば、業務の後に記録する。	―					

※対象者による評価ポイント（評価を行うに当たって対象者の意見の確認が特に必要な点）
　・調理の仕方は適切か。流してみてチューブにつまらないか。
　・注入の早さ、温度は対象者の好みであるか。
　・注入中の体位が楽な姿勢か。

留意点
※特定の対象者における個別の留意点（良好な体位やOKサイン等）について、把握した上でケアを実施すること。
※実際に評価票を使用する際は、各対象者の個別性に適合させるよう、適宜変更・修正して使用すること。

	回数		( ) 回目	( ) 回目	( ) 回目	( ) 回目	( ) 回目
	月日		/	/	/	/	/
	時間						

実施手順		評価項目	評価の視点	評価				
STEP4： 実施準備	1	流水と石けんで、手洗いをする。	・外から細菌等を持ち込まない。					
	2	医師の指示書を確認する。	・ここまでは、ケアの前に済ませておく。					
	3	対象者本人・家族もしくは記録にて、体調を確認する。						
STEP5： 実施	4	対象者本人から注入の依頼を受ける。あるいは、対象者の意思を確認する。	・対象者の同意はあるか。意思を尊重しているか。 ・声をかけているか。					
	5	必要物品、栄養剤を用意する。カテーテルチップ型シリンジを使う場合は、半固形栄養剤をシリンジで吸い取っておく。	・必要な物品が揃っているか。衛生的に保管されていたか。 ・栄養剤の内容と量は指示通りか。 ・栄養剤の温度は適当か。					
	6	体位を調整する。	・対象者が望む安楽で安全な体位に調整しているか。					
	7	胃ろうチューブの破損や抜けがないか、固定の位置を目視で観察する。胃ろう周囲の観察を行う。	・いじることなく、胃ろうチューブと胃ろう周囲を目視で観察しているか。					
	8	胃ろうチューブの先端をアルコール綿などで拭き、胃ろうチューブと半固形栄養剤のバッグないし、半固形栄養剤を吸ったカテーテルチップ型シリンジをつなぐ。	・それぞれの栄養剤に適したアダプターや接続用チューブ、加圧バッグ等が使用できているか。 ・再度、胃ろうチューブであることを確認してから接続しているか。					
	9	注入を開始することを対象者に伝え、半固形栄養剤のバッグないしカテーテルチップ型シリンジの内筒を、適切な圧で押しながら注入する。必要時は加圧バッグを使用する。	・決められた速度で注入できるように加圧できているか。 ・過剰に圧をかけて、接続部がはずれていないか。					
	10	注入中に、対象者に、異常がないか、確認する。	・半固形栄養剤が接続部位から漏れていないか。 ・以下の内容を確認しているか。 ▶対象者の表情は苦しそうではないか。 ▶下痢、嘔吐、頻脈、発汗、顔面紅潮、めまいなどはないか。 ▶意識の変化はないか。 ▶息切れはないか。					
	11	注入が終了したら、カテーテルチップ型シリンジに白湯を吸い、胃ろうチューブ内に白湯を流す。	・決められた量の白湯を使い、胃ろうチューブ内の栄養剤をフラッシュできたか。 ・胃ろうチューブの栓を閉じているか。					
	12	終了後しばらくは上体を挙上したまま、安楽な姿勢を保つ。	・安楽の確認をしたか。					
	13	体位を整える。必要時は、体位交換を再開する。	・安楽な体位であるか対象者に確認したか。 ・嘔気・嘔吐等はないか、再度確認したか。					
STEP6： 報告	14	指導看護師に対し、対象者の状態等を報告する。ヒヤリ・ハット、アクシデントがあれば、あわせて報告する。	・対象者の状態等を報告したか。 ・ヒヤリ・ハット、アクシデントがあれば、報告したか。					
STEP7： 片付け	15	使用物品の後片付けを行う。	・使用した器具（経管栄養セットやシリンジ）を洗浄したか。 ・割ったり壊したりしないように注意したか。 ・食器と同じ取り扱いでよく洗浄したか。					
STEP8： 記録	16	実施記録を書く。ヒヤリ・ハットがあれば、業務の後に記録する。	―					

※対象者による評価ポイント（評価を行うに当たって対象者の意見の確認が特に必要な点）
　・調理の仕方は適切か。流してみてチューブにつまらないか。
　・注入の早さ、温度は対象者の好みであるか。
　・注入中の体位が楽な姿勢か。

留意点
※特定の対象者における個別の留意点（良好な体位や OK サイン等）について、把握した上でケアを実施すること。
※実際に評価票を使用する際は、各対象者の個別性に適合させるよう、適宜変更・修正して使用すること。

評価票 9：経鼻経管栄養（滴下型の液体栄養剤）

				回数	（ ）回目	（ ）回目	（ ）回目	（ ）回目	（ ）回目
				月日	/	/	/	/	/
				時間					
実施手順		評価項目		評価の視点			評価		
STEP4：実施準備	1	流水と石けんで、手洗いをする。		・外から細菌等を持ち込まない。					
	2	医師の指示書を確認する。		・ここまでは、ケアの前に済ませておく。					
	3	対象者本人・家族もしくは記録にて、体調を確認する。							
STEP5：実施	4	対象者本人から注入の依頼を受ける。あるいは、対象者の意思を確認する。		・対象者の同意はあるか。意思を尊重しているか。声をかけているか。					
	5	必要物品、栄養剤を用意する。		・必要な物品が揃っているか。衛生的に保管されていたか。 ・栄養剤の内容と量は指示通りか。栄養剤の温度は適当か。					
	6	体位を調整する。		・対象者が望む安楽で安全な体位に調整しているか。					
	7	注入内容を確認し、クレンメを閉めてから栄養剤を注入用ボトルに入れ、注入用ボトルを高いところにかける。滴下筒に半分くらい満たし、滴下が確認できるようにする。		・クレンメを閉めているか。					
	8	クレンメを緩め、経管栄養セットのラインの先端まで栄養剤を流して空気を抜き、クレンメを閉める。		・栄養剤をムダにせず確実に空気を抜いたか。					
	9	経鼻胃管の破損や抜けがないか、固定の位置を観察する。口の中で経鼻胃管が巻いてないか確認する。		・破損、抜けがないか確認したか。 ・鼻から挿入された経鼻胃管の鼻より外に出た部位の長さに変わりがないか確認したか。 ・口腔内で経鼻胃管がとぐろを巻いていないか確認したか。					
	10	注入用ボトルを所定の位置につるし、経鼻胃管と接続する。		・所定の位置、もしくは胃から50cm程度の高さにつるしているか。 ・再度、経鼻胃管であることを確認してから接続しているか。					
	11	注入を開始することを対象者に伝え、クレンメをゆっくりと緩める。滴下筒の滴下で注入速度を調整して、決められた滴下速度で滴下する。注入開始時刻を記録する。		・決められた滴下速度に調整できているか。					
	12	滴下中に、対象者に、異常がないか、確認する。		・栄養剤が接続部位から漏れていないか。 ・以下の内容を確認しているか。 ▶対象者の表情は苦しそうではないか。 ▶下痢、嘔吐、頻脈、発汗、顔面紅潮、めまいなどはないか。 ▶意識の変化はないか。 ▶息切れはないか。 ▶急激な滴下や滴下の停止はないか。					
	13	滴下が終了したらクレンメを閉じ、経管栄養セットのラインをはずす。カテーテルチップ型シリンジに白湯を吸い、経鼻胃管内に白湯を流す。		・決められた量の白湯を使い、経鼻胃管内の栄養剤をフラッシュできたか。 ・経鼻胃管の栓を閉じているか。					
	14	終了後しばらくは上体を挙上したまま、安楽を保つ。		・安楽な体位であるか対象者に確認したか。 ・嘔気・嘔吐等はないか、再度確認したか。					
	15	体位を整える。必要時は、体位交換を再開する。		・安楽な体位であるか対象者に確認したか。 ・嘔気・嘔吐等はないか、再度確認したか。					
STEP6：報告	16	指導看護師に対し、対象者の状態等を報告する。ヒヤリ・ハット、アクシデントがあれば、あわせて報告する。		・対象者の状態等を報告したか。 ・ヒヤリ・ハット、アクシデントがあれば、報告したか。					
STEP7：片付け	17	使用物品の後片付けを行う。		・使用した器具（経管栄養セットやシリンジ）を洗浄したか。 ・割ったり壊したりしないように注意したか。 ・食器と同じ取り扱いでよく洗浄したか。					
STEP8：記録	18	実施記録を書く。ヒヤリ・ハットがあれば、業務の後に記録する。		―					

- -
※対象者による評価ポイント（評価を行うに当たって対象者の意見の確認が特に必要な点）
　・調理の仕方は適切か。流してみてチューブにつまらないか。
　・注入の早さ、温度は対象者の好みであるか。
　・注入中の体位が楽な姿勢か。
- -

留意点
※特定の対象者における個別の留意点（良好な体位やOKサイン等）について、把握した上でケアを実施すること。
※実際に評価票を使用する際は、各対象者の個別性に適合させるよう、適宜変更・修正して使用すること。

(1) 基本研修（現場演習）評価判定基準

ア	評価項目について手順通りに実施できている。
イ	評価項目について手順を抜かしたり、間違えたりした。
ウ	評価項目を抜かした。（手順通りに実施できなかった。）

(2) 実地研修評価判定基準

ア	1人で実施できる。 評価項目について手順通りに実施できている。
イ	1人で実施できる。 評価項目について手順を抜かしたり、間違えたりした。 実施後に指導した。
ウ	1人で実施できる。 評価項目について手順を抜かしたり、間違えたりした。 その場では見過ごせないレベルであり、その場で指導した。
エ	1人での実施を任せられるレベルにはない。

介護職員等による喀痰吸引等制度Q&A

A 喀痰吸引等の制度に関すること

1. 登録事業者

問 A-1 登録申請

登録事業者の登録申請については、事業所毎に所在地を管轄する都道府県に対し行うこととなっているが、同一敷地内の複数の事業所を抱える事業者の場合についても、事業所毎に申請を行うということでよいか。

答 お見込みのとおり。

問 A-2 登録申請（従業者関係の変更登録）

登録事業者の登録申請事項上、介護福祉士・認定特定行為業務従事者の氏名登録が義務づけられているが、都道府県におけるデータ管理は重要であり、
①同一所在地内の複数の登録事業所間での職員異動についても変更登録は必要。
②認定特定行為業務従事者の退職等により、喀痰吸引等の提供が可能な従事者がいなくなった場合も変更登録は必要。
と解してよいか。

答 お見込みのとおり。

問 A-3 登録申請

特別養護老人ホーム併設の短期入所生活介護の場合、人員基準上一体的な配置が認められているが、こうした場合についても、事業所毎に登録申請を行わなければならないか。また、空床利用の場合はどうか。

答 併設する施設であっても対象者が異なる場合は、その業務内容が異なることから、事業所ごとに申請を行うこととする（対象者が同一になる場合は併設施設を合わせた申請としても差し支えない）。ただし、人員配置基準は一体的となっていることから、申請書以外の書類（職員の名簿や適合書類等）については、一本化しても差し支えない。

問 A-4 適合要件

法第48条の5第1項各号に適合することを証する書類については、どのような内容が記載されていれば適合とみなしてよいか。

答 最低限の内容として、別紙「適合要件チェックリスト」の項目が満たされていれば適合とみなして差し支えない。

問 A-5 登録の必要性

喀痰吸引等を利用者本人または家族が行う場合であって、介護職員は喀痰吸引等を行わず、事前の姿勢の整えや器具の準備、片付けのみをする場合には、介護職員の認定や、事業者としての登録は必要ないと解してよいか。

答 お見込みのとおり。

2. 認定特定行為業務従事者

問 A-6 認定証の有効期限

「認定特定行為業務従事者認定証」には有効期限が定められていないが、例えば、認定後、離職・休職により喀痰吸引等の介護現場からしばらく離れていた者が再び従事する際には、改めて喀痰吸引等研修を受講する必要はないが、登録特定行為事業者が満たすべき登録基準である"特定行為を安全かつ適切に実施するために必要な措置"（法第48条の5第1項第2号）には、当該者に対する再教育（例えば、喀痰吸引等研修に定める演習、実地研修等に類似する行為をOJT研修として実施するなど）を行うことも含まれると解してよいか。また、介護福祉士に対する登録喀痰吸引等事業者においても同様と解してよいか。

答 お見込みのとおり。

問 A-7 認定証交付事務

「認定特定行為業務従事者認定証」は個人に対し交付されるものと理解しているが、「喀痰吸引等研修」受講地である都道府県に関係なく、当該者の住所地等を管轄する都道府県に対し認定証の申請が行われた場合、当該都道府県において認定証交付事務が行われると解してよいか。

また、一度認定登録した者については、勤務地・住所地の異動、登録抹消・登録辞退申請等に関わらず、「登録名簿」上は永年管理が必要であると解してよいか。

なお、同一の従事者が複数の登録事業所において勤務する場合においても、事業者の登録申請はそれぞれの事業所毎に当該従事者氏名の登録が必要であると解してよいか。

答 お見込みのとおり。

問 A-8 認定証交付事務

認定特定行為業務従事者について、以下のような変更が発生した場合に、どのように取り扱えばよいか。

① 経過措置対象者が平成24年度以降に登録研修機関の研修（第一号～第三号）を修了した場合
② 第三号研修修了者が別の対象者の実地研修を修了した場合
③ 第三号研修修了者が同一の対象者に対する別の行為の実地研修を修了した場合
④ 第三号研修修了者が第一号、第二号研修を修了した場合
⑤ 第二号研修修了者が第一号研修を修了し、実施可能な行為が増えた場合

答 基本的な考え方としては、実施できる行為が増えた場合には既存の認定証を変更し、対象者の変更（第三号研修から第一・二号への変更を含む）や、経過措置から本則の適用に変わった場合には新たな認定登録が必要となる。

① 新規の申請を行い、新たな認定証を交付する
② 新規の申請を行い、新たな認定証を交付する
③ 変更の申請を行い、交付済みの認定証を書き換える
④ 新規の申請を行い、新たな認定証を交付する
⑤ 変更の申請を行い、交付済みの認定証を書き換える

問 A-9 認定証交付事務

認定特定行為業務従事者の認定については、申請者の住所地の都道府県へ申請する

ことになると思うが、例えば勤め先の事業所の所在地が、申請者の住所地とは別の都道府県にある場合などにおいて、事業所が職員の認定申請をとりまとめの上、事業所の所在地の都道府県へ申請を行うことは可能か。

答 お見込みのとおり、申請者の住所地の都道府県に申請することが基本となるが、住所地以外の都道府県で認定しても差し支えない。

問 A-10 認定証交付事務

認定証の交付申請書（様式5－1、5－2）の添付資料に、住民票（写し）とあるが、本籍、住所地が確認できるものとして、例えば、運転免許証の写しなど、これに代わるものでもよいか。

答 住民票の写しの提出は省令附則第5条に規定されている事項のため、他のものでの代替は不可である。ただし、学校教育法第1条に規定する学校（大学及び高等専門学校を除く）の教員に限っては、教育職員免許状の写しの提出と、住所を記載した書類等を所属する学校等で作成し学校長等が承認するなど、公的機関の証明により内容が担保されるのであれば、住民票の写しに換えることとして差し支えない。具体的な処理方法や様式等については、教育委員会と都道府県の知事部局とで個別に調整されたい。

問 A-11 認定辞退

様式11「認定特定行為業務従事者　認定辞退届出書」について、認定の辞退とはどのような場合を想定しているのか。また、辞退の根拠は法附則第4条第4項のどの条文が該当するのか。

答 認定の辞退が発生するケースとしては、平成27年度までは介護職員として特定行為を実施するが、平成27年度以降は介護福祉士として喀痰吸引等業務に従事するため、特定行為業務従事者認定証は返納する場合を想定している（それ以外の従事者が辞退したい場合にも用いて差し支えない）。

なお、認定辞退については上記のようなケースに備えて示したものであり、法令上の規定はない。

問 A-12 様式（本籍の届出）

平成23年12月9日付事務連絡で送付された喀痰吸引等業務の登録申請等に係る参考様式の中で、認定特定行為業務従事者の申請に係る様式5－1、5－2、7、17－1、17－2、17－4において、申請者の本籍（国籍）を記入もしくは届出させるようになっており、また認定特定行為業務従事者認定証登録簿（様式6）でも本籍（国籍）を管理するような様式になっているが、本籍（国籍）を届け出させ、管理する意図は何か。

申請者の本籍（国籍）は、社会福祉士及び介護福祉士法施行規則（昭和62年厚生省令第49号）第5条に規定する届出事項とはなっておらず、個人情報の収集は最小限とすべきと考えるため、県の判断で申請者の本籍（国籍）を届出させないこととして差し支えないか。

答 認定特定行為業務従事者の認定証や登録事項は介護福祉士資格と横並びとし、本人確認を行う情報の1つとして「本籍地」を記載する例を提示したところ。

しかし、本籍地は法令に規定されているものではなく、また今回の様式は参考様式のため、法令で定める必要最低限の登録・申請事項が網羅されていれば、その他の部分は各都道府県において修正などして差し支えない。

3. 登録研修機関

問 A-13 公正中立性

登録研修機関における喀痰吸引等研修の実施においては、当該研修機関を有する事業者が自社職員のみに対するお手盛り研修とならないよう、公正中立な立場で研修実施が行われるよう、通知等で示されると解してよろしいか。

答 お見込みのとおり。

問 A-14 都道府県による研修の業務委託

喀痰吸引等研修の業務委託については、都道府県が自ら実施する場合について、基本研修、実地研修を別々の機関かつ複数の機関に委託することは可能であると解してよいか。なお、「事業委託」は可能であるが、「指定」という概念はないと解してよいか。

答 お見込みのとおり。

問 A-15 登録研修機関による研修の業務委託

登録研修機関については、登録要件を満たすべき責務を担うことから、基本研修、実地研修の全てを委託することはないが、いずれかを委託（複数の機関への委託を含む）することは可能であると解してよいか。また、例えば、実地研修の委託先が複数都道府県にまたがる場合（※基本研修を共同実施する形式）も想定されるが、その場合は基本研修を行う登録研修機関の所在地を管轄する都道府県に登録申請を行えばよいと解してよいか。

答 お見込みのとおり。

問 A-16 登録基準（講師）

喀痰吸引等研修の業務に従事する講師については、必ずしも雇用関係は必要とせず、研修の実施に支障がなければ常勤・非常勤等の採用形態についても問うものではないが、賃金の支払いや講師としての業務従事に一定程度の責任を担ってもらうため、都道府県または登録研修機関と講師との間において一定程度の契約や取り決めを行うことは差し支えないか。

答 差し支えない。

問 A-17 登録基準（修了証明）

喀痰吸引等研修については、基本研修（講義＋演習）、実地研修から成り立っており、実地研修了時点において「研修修了証明証」を交付するが、演習未修了者や実地研修未修了者に対する何らか一定の担保措置を講ずる観点から、講義や演習の修了時点においても「研修受講者名簿」において管理を行い、必要に応じて都道府県と登録研修機関間において情報共有を行うことになる、と考えてよいか。

答 お見込みのとおり。なお、平成24年4月以降には都道府県だけでなく、登録研修機関で実地研修を受講することも考えられるため、基本研修が修了していることが証明できる書類を発行していただきたい。

問 A-18 履修免除（介護福祉士養成学校）

通知の中で介護福祉士養成学校の卒業者に関する記述が2項目あるが（法第40条第2項第1号から第3号まで若しくは第5号の規程に基づく養成施設若しくは学校

又は同項第4号の規程に基づく高等学校若しくは中等教育学校）、この2つの違いはなにか。

答 介護福祉士養成学校において、平成24年度から喀痰吸引等の医療的ケアに関する科目がカリキュラムに加わることになるが、この養成課程では、基本研修までは修了必須としているが、実地研修までは必須としていないため、修了した段階ごとに免除される範囲を規定したところ。

問 A-19 履修免除（介護福祉士養成課程等）

平成24年度より開始される介護職員の実務者研修を修了した者、または平成27年度以降に介護福祉士の養成課程を卒業したものは、その授業の中で喀痰吸引等の医療的ケアについて学習しているが、これらの者が介護福祉士国家試験に合格する前に、介護職員として喀痰吸引等の業務を行う場合はどのように認定特定行為業務従事者として認定することになるのか。（法附則第4条では、認定される条件として「都道府県知事から認定を受けた者が行う研修の課程を修了したもの」とされている。）

答 養成学校も登録研修機関として登録し、当該課程の修了をもって、登録研修機関としての修了証明書を発行できるようにしていただく必要がある。

問 A-20 休廃止

登録研修機関から休止の届出書（休止予定期間を明記）が出され、その後、休止期間満了に伴い事業を再開する際、もしくは引き続き事業を休止する際は何か届出は必要になるか。

答 休止後の事業再開については、再開届出等の提出なく再開可能である。一方、当初の期間を延長して休止する場合には、再度休止届出書を提出する必要がある。

なお、廃止を行った場合は、その時点で帳簿などが都道府県に引き継がれることとなるため、この後に再開する場合には、再度登録申請から行うこととなる。

4. 喀痰吸引等研修

問 A-21 研修課程の区分（不特定・特定の判断基準）

喀痰吸引等研修の課程については省令上「第一号研修～第三号研修」が定められており、第一号及び第二号研修はこれまでの試行事業等における「不特定多数の者対象」、第三号研修は「特定の者対象」の研修に見合うものと考えるが、不特定・特定の判断基準としては、

○不特定：複数の職員が複数の利用者に喀痰吸引等を実施する場合

○特　定：在宅の重度障害者に対する喀痰吸引等のように、個別性の高い特定の対象者に対して特定の介護職員が喀痰吸引等を実施する場合

ということでよいか。

答 お見込みのとおり。

問 A-22 研修課程（第三号研修）

第三号研修（特定の者対象）の研修修了者が新たな特定の者を担当とする場合には、あらためて第一号研修若しくは第二号研修（不特定多数の者対象）を受講する必要はないと解してよいか。

また、第三号研修についても、基本研修を受ける必要はなく、その対象者に対応した

実地研修を受講すればよいと解してよいか。

答 お見込みのとおり。

5. 研修の一部履修免除

問 A-23 研修課程の区分（不特定・特定の判断基準）

違法性阻却通知に基づく研修等を修了し、たんの吸引等を行っていた介護職員等で、対象者の死亡や転出等、何らかの事情により特定の者の経過措置認定が受けられない介護職員等が、平成24年4月1日以降に第三号研修を受ける場合、通知に基づく研修等の受講履歴その他受講者の有する知識及び経験を勘案した結果、相当の水準に達していると認められる場合には、当該喀痰吸引等研修の一部を履修したものとして取り扱うことができ、一部履修免除されると考えてよいか。

答 お見込みのとおり。
研修の一部履修免除の範囲等については、平成23年11月11日付け社援発1111第1号「社会福祉士及び介護福祉士法の一部を改正する法律の施行について（喀痰吸引等関係）」局長通知を参照されたい。
※第5-2-（4）研修の一部履修免除
省令附則第13条の喀痰吸引等研修の課程については、当該喀痰吸引等研修以外の喀痰吸引等に関する研修等の受講履歴その他受講者の有する知識及び経験を勘案した結果、相当の水準に達していると認められる場合には、当該喀痰吸引等研修の一部を履修したものとして取り扱うこととし、以下に定める者の場合には、以下の履修の範囲とすること。
○第一号研修及び第二号研修（略）

○第三号研修
・平成22年度に厚生労働省から委託を受けて実施された「介護職員等によるたんの吸引等の実施のための試行事業（特定の者対象）」の研修修了者
（履修の範囲）基本研修
・「平成23年度介護職員等によるたんの吸引等の実施のための研修事業（特定の者対象）の実施について」（平成23年11月11日障発1111第2号厚生労働省社会・援護局障害保健福祉部長通知）
（履修の範囲）基本研修
・「ALS（筋萎縮性側索硬化症）患者の在宅療養の支援について」（平成15年7月17日医政発第0717001号厚生労働省医政局長通知）に基づくたんの吸引の実施者
（履修の範囲）基本研修の「喀痰吸引等を必要とする重度障害児・者等の障害及び支援に関する講義」及び「緊急時の対応及び危険防止に関する講義」のうちの喀痰吸引に関する部分並びに「喀痰吸引等に関する演習」のうちの通知に基づき実施している行為に関する部分
・「在宅におけるALS以外の療養患者・障害者に対するたんの吸引の取扱いについて」（平成17年3月24日医政発第0324006号厚生労働省医政局長通知）に基づくたんの吸引の実施者
（履修の範囲）基本研修の「喀痰吸引等を必要とする重度障害児・者等の障害及び支援に関する講義」及び「緊急時の対応及び危険防止に関する講義」のうちの喀痰吸引に関する部分並びに「喀痰吸引等に関する演習」のうちの通知に基づき実施している行為に関する部分
・「盲・聾・養護学校におけるたんの吸引等の取扱いについて」（平成16年10月20日医政発第1020008号厚生労働省医政局長通知）に基づくたんの吸

引等の実施者

（履修の範囲）基本研修（気管カニューレ内部の喀痰吸引に関する部分を除く。）

違法性阻却通知（「ALS（筋萎縮性側索硬化症）患者の在宅療養の支援について」「在宅における ALS 以外の療養患者・障害者に対するたんの吸引の取扱いについて」）に基づく研修等を修了し、たんの吸引等を行っていた介護職員等で、対象者の死亡や転出等何らかの事情により特定の者の経過措置認定が受けられない介護職員等が、平成 24 年 4 月 1 日以降に、第三号研修を受講し、新たな対象者にたんの吸引等を行う場合、例えば、

・喀痰吸引の行為が必要な対象者の場合は、実地研修（特定の対象者に対する当該行為）のみを受講すればよく、
・経管栄養の行為が必要な対象者の場合は、基本研修（経管栄養部分の講義 3 時間と演習 1 時間）及び実地研修（特定の対象者に対する当該行為）を受講するということでよいか。

答 お見込みのとおり。

なお、喀痰吸引の行為が必要な対象者の場合に、基本研修（経管栄養部分の講義 3 時間と演習 1 時間）を受講することを妨げるものではない。

違法性阻却通知（「盲・聾・養護学校におけるたんの吸引等の取扱いについて」）に基づく研修等を修了し、たんの吸引等を行っていた教員で、異動等何らかの事情により特定の者の経過措置認定が受けられない教員が、平成 24 年 4 月 1 日以降に、第三号研修を受講し、新たな幼児児童生徒にたんの吸引等を行う場合、A-23 の研修の一部履修免除を適用し、例えば、

・気管カニューレ内部の喀痰吸引以外の特定行為が必要な幼児児童生徒の場合は、実地研修（特定の対象者に対する当該行為）のみを受講すればよく、
・気管カニューレ内部の喀痰吸引が必要な幼児児童生徒の場合は、基本研修（気管カニューレ内部の喀痰吸引に関する部分を含む講義 3 時間と演習 1 時間）及び実地研修（特定の対象者に対する当該行為）を受講するということでよいか。

答 お見込みのとおり。

なお、気管カニューレ内部の喀痰吸引以外の行為が必要な幼児児童生徒の場合に、基本研修（気管カニューレ内部の喀痰吸引に関する部分を含む講義 3 時間と演習 1 時間）を受講することを妨げるものではない。

6. 都道府県事務

登録等に関する公示については、喀痰吸引等の対象者に対して登録事業者や登録研修機関の登録等の状況を広範囲かつ一定程度の継続性をもって行うことができれば、その方法等（県庁舎の然るべき公示掲載場所での一定期間の掲載、県庁ホームページや県広報誌等の活用など）については、各都道府県での取り決めに従い行えばよろしいか。

なお、介護福祉士・認定特定行為業務従事者の氏名については、個人情報に類し公示

させる意義に乏しいため、公示の対象としないということでよろしいか。

答 お見込みのとおり。

問 A-27 事業廃止

登録研修機関や登録事業者が廃止となる場合においては、業務停止前に、「研修修了者名簿」等については、当該研修機関もしくは事業者の廃止後においても継続的に研修修了者等の修了証明を担保する必要があることから、都道府県において引継ぎし、管理していくべきものであると解してよいか。

答 お見込みのとおり。

問 A-28 事務処理体制

窓口設定、名簿管理等について、都道府県内で複数のセクション（例えば、高齢福祉課と障害福祉課）において実施したり、関係事項に関する事務処理（決裁処理、行政文書に関する審査委員会の設置等）については、各都道府県に委ねられていると解してよいか。
また、登録事務そのものについて、最終的な決定事務は都道府県が行うが、申請書の受理や書類審査等の事務を外部団体に委託することも可能であると解してよいか。

答 お見込みのとおり。

問 A-29 登録手数料

登録事務に関する手数料設定については、設定の可否、料金設定、設定すべき種別等について各都道府県の判断に委ねられてい

るものと解してよいか。また、設定については手数料条例の改正等をもって行うべきものと思慮しているが、少なくとも経過措置対象者に対する権利保障の関係から鑑みて、平成23年度内の然るべき時期までに事務処理を行うべきものと解してよいか。

答 お見込みのとおり。

---

7. その他

問 A-30 特定行為の範囲

今般の制度化によって、介護従事者にも可能となった行為以外の行為は、実施できなくなると考えてよいか。

答 喀痰吸引と経管栄養以外の行為が医行為に該当するか否かや、介護職員が当該行為を実施することが当面のやむを得ない措置として許容されるか否かは、行為の態様、患者の状態等を勘案して個別具体的に判断されるべきものであり、法が施行された後もその取扱いに変更を加えるものではない。

問 A-31 平成27年度対応　登録事業所の変更手続（特定行為→喀痰吸引等）

当面、認定特定行為業務従事者として介護福祉士と介護福祉士以外の介護職員のいる「登録特定行為事業者」については、平成27年度以降、当該介護福祉士が「特定登録者」となること等を踏まえ、「登録喀痰吸引等事業者」との二枚看板を背負うことになるが、その場合、例えば「従事者氏名＝名簿一覧」については、同一者でも「認定特定行為業務従事者」から「介護福祉士」へと区分変更申請を行う必要があると思慮するが、改めて事業者登録申請を出し

直すこと等は事業者側・都道府県側の双方での事務煩雑化を招きかねず、何らかの事務簡素化措置（※当初より登録申請書については「登録特定行為事業者」と「登録喀痰吸引等事業者」を同じものを用いて申請させる等）が講じられるものと解してよろしいか。

答 お見込みのとおり。

- -

問 A-32　平成 27 年度対応　登録事業所の変更手続（特定行為→喀痰吸引等）

仮に、従業者全て介護福祉士である「登録喀痰吸引等事業者」において、離職等により介護福祉士の確保が困難となり、介護福祉士以外の認定特定行為業務従事者を雇用し業務を行う場合には、「登録喀痰吸引等事業者を廃止」し「登録特定行為事業者としての新規登録」すべく事務処理が必要となるものと思慮されるが、突発的な離職等による変更登録申請時と同様に、事後的に遅滞なく届出を行えばよいと解してよいか。

答 お見込みのとおり。

- -

問 A-33　平成 27 年度対応　特定登録証交付に伴う事務

認定特定行為業務従事者である介護福祉士が平成 27 年度以降において「特定登録者」となった場合の都道府県における事務処理については、特段の都道府県から当該者に対する能動的な対応は不要と思慮するが、認定特定行為業務従事者からの登録取消申請があった場合には、「認定特定行為業務従事者認定証」の返納を受け、その旨を「管理名簿」に記載した上で継続管理を

行う（「管理名簿」上からの削除は行わない）こととすることでよいか。
また、平成 27 年度以降のこうした者等に関する「（財）社会福祉振興・試験センター」との間の事務調整や情報連携等については、厚生労働省を介在して何らかのスキームが示されるものと解してよいか。

答 お見込みのとおり。

B　経過措置対象者に関すること

1．経過措置対象者

問 B-1　経過措置対象者の範囲

違法性阻却通知または平成 22 年度介護職員等によるたんの吸引等の実施のための試行事業・平成 23 年度都道府県研修に基づく研修は受講したが、現在喀痰吸引等を実施していない者については、経過措置対象者に含まれるか。

答 今後、喀痰吸引等の業務を実施する見込みがある場合は対象として差し支えない。

- -

問 B-2　第三号研修

経過措置対象者（居宅における ALS 等の障害者に対する喀痰吸引を実施していた者）が平成 24 年 4 月 1 日以降に第三号研修を受講し、対象者や行為を変更する場合、例えば、
　・口腔内喀痰吸引を実施していた者が、鼻腔内喀痰吸引の行為を追加する場合は、実地研修（特定の対象者に対する

当該行為）のみを受講すればよく、

・口腔内喀痰吸引を実施していた者が、胃ろうまたは腸ろうによる経管栄養の行為を追加する場合は、基本研修（経管栄養部分の講義3時間と演習1時間）及び実地研修（特定の対象者に対する当該行為）を受講するということでよいか。

答 お見込みのとおり。

問 B-3 第三者証明
経過措置者に係る交付申請時に添付の第三者証明書について、第三者とはどのような者が該当するか。

答 不特定多数の者を対象とした介護職員であれば、その者が勤める事業所の長となり、特定の者を対象とした者であれば、その者が勤める事業所の長や主治の医師等によるものと考えられる。

2. 経過措置の範囲

問 B4 研修受講の可否
平成23年度都道府県研修における実地研修の修了が平成24年3月31日までに満たされない者については、
（1）年度を越えた後においても平成23年度事業の対象として実地研修を行うのか、それとも平成23年度事業の対象としては当該者は未修了者扱いとして事業を終了させ、改めて法施行下で都道府県（または登録研修機関への受入依頼等）により実地研修のみを行うのか。
（2）前者の場合は研修修了時点をもって

経過措置対象者として取り扱われ、後者の場合は「基本研修」を一部免除として取り扱った上で「喀痰吸引等研修」を修了し、かつ、認定特定行為業務従事者として取り扱うのか。
（3）それぞれの場合の実地研修に要した費用については平成23年度国庫補助事業として精算確定すればいいのか、それとも受講者負担とすることは可能か。

答 一定範囲までを本事業で実施し、平成24年度以降は都道府県または登録研修機関で残りの研修を行った上で認定することは可能。その際、受講者がどこまで研修を終えているか、証明できる書類を発行することが必要になる。予算単年度主義が原則であり、平成23年度国庫補助金については年度末までにかかった費用について対応する予定。

問 B-5 対象者
違法性阻却の通知は、施設関係は「特別養護老人ホームにおけるたんの吸引等の取扱いについて」のみで、障害者施設や通所事業所における取扱いについては明記されていない。また、「ALS患者の在宅療養の支援について」「在宅におけるALS以外の療養患者・障害者に対するたんの吸引の取扱いについて」は在宅に限定されている。障害者施設や通所事業所の職員は、経過措置の対象に含まれるのか。

答 障害者施設や通所事業所の職員は、経過措置対象者には含まれない。

問 B-6 認定証に記載される行為
現在違法性阻却論により容認されている方

については、その範囲において、認定特定行為従事者になりうるが、今後もたん吸引研修を受講する必要がないのか。

答 現在、違法性阻却でたんの吸引等を実施している方については、その行為の範囲内で経過措置の認定が行われる。したがって、それ以外の行為を実施する場合には、研修を受ける必要がある。

3. 認定特定行為業務従事者

問 B-7 申請

認定特定行為業務従事者の認定が遅れ、4月1日までに間に合わない場合については、4月中に従業者の交付申請書が受理された場合に限り、4月1日に遡って、登録したものとする取り扱いできないか。

答 そのような扱いとして差し支えない。

問 B-8 申請

様式17-3「認定特定行為業務従事者認定証（経過措置）交付申請書添付書類」について、※一時的に離職している者（…やむを得ず離職し転職活動中等の者を含む。）とありますが、これは、どのようなケースを想定しているのか。

答 経過措置対象者の要件として、法では「法律の施行の際現に介護の業務に従事する者」とされているが、育児休暇中や平成24年4月1日間際で離職した者も経過措置対象者に含まれるようにするため注記を加えている。

4. 登録喀痰吸引等事業者

問 B-9 申請

登録事業者の登録については、認定特定行為業務従事者の認定が行われた後、従事者名簿が整って初めて申請が可能となるものであり、認定特定行為業務従事者の認定が遅れ、事業者登録が4月1日に間に合わない場合については、事業者登録の申請書が受理された後、4月1日に遡って、登録したものとする取り扱いできないか。

答 そのような扱いとして差し支えない。

5. 特別養護老人ホームにおけるたんの吸引等の経過措置認定者の認定行為の範囲

問 B-10 認定証の有効範囲

①特養で14時間の研修を受け、施設長名の修了証が発行された職員が、転勤、転職等により登録時に特養に在籍していない場合でも認定は可能か。
※介護には従事している。（例えば法人の老健に勤務している。グループホーム、他特養に勤務している等

②また認定後退職し、他の施設（他特養、老健、デイ等）で勤務した場合、資格は有効か。
※登録事業所である老健や、デイでも特養の経過措置のケアが可能か、あるいは特養でしか有効ではないのか。

答 認定は介護職員個人に対する認定行為であり、認定された行為を行う限りにおいては、事業種別を問うものではない。

6. 違法性阻却通知関係

問 B-11　対象者

障害程度区分4以上のケアホーム利用者が重度訪問介護を利用し、喀痰吸引を行っている場合について、当該介護職員は、今回の制度の経過措置対象となるか。

答　ケアホームで派遣介護職員が支援する時は、在宅扱いとしていることから、ケアホーム利用者が重度訪問介護を利用し、喀痰吸引を行っている場合についても、違法性阻却通知に基づき実施している行為については経過措置の対象となる。

問 B-12　対象者

「特別養護老人ホームにおけるたんの吸引等の取扱いについて」（平成22年4月1日医政発第0401第17号厚生労働省医政局長通知）に基づくたんの吸引等の実施者について、経過措置としての認定特定行為業務従事者の認定の範囲はどのように考えればよいか。

答　認定特定行為業務従事者としての認定は、原則として平成24年3月末までの間に特別養護老人ホームで就業した者。なお、上記通知に基づき特別養護老人ホームでたんの吸引等を実施していた介護職員であって、平成24年3月末の時点で休業中の者等を含む。

問 B-13　違法性阻却通知の取扱い

違法性阻却の通知はいつ廃止されるのか。

答　介護職員等による喀痰吸引等の実施については、従来、厚生労働省医政局長通知により、当面のやむを得ない措置として、在宅、特別養護老人ホーム及び特別支援学校において一定の要件の下に認めるものと取り扱っているが、当該通知について、新制度施行後は、その普及・定着の状況を勘案し、特段の事情がある場合を除いて原則として廃止する予定である。

7. その他

問 B-14　平成23年度研修の未修了者の扱い

経過措置対象者については、申請により認定証の交付を受けたうえで、平成24年4月1日以降も行為が可能と説明されているが、平成24年度より開始される喀痰吸引等研修の3課程とは別に、実施可能な行為ごとに認定されるものという理解でよいか。（特養であれば「口腔内、胃ろう」のみと行為の範囲が記載されるなど）。

答　ご指摘のとおり、実施可能な行為が認定証に記載され、その範囲でのみ経過措置として認められる（ただし、特養については、現在、胃ろうによる経管栄養のうち、栄養チューブ等と胃ろうとの接続、注入開始は通知により認められていないため、これらの行為は除かれる）。

問 B-15　平成23年度研修の未修了者の扱い

平成24年度に、違法性阻却の通知に基づいて、特養において施設内で研修を実施した場合、口腔内、胃ろうの行為について、認定証の交付は可能なのか。

答　平成24年度以降に開始した研修については、経過措置の対象とはならない。

○介護職員等の実施する喀痰吸引等の取扱いについて（通知）

平成 24 年 3 月 29 日　医政発 0329 第 14 号・老発 0329 第 7 号・社援発 0329 第 19 号
各都道府県知事宛　厚生労働省医政・老健・社会・援護局長連名通知

標記については、「ALS（筋萎縮性側索硬化症）患者の在宅療養の支援について」（平成 15 年 7 月 17 日付け医政発第 0717001 号）、「盲・聾・養護学校におけるたんの吸引等の取扱いについて」（平成 16 年 10 月 20 日付け医政発第 1020008 号）、「在宅における ALS 以外の療養患者・障害者に対するたんの吸引の取扱いについて」（平成 17 年 3 月 24 日付け医政発第 0324006 号）及び「特別養護老人ホームにおけるたんの吸引等の取扱いについて」（平成 22 年 4 月 1 日付け医政発 0401 第 17 号）（以下「喀痰吸引関連 4 通知」という。）により、介護職員が喀痰吸引等を実施することがやむを得ないと考えられる条件について示してきたところである。

今般、介護サービスの基盤強化のための介護保険法等の一部を改正する法律（平成 23 年法律第 72 号）（以下、「法」という。）の施行に伴い、介護職員等による喀痰吸引等（改正後の社会福祉士及び介護福祉士法施行規則で定める行為に限る。以下同じ。）の実施について、下記のとおりとなるので、貴職におかれては、管内の市町村、関係機関、関係団体及び各特別養護老人ホーム等に周知いただくとともに、制度の円滑な実施に向けて特段の配慮をお願いしたい。

記

介護職員等による喀痰吸引等については、平成 24 年 4 月 1 日から、改正後の社会福祉士及び介護福祉士（昭和 62 年法律第 30 号。以下「改正法」という。）に基づき行われることとなること。

このため、改正法に基づかず実施している事実が確認された場合においては、できる限り速やかに改正法に基づいた適用手続を促すべきであること。具体的には、改正法施行の平成 24 年度前に喀痰吸引等の行為を実施していた者については、認定特定行為業務従事者認定証の交付申請及び当該者が属する事業所における登録喀痰吸引等事業者の登録手続をできる限り速やかに行うよう周知すること。

また、平成 24 年 4 月以降に喀痰吸引関連 4 通知で示した研修を実施しても、改正法の経過措置に基づく特定行為業務従事者の認定は受けられないことに誤解なきよう対応されたい。

なお、改正法に基づかない介護職員等の喀痰吸引等がやむを得ないものかどうかは個別具体的に判断されることになるが、その際、喀痰吸引等は原則として改正法に基づいて実施されるべきであることも勘案された上で判断されることとなると考えられること。

C 平成23年度介護職員等によるたんの吸引等の実施のための研修事業（不特定多数の者対象）（略）

D 平成23年度介護職員等によるたんの吸引等の実施のための研修事業（特定の者対象）

問 D-1 全体

平成23年度末の時点で、研修の全課程を修了できない場合、都道府県または都道府県の委託を受けた事業実施者は、終了した内容をどのように証明すればよいか。

また、残りの研修について平成24年度以降に研修を実施しても差し支えないか。

答　都道府県の任意の様式で、終了した内容等についての証明書を発行いただきたい。

また、残りの研修について平成24年度以降に引き続き研修を実施しても差し支えない。

問 D-2 全体

どのような場合に「第三号研修（特定の者対象）」を選択しうるか、適切な例をお示しいただきたい。

答　特定の者の研修事業は、ALS等の重度障害者について、利用者とのコミュニケーションなど、利用者と介護職員等との個別的な関係性が重視されるケースについて対応するものである。以下に限定されるものではないが、具体的な障害等を例示するとすれば以下のような障害等が考えられる。

〈障害名等の例〉

・筋萎縮性側索硬化症（ALS）またはこれに類似する神経・筋疾患

・筋ジストロフィー

・高位頸髄損傷

・遷延性意識障害

・重症心身障害　等

なお、上記のような対象者であって、対象者も限定されている場合は、障害者支援施設においても「特定の者」研修を選択しうる。

問 D-3 全体

特別養護老人ホーム、老人保健施設等高齢者施設で従事する職員は、特定の者の研修事業の受講者には該当しないと考えるが、いかがか。

また、介護保険施設以外の介護保険サービスに従事する職員に関しては、どのように考えればよいか。

答　そのとおり。

特定の者対象の研修事業は、ALS等の重度障害者について、利用者とのコミュニケーションなど、利用者と介護職員等との個別的な関係性が重視されるケースについて対応をするものであり、事業として複数の利用者に複数の介護職員がケアを行うことが想定される高齢者の介護施設や居住系サービスについては、特定の者対象の研修事業の対象としない予定。また、その他の居宅サービスについては、上記の趣旨を踏まえ、ALS等の重度障害者について、個別的な関係性を重視したケアを行う場合に、特定の者対象の研修を実施していただきたい。

問 D-4 カリキュラム

研修カリキュラムについて、時間数、項目はそのとおりに行わなければいけないのか。県の裁量や独自性は一切認められない

のか。

答 実施要綱に示された時間数や項目の内容に沿って、研修カリキュラムとして適切な講義を行っていただく必要がある。ただし、受講生の理解度に応じて内容を付け加える等、実施要綱に示された内容以上に実施することは差し支えない。

なお、「重度障害児・者等の地域生活等に関する講義」については、研修の対象である行為を受ける「特定の者」の状況等により必要となる講義内容を設定すること。（例：特別支援学校の教員に対する研修における講義については、「学校生活」へ変更する等、対象者に応じた内容とする等。）

問 D-5 カリキュラム

都道府県研修において、基本研修の内容を「不特定」と「特定」と比較した時、「講義」の科目、及び時間数に違いがあるため、「不特定」と「特定」の研修を合同で行うことは不可能（別々に行うべき）と考えてよいか。

答 特定と不特定では別のカリキュラムであるので、研修は原則別々に行うべきである。

問 D-6 基本研修

特定の者の研修事業について、国から筆記試験事務規程に関する通知はあるのか。

答 特定の者の研修事業に特化した筆記試験事務規程に関する通知をする予定はない。特定の者対象の研修の実施要綱及び特定の者対象の研修関係の事務連絡等を参照の上で、実施されたい。

問 D-7 基本研修

ALS 等の進行性疾患の場合、現在は喀痰吸引等の必要はないが、将来必要になる可能性がある。このような者を担当している、または担当する可能性がある介護職員等の場合、特定の者の基本研修でシミュレーター演習まで終了し、当該対象者に喀痰吸引等が必要になる際に現場演習を実施し評価を受け合格した上で実地研修に進むことでよいか。その際、研修実施機関はシミュレーター演習まで終了した旨の証明書を発行できると解してよいか。

答 お見込みのとおり。

問 D-8 基本研修・実地研修

基本研修について本研修事業以外の他の研修において、基本研修で受講すべき科目と重複した内容を既に受講済みの者について、都道府県の判断で当該科目の受講を免除することは認められるか。

答 研修等の受講履歴その他受講者の有する知識及び経験を勘案した結果、相当の水準に達していると認められる場合には、通知等で示す範囲について受講を免除することは認められる。

問 D-9 演習

シミュレーター演習については、受講者によっては特定の行為のみの実施でも可能なのか（例えば、口腔内たん吸引のみ実施など）。可能な場合でも、1 時間の演習が必要なのか。すべての行為を行う必要があるのか。

答 講義後の 1 時間のシミュレーター演習は、イメージをつかむことを目的とするが、すべて

の行為について演習を行っていただきたい。
現場演習は、利用者のいる現場で、利用者の
使用している吸引器等を使って、シミュレー
ターで特定の行為の演習を行う。
【別紙1】参照

- -

問 D-10 演習

すべての現場へ人体モデル（シミュレー
ター）を持って行くことは困難。
簡易なシミュレーターとはどのような物な
のか。

答 ペットボトルの口に気管カニューレとチュー
ブを繋げる、ペットボトルに穴をあけて胃ろ
うのペグを付ける等、簡易な物でよい。
＜参考＞簡易なシミュレーターの例
【別紙2】
http://www.mhlw.go.jp/seisakunitsuite/
bunya/hukushi_kaigo/seikatsuhogo/
tannokyuuin/dl/2-6-1-2.pdf

- -

【特定の者】基本研修（演習）

○ 基本研修における演習（シミュレーター演習）［1時間］については、当該行為のイメージをつかむこと（手順の確認等）を目的とし、評価は行わないが、すべての行為について演習を行っていただきたい。

○ 実地研修の序盤に、実際に利用者のいる現場において、指導看護師や経験のある介護職員が行う喀痰吸引等を見ながら利用者ごとの手順に従って演習（現場演習）を実施し、プロセスの評価を行う。

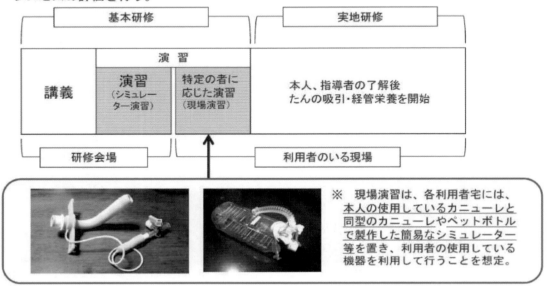

※ 現場演習は、各利用者宅には、本人の使用しているカニューレと同型のカニューレやペットボトルで製作した簡易なシミュレーター等を置き、利用者の使用している機器を利用して行うことを想定。

【別紙2】

気管カニューレ内部の喀痰吸引練習器（愛称：Pちゃん）の製作方法と練習のしかた
NPO法人さくら会

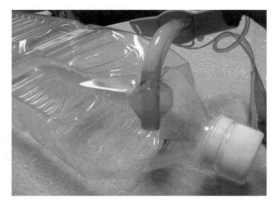

ペットボトルとカニューレ、はさみ、カッター、ひも、Yガーゼを用意します。カニューレは使用済みのものでもいいのですが、その場合はよく洗浄してください。

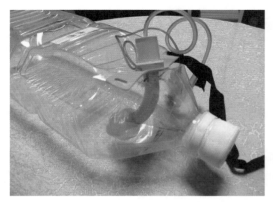

ペットボトルの上部に穴をあけて、カテーテルを差し込みます。差し込んだら、カフから空気を入れてバルーンを膨らましてください。カフにどれくらい空気を入れたらどれくらいバルーンが膨らむか見えます。気管カニューレの長さもわかりますので、どれくらいカテーテルを入れるといいのかがわかります。

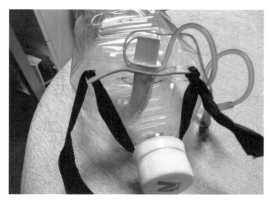

ぐらつかないように、しっかりペットボトルの首にひもで縛ります。

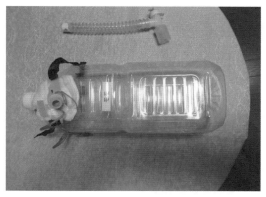

上からみたPちゃん。介護職員等は、この吸引練習器で繰り返し練習して手順をしっかりと覚えてください。100回ほど手順どおり練習を繰り返すと身体が覚えてしまいます。

Yガーゼを差し込み、実際の雰囲気を出しましょう。演習では、まず、吸引の手順、コネクターの取りつけ、取りはずしなどの扱い、セッシの扱い方を練習します。慣れてくれば、ペットボトルの中に模擬たんを入れて、実際に吸引を行ってもよいでしょう。

在宅においては、人形型のシミュレーターを利用者宅に持ち込んで練習することは、スペースの関係上困難ですが、これなら簡単に持ち運びができ、利用者の目の届くところで演習が可能です。コストもかからず、製作にかかる時間も1時間程度ですので、是非活用してみてください。

カニューレにコネクターを差し込んだところです。コネクターを利き手でないほうの手で丁寧かつ迅速に取りはずしたり、はめたりする練習をします。乱暴に行えば痛みを与えますので、これがもっとも大事です。片手であっても、きちんと締めないと外れてしまいます。

問 D-11 実地研修

特定の者対象の研修の場合、経鼻胃管チューブが胃まで届いているかの確認は誰が実施することとして研修を行えばよいか。

答 経鼻胃管チューブが胃まで届いているかの確認については、重要な事項であるので、介護職員等が行う手順としても、栄養を注入する前に、少なくとも鼻から管が抜けていないか、口腔内で経鼻胃管がとぐろを巻いていないか程度は確認するように手順の中に含めているところである。

注入前に、シリンジで内容物を吸う、空気を入れてバブル音を確認するといった処置に関しては、知識としてもっていただく必要があるので、講義では説明していただきたいが、基本的には、経鼻経管栄養の際には、栄養チューブが正確に胃の中に挿入されていることの確認は医師、保健師、助産師または看護師が行うこととしており、例えば在宅においては、訪問看護師等の医療者が確認する事項、あるいは家族が確認する事項として位置づけており、介護職員等には要求しないこととしている。

問 D-12 実地研修

研修実施要綱案について「3. 対象者」に記載されている施設と実地研修施設として記載されている施設には違いがあるのか。

答 実地研修施設は、介護療養病床、重症心身障害児施設等を含むが、研修の受講対象者では、制度化後、医療機関が登録事業所にならないため、介護療養病床、重症心身障害児施設等に勤務する職員は除外している。

問 D-13 実地研修

実地研修実施要領において、利用者のかかりつけ医等の医師からの指示とあるが、この医師は誰を想定しているのか。

答 利用者のかかりつけ医や主治医、施設の配置医等を想定しており、指導者講習を受けている必要はない。

問 D-14 講師の要件

研修の講師は、本年度実施する指導者養成事業を修了する必要があるのか。指導者養成事業を修了した看護師等が在籍していないと研修事業を実施できないのか。

答 平成23年度の事業における特定の者研修の講師は原則として、指導者養成事業（都道府県講習または自己学習）を修了する必要がある（次項を併せて参照のこと）。

研修事業の実施に当たっては、外部講師や委託も可能としており、実際に講師、指導者となる者が指導者養成事業を修了していればよく、在籍していないと研修事業を実施できないというわけではない。なお、平成24年度以降の喀痰吸引等研修における講師の要件として義務づけられているものはないが、研修講師候補者については、履歴等を提出させ、講師要件との整合性や適正等につき、十分な審査を行うこととし、適宜、当該研修講師候補者への面接、ヒアリング等についても行うよう努めることとしている。

問 D-15 講師の要件

平成23年度研修事業介護職員等によるたんの吸引等の実施のための研修事業実施要綱の5. 講師の項において、基本研修（講義、演習）の講師は、原則として指導者講

習を受講した医師、保健師、助産師または看護師とあるが、「例外」として想定されるのはどのような場合か。

答 実施要綱5（4）の「重度障害児・者等の地域生活等に関する講義」については、指導者講習の受講に関わらず、当該科目に関する相当の学識経験を有する者を講師として差し支えない、としている。また、指導者養成事業に相当すると都道府県知事が認めた事業を修了した医師、保健師、助産師又は看護師（具体的には、試行事業の際の指導看護師等を想定）も講師となることができる。

問 D-16 試行事業との関係
「介護職員によるたんの吸引等の試行事業」で研修を受講した介護職員は、都道府県研修を受講したものと見なせるか。

答 試行事業において、基本研修及び実地研修を修了と判定された方については、本年度の研修の免除が可能（修了した行為のみ）。基本研修まで修了した方については、基本研修の免除が可能。

問 D-17 研修受講対象者
障害者（児）サービス事業所及び障害者（児）施設等（医療機関を除く。）で福祉サービスに従事している保育士だけでなく、保育所の保育士も研修事業の対象となると考えてよいか。

答 お見込みのとおり。

問 D-18 訪問看護師との関わりについて
実地研修の講師については、当該対象者を

よく知る看護師等が望ましいと思うが、在宅の場合は、その家に入っている訪問看護師が望ましいと考えてよいか。

答 お見込みのとおり。

なお、具体的なイメージについては、以下の厚生労働省ホームページに掲載している図を参照していただきたい。

http://www.mhlw.go.jp/seisakunitsuite/bunya/hukushi_kaigo/seikatsuhogo/tannokyuuin/dl/5-1-2.pdf

（参考）訪問看護ステーションとの関わり方の例（特定の者対象の場合）

～第3号研修（現場演習・実地研修）～

訪問看護ステーションが、実地研修の事業委託を受けている場合、研修講師として、現場演習～実地研修に関与（指導・助言及び評価）を行います。

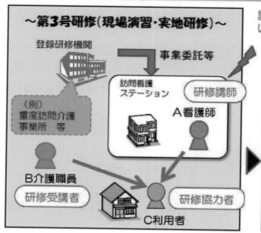

訪問看護ステーションが、登録喀痰吸引等事業者（重度訪問介護事業所）の事業連携先である場合、介護職員（ホームヘルパー等）と看護師が連携して、喀痰吸引等を含めたサービス提供を行います。

「研修（第3号研修）」は、特定の利用者に対する医行為の提供を前提として行われることから、研修場面、実際の業務場面を通じて、同一の利用者（特定の者）に対し、同じ介護職員が喀痰吸引等を提供することとなりますが、その際、同じ看護師が関与することが望ましいと考えられます。

索引

介護職員による喀痰吸引等のテキスト等の作成に係る調査研究
編纂委員会　委員一覧

〈委員長〉

高木 憲司（たかき けんじ）
　　和洋女子大学 家政学部 家政福祉学科 准教授

〈委員〉

安藤 眞知子（あんどう まちこ）
　　元 公益財団法人 日本訪問看護財団 参与

伊藤 佳世子（いとう かよこ）
　　社会福祉法人 りべるたす 理事長

川尻 善之（かわじり よしゆき）
　　東京都福祉保健局 障害者施策推進部 地域生活支援課 障害福祉人材担当 課長代理

北住 映二（きたずみ えいじ）
　　心身障害児総合医療療育センター むらさき愛育園 名誉園長

中島 由美子（なかじま ゆみこ）
　　訪問看護ステーション 愛美園 所長

長島 好輝（ながしま よしき）
　　東京都福祉保健局 障害者施策推進部 地域生活支援課 障害福祉人材担当 主事

本書は、厚生労働省 平成30年度 障害者総合福祉推進事業費補助金の交付を受けて、「介護職員による喀痰吸引等のテキスト等の作成に係る調査研究」の一環として、三菱UFJリサーチ＆コンサルティング株式会社が制作した「喀痰吸引等研修テキスト 第三号研修（特定の者対象）」をベースに再構成したものです。

新版　第三号研修（特定の者対象）のための喀痰吸引等研修テキスト

2020年2月15日　初　版　発　行
2022年3月15日　初版第2刷発行

編　集：介護職員による喀痰吸引等のテキスト等の作成に係る
　　　　調査研究編纂委員会
発行者：荘村明彦
発行所：中央法規出版株式会社
　　　　〒110-0016　東京都台東区台東3-29-1 中央法規ビル
　　　　TEL03-6387-3196
　　　　https://www.chuohoki.co.jp/

装幀・本文デザイン：株式会社ジャパンマテリアル／北田英梨
印刷・製本：株式会社アルキャスト
ISBN978-4-8058-8100-2